W0362145

Schirner Verlag

Die Autorinnen

Marlies Holitzka, Jahrgang 1953, ist Certified* Trainerin der International NLP Trainers Association (INLPTA) und leitet seit mehreren Jahren Seminare im Bereich Kommunikation und Persönlichkeitsentwicklung, sowie Familien-, Organisations- u. Konflikt-Aufstellungen. Sie ist Autorin mehrerer Bücher, die z.T. unter ihrem Geburtsnamen Bergoint erschienen sind.

Elisabeth Remmert, Jahrgang 1955, studierte Wirtschaftswissenschaften und Politik und ist seit zwei Jahren freiberuflich als Marketing- und Kommunikationsberaterin und SystemConsultant tätig.

Das Buch

Was ist ein „System"? Überall da, wo Menschen in Beziehung miteinander treten, hören sie auf, ausschließlich Individuen zu sein – sie werden Teil eines Systems. Systeme sind aber mehr als die Summe der Einzelpersonen, aus denen sie bestehen: Sie funktionieren nach eigenen Regeln und können persönliche Absichten außer Kraft setzen.

Welches sind die Gesetzmäßigkeiten, nach denen Systeme funktionieren? Wie können die in ihnen wirkenden Kräfte sichtbar gemacht werden? Mit einer spannenden Einführung und lebensnah erzählten Fallbeispielen führt Sie dies Buch auf unterhaltsame Art in die Hintergründe vieler unternehmerischer und beruflicher Konflikte ein. Darüber hinaus können Sie mit Hilfe eines leichtverständlichen Praxisteils Ihre eigene Situation durch das Aufstellen von Symbolen besser verstehen lernen, neue Perspektiven entwickeln und lösungsorientiert handeln.

---

*(geprüft und anerkannt)

Marlies Holitzka & Elisabeth Remmert

Systemische Organisations-Aufstellungen

für Konfliktlösungen in Unternehmen und Beruf

Ein Praxisbuch

nach Bert Hellinger und anderen

Schirner Verlag

ISBN 3-89767-066-6

© 2000 Schirner Verlag, Darmstadt
Erste Auflage

Alle Rechte der Verbreitung vorbehalten.

Umschlag & Illustration: Klaus Holitzka
Satz & Redaktion: Kirsten Glück
Druck & Bindung: Reyhani Druck + Verlag, Darmstadt

Printed in Germany

Inhaltsverzeichnis

Teil 1: Die Systemkräfte

Teil 2: Die Fallbeispiele

Teil 3: Die Praxis

Aufstellen – hinschauen – Lösungen erkennen

Dank

Von der ersten Idee bis zum fertigen Buch vergeht viel Zeit. Spätestens, wenn die streßreichen Tage vor Abgabe des Manuskriptes Vergangenheit sind, ist es an der Zeit, allen zu danken, die auf die eine oder andere Art zur Entstehung dieses Buches beigetragen haben.

Danke also an Freunde und Seminarteilnehmer für ihre Ideen, Beispiele und Anregungen, die in dieses Buch eingeflossen sind.

Unser besonderer Dank gilt Klaus Grochowiak. Seine lehrreichen und anregenden Vorträge sowie sein besonderes Talent, sein Wissen zu vermitteln, haben uns bereichert und dieses Buch erst möglich gemacht.

Zum Geleit

Einst war das Wissen um die Verbundenheit im Inneren selbstverständlicher Hintergrund allen Lebens, so wie heute die Vereinsamung selbstverständlicher Hintergrund unserer Gesellschaft ist. Denn heute sind wir Individuen. Und dafür zahlen wir einen Preis.

Nun ist diese Verbundenheit im Inneren aber nichts, was ein lebendes Wesen je ganz verlieren könnte, und so spüren wir sie als tiefe Sehnsucht. Auch können wir sie an ihren Wirkungen erkennen. Wir erleben sie in den Dynamiken unserer Familien, in der Befindlichkeit unseres Volkes, unserer „Zeit“ und endlich auch in der Stimmung des gesamten Planeten. Doch wir sind nicht nur Teil eines Größeren, wir erfüllen auch dessen Absichten. Diese sind geprägt von den Absichten aller Systeme und ihrer Interaktionen. Unsere Beteiligung am Gelingen der Absicht des Ganzen, meist nur in unserem Nichtbewußtsein präsent, stellt uns in eine Mitverantwortung, der wir erst langsam gewahr werden.

In dem Maße, indem wir erkennen, daß wir Anteilige eines Größeren sind, seien es Familien, Organisationen, Völker oder eben die ganze Menschheit, verstehen wir auch, daß die in Systemen wirkenden Dynamiken nicht allein durch die Analyse des Verhaltens einzelner Teile verstanden werden können.

Ein System ist nicht nur wirklich mehr als die Summe seiner Teile, es weiß auch mehr über sich, als alle seine Mitglieder. Darum muß es selbst befragt werden, wollen wir seine Dynamiken verstehen und Lösungen finden. Wie aber befragt man ein System? Mit dem vorliegenden Praxisbuch wird diese Frage pragmatisch und nachvollziehbar beantwortet.

In der persönlichen Erfahrung der von Bert Hellinger maßgeblich entwickelten Methodik des Aufstellens begreifen wir, daß es kein „Ich bin“ ohne ein „Wir sind“ geben kann.

Wir sind das Ganze wahrnehmende Wesen.

Sunt, sumus, ergo sum! (Alles ist, wir sind, also bin ich!)

Robert Stein-Holzheim

Teil 1
Die Systemkräfte

Zur Einstimmung

In unserem Land sind mehr als 37 Millionen Menschen berufstätig oder in einer beruflichen Ausbildung. Sie alle müssen sich täglich mit den großen und kleinen Konflikten auseinandersetzen, die in der engen Zusammenarbeit mit Kollegen, Vorgesetzten, Mitarbeitern oder Kunden entstehen. Da werden gegenseitig Minuspunkte verteilt, Fußangeln gelegt, Informationen zurückgehalten, da wird gemobbt und um des eigenen Vorteils willen getrickst und geschummelt. Abneigungen, Mißverständnisse und unausgesprochene Vorwürfe ziehen sich durch alle Hierarchieebenen, und Mißachtung, Übergriffe und stille Verweigerung machen selbst vor der Vorstandsetage nicht halt. Auf der Beziehungsebene herrscht in deutschen Unternehmen das Chaos, der „Softfactor" Mensch ist knallhart. Darunter leidet nicht nur das Betriebsklima, sondern es hat auch wirtschaftliche Folgen. Unternehmensberater schätzen, daß 70% aller gescheiterten Projekte auf zwischenmenschliche Querelen zurückzuführen sind.

Nun sollte man denken, der Mensch als vernunftbegabtes Wesen könnte diese Konflikte lösen, indem er ein klärendes Gespräch sucht, ein anderes Verhalten ausprobiert oder eine gelassenere Haltung einnimmt. Die Erfahrung zeigt, daß das nur selten gelingt. Viele unserer beruflichen Probleme, ob sie uns nun ganz persönlich betreffen oder sich durch ein ganzes Unternehmen ziehen, zeichnen sich durch eine erstaunliche Widerstandsfähigkeit gegenüber bewußten Veränderungen aus. Da ist der 40jährige Unternehmer, der trotz guter Marktlage soeben seine dritte Firma erfolgreich in die Pleite manövriert, die Sekretärin, die auch mit ihrem vierten Chef nicht auskommt, der 35jährige Abteilungsleiter, den seine Mitarbeiter aus unerfindlichen Gründen boykottieren, oder der Bankangestellte, der trotz guter Qualifikation vergeblich auf die längst fällige Beförderung wartet.

Die einen suchen die Schuld für ihre Situation bei den Kollegen und dem Chef, die anderen machen das Schicksal verantwortlich. Und auch die, die ihren eigenen Anteil erkennen und etwas dagegen tun, spüren meist nur kurz Erleichterung. Langfristig verändert sich fast nichts. Ganz ähnlich ergeht es Tausenden von Unternehmen. Ganze Heerscharen von Trainern und Unternehmensberatern sind damit beschäftigt, mangelnde Motivation, Konflikte zwischen Personen oder Abteilungen oder ungenügende Teamfähigkeiten mit verschiedenen Motivations-, Kommunikations- und Persönlichkeitstrainings zu beheben. Die Wirkung ist häufig gleich Null. Was bleibt, ist ein diffuses Gefühl von nicht greifbaren atmosphärischen Störungen, deren Ursachen ebenso im Dunkel bleiben, wie sie sich hartnäckig jeder Lösung widersetzen. Und dafür gibt es einen Grund: Für die Lösung einer bestimmten Art von Problemen sind die üblichen Maßnahmen einfach nicht geeignet. Denn ob es nun klärende Gespräche, bewußte Verhaltensänderungen oder Trainingsprogramme sind – diese Maßnahmen zielen schwerpunktmäßig auf Veränderungen des Individuums, um Konflikte zu lösen, die auf einer völlig anderen Ebene entstanden sind: Auf der „systemischen“ Ebene des Unternehmens.

Wir Menschen sind nun mal soziale Wesen und verbringen den überwiegenden Teil unseres Lebens in den unterschiedlichsten Bezugsgruppen oder „Systemen“: Familie, Schule, Kindergarten, Freundeskreise, die selbstgegründete Familie, Vereine, Parteien und nicht zuletzt die

Firma, in der wir arbeiten. Unsere Welt ist voller Systeme, und wir sind ein Teil dieser Systeme. Aber lebende Systeme haben eine verwirrende Eigenschaft: Sie funktionieren nicht so, wie wir wollen, sondern wir funktionieren, wie sie wollen. Und die Gesetze, nach denen sie funktionieren, können wir nicht außer Kraft setzen oder beherrschen, wir können uns ihnen nur anpassen. Solange uns das nicht bewußt ist, haben wir wenig Handlungsmöglichkeiten.

Aber es gibt Hoffnung. Mit dem Instrument der Organisations-Aufstellungen können die Gesetze, nach denen Systeme funktionieren, sichtbar gemacht werden. Während sich Aufstellungen im therapeutischen Umfeld inzwischen einen bedeutenden Platz erobert haben, spielen sie unter den Beratungsinstrumenten im Business-Bereich noch eine eher untergeordnete Rolle. Organisations-Aufstellungen sind bislang noch nicht sonderlich bekannt, aber alle Zeichen deuten darauf hin, daß sie sich auf dem Sprung in die Anerkennung befinden. Denn überall da, wo sie schon eingesetzt werden, liegen ihre Vorteile klar auf der Hand.

Im Vergleich zu anderen Maßnahmen sind sie nicht nur mit einem vergleichsweise geringen zeitlichen und finanziellen Aufwand verbunden. Sie bringen auch in kürzester Zeit entscheidende Informationen über die Ursachen von Konfliktstrukturen und Dynamiken in Unternehmen, Abteilungen und Geschäftsbeziehungen ans Licht – Informationen, die sonst nicht zugänglich sind, die aber zu verblüffenden Erkenntnissen führen und durchaus viel Sinn machen. Organisations-Aufstellungen sind ein Instrument, das eindeutige Aussagen über die systemischen Ursachen von Fehlentwicklungen zuläßt und dauerhafte Veränderungen möglich macht. Ist die Ursache von problematischen Situationen aber erst erkannt, ergeben sich daraus auch Lösungen.

Mit diesem Leistungsspektrum erreichen Aufstellungen eine völlig neue Beratungsqualität im Business-Bereich. Neben dem diagnostischen besitzen sie auch einen prognostischen Wert: Sie lassen Vorhersagen über die Wirkung von Maßnahmen zu. Da sich Aufstellungen im übrigen für sämtliche Arten von Organisationen eignen – seien es Unternehmen, Behörden, Institutionen oder Vereine – eröffnen sie nahezu unbegrenzte Einsatzmöglichkeiten.

Die Wirkungsweise von Aufstellungen erscheint zunächst reichlich verrückt. Da kommt jemand mit einem Problem zu einem Aufstellungsworkshop, stellt scheinbar willkürlich wildfremde Menschen – die völlig unerklärliche Gefühle und Einsichten zu seiner Situation entwikkeln – als Stellvertreter für die beteiligten Personen in den Raum, spricht vielleicht ein paar Sätze oder vollzieht eine symbolische Handlung, und geht dann wieder nach Hause, um in den folgenden Tagen und Wochen festzustellen, daß sich sein Problem gelöst hat. Diese Beschreibung ist natürlich sehr verkürzt, aber im Kern trifft sie genau das, was in Aufstellungen ständig geschieht. Und wie verrückt auch immer es klingt, es funktioniert.

Die Methode der systemischen Aufstellung geht zurück auf die familientherapeutischen Arbeiten von Moreno, Satir, Hellinger und anderen. In der Familientherapie erkannte man schon sehr früh, daß verhaltensauffällige Mitglieder einer Familie oft gar nicht Ursache eines Problems sind, sondern es lediglich stellvertretend für das ganze Familiensystem ausdrücken. Daher suchte man nach Möglichkeiten, das System als Ganzes, als Beziehungsmuster zwischen allen Mitgliedern darzustellen, um die Ursache der Störung erkennen zu können. Das dafür geeignete Instrument waren die systemischen Aufstellungen. In vielen Jahren der praktischen Arbeit mit Aufstellungen und im Laufe ihrer ständigen Weiterentwicklung und Verdichtung wurden immer genauere Aussagen über die Gesetzmäßigkeiten, nach denen Familiensysteme funktionieren, möglich.

Bis heute sind systemische Aufstellungen die einzige bekannte Möglichkeit, ein System als Ganzes zu betrachten. Statt die Kommunikations- und Verhaltensmuster zwischen einzelnen Systemmitgliedern zu betrachten, gestattet die Aufstellungsarbeit einen Blick auf die allgemeine Beziehungsstruktur und die Gesetzmäßigkeiten des ganzen Systems. So können Konflikte gelöst werden, die sich den üblichen Lösungsversuchen auf der Kommunikations- oder Verhaltensebene entziehen. Der Gedanke lag also nahe, die Methode der Aufstellung auf den Business-Bereich zu übertragen, und sie für die Lösung beruflicher Probleme und Konflikte – und damit in gewisser Weise auch wirtschaftlich – nutzbar zu machen.

Organisations-Aufstellungen eignen sich im Grundsatz für alle Problemsituationen, die „chronisch" erscheinen und keine nachvollziehbaren Ursachen haben. Probleme also, die sich eher unter dem Begriff „atmosphärische Störungen" einordnen lassen. Sie arbeiten in zwei Schwerpunktbereichen: auf der Ebene des einzelnen Systemmitglieds und auf der Unternehmensebene.

Die folgende Auflistung zeigt Fragestellungen, die durch Organisations-Aufstellungen geklärt werden können.

Auf der Unternehmensebene

- Wiederholte Trainingsmaßnahmen, die nicht den gewünschten Erfolg bringen
- Motivationsprobleme
- Hohe Kündigungs- und Krankheitsraten von Mitarbeitern
- Problematische Beziehungsstrukturen bzw. Arbeitsbeziehungen
- Führungsschwierigkeiten
- Problematische Kundenbeziehungen

- Überprüfung von Aufgaben- und Zielorientierung des Unternehmens
- Identifizierung und Aufarbeitung von Ballast aus der Vergangenheit
- Systemische Bedingungen von Unternehmenskäufen, -zusammenschlüssen und Fusionen
- In Familienbetrieben: Ob Störungen auf die Familien- oder die Managementebene zurückgehen
- Nachfolgeregelung
- Neugründungen, Partnerschaften

Auf der persönlichen Ebene

- Den eigenen Platz in einem Unternehmen bestimmen, als Mitarbeiter, Leitender oder Berater
- Die Fähigkeit erlangen, eine Funktion im Unternehmen auszufüllen
- Gehen oder bleiben bzw. einen besseren Platz finden etc.
- Konflikte mit Kollegen oder Vorgesetzten
- Überforderungsgefühle erklären
- Wiederkehrende Verhaltensmuster abstellen

Was Systeme ausmacht, und wie sie funktionieren

Im allgemeinen versteht man unter einem System ein aus einzelnen Elementen zusammengesetztes, gegliedertes Ganzes mit Ordnung und Struktur. Wir finden sie z.B. in der Physik, Chemie und Mathematik. Ein System mit dem wir täglich umgehen, ist unser Zahlensystem. Am Anfang steht die Eins, die durch wiederholte Addition zur Zwei, Drei, Vier usw. wird und mit jeder Wiederholung eine höherwertige Summe bildet. Das ist logisch und verläßlich, aber leider nicht das, was lebende Systeme tun. Wie gesagt: Lebende Systeme funktionieren nicht so, wie wir es wollen, sondern wir funktionieren, wie sie wollen. Für das Unternehmenssystem hat das einige Folgen.

Lebende Systeme sind Beziehungsgeflechte. Sie bestehen aus einzelnen Elementen, die sich ununterbrochen gegenseitig beeinflussen. In Systemen hängt alles miteinander zusammen. Jede Aktion eines Elementes löst bei anderen Elementen Re-Aktionen aus, die dann wieder auf den ursprünglichen Akteur zurückwirken. Diese Wechselbeziehung wird am Beispiel eines Mobiles deutlich: Auch hier wirkt jede Veränderung an einem Ort automatisch sowohl auf die übrigen Teile wie auch auf den Ausgangsort der Bewegung zurück. Und gerade diese ständige Bewegung ist es, die ein System überhaupt erst zum System macht. Es muß in Bewegung bleiben, sonst hört es auf zu existieren. Ein solches System ist z.B. auch unser Körper. In ihm laufen ununterbrochen ineinander verflochtene Vorgänge ab, die erst mit dem Tod zum Stillstand kommen, und dann hören wir auf zu existieren. Und unser Mobile ist nur solange ein Mobile, wie es sich bewegt. Hört diese Bewegung auf, ist es nur noch irgendein Ding, das von der Decke hängt. Systeme sind also lebensnotwendig auf Bewegung angewiesen, dennoch sind sie bestrebt, einen möglichst stabilen Zustand einzunehmen, um ihr reibungsloses Funktionieren sicherzustellen. Gibt es an irgendeinem Ort des Systems eine Störung, geht das ganze System sofort in eine Ausgleichsbewegung – es macht die Störung so weit wie möglich wieder gut. Schneiden wir zum Beispiel an einem Teil unseres Mobiles eine Ecke ab, gleichen die übrigen Teile das aus und sorgen für erneute Stabilität, jetzt allerdings in leichter Schieflage.

Systeme sind also, wie ein Mobile, in ständiger Bewegung, und dabei schwanken sie um einen Punkt größtmöglicher Stabilität. Oder anders ausgedrückt: Systeme regulieren sich selbst, um sich als System funktionsfähig zu erhalten. Das ist nun wirklich bemerkenswert, denn daraus folgt, daß ein System weit mehr ist als nur die Summe seiner Teile: In gewisser Weise ist es ein lebendiger Organismus mit einem eigenen Lebenserhaltungssystem.

Nicht viel anders funktionieren Unternehmenssysteme, und dort sind wir die Mobile-Teile. Als Mitglieder des Systems sind wir mit allen anderen Mitgliedern in einer ununterbrochenen wechselseitigen Beziehung verbunden. Auf Aktionen an einem Ort des Systems antworten wir mit Re-Aktionen, die wieder an den Ausgangsort der Aktion zurückwirken. Wir halten das System in Bewegung und in größtmöglicher Stabilität. Als Mitglieder des Systems bemerken wir, wenn das System nicht in Ordnung, wenn es gestört ist, und im Interesse des Systems leiten wir dann eine Ausgleichsbewegung ein, die diese Störung so weit wie möglich aufhebt. Man könnte also sagen, daß wir als Teil eines Unternehmens nicht nur dessen unternehmerischen Zwecken, sondern auch dem lebendigen Organismus System „dienen“. Das tun wir völlig unbewußt. Wir wissen nicht was wir tun, wir tun es ohne es wirklich zu wollen, und oft genug tun wir es zu unserem eigenen Schaden.

Wie Systeme harmonisch funktionieren

Wenn wir soziale Systeme, wie eben Unternehmen, als einen Organismus mit einem eigenen Lebenserhaltungssystem bezeichnen, dann stellen sich natürlich zwei Fragen: Unter welchen Bedingungen kann dieser Organismus harmonisch funktionieren? Bzw. wann und aufgrund welcher Umstände treten die Lebenserhaltungssysteme in Aktion? Was also läßt unser Mobile frei und ungehindert schwingen und was bringt es in eine Schieflage?

Das auf den ersten Blick Überraschende ist, daß menschliche Beziehungen in Familien- und Unternehmenssystemen, so unterschiedlich diese letztlich auch sind, nach fast denselben Bedingungen funktionieren. Es sind die Bedingungen von Zugehörigkeit, Ordnung und dem Ausgleich von Geben und Nehmen. Diese drei stellen eine Art inneres Gesetz für soziale Systeme dar und entscheiden über Harmonie oder Störung des Systems. Werden die System-Gesetze eingehalten, kann sich das System ungehindert entwickeln. Wird gegen die Gesetze verstoßen, treten die Lebenserhaltungssysteme in Aktion und das System gerät in Schieflage. Zugehörigkeit, Ordnung und der Ausgleich von Geben und Nehmen gehören untrennbar zusammen, und sie sind gleichzeitig gültig. Und wie das mit Gesetzen so ist, müssen sie ständig gelebt und als konkrete Handlungen umgesetzt werden. Ihre Umsetzung ist folglich an bestimmte Inhalte gebunden, und in diesen Inhalten unterscheiden sich Unternehmens- von Familiensystemen.

Die Bedingung der Zugehörigkeit

Damit ein System überhaupt zum System wird, müssen einzelne Elemente es bilden. In Familien und Unternehmen sind es die Mitglieder, die das System bilden und ihm seine besondere Identität geben. Erst durch die spezielle Zusammensetzung der Mitglieder wird das System zu dem, was es ist; wie ein Puzzle, das erst durch die Verbindung all seiner Teile zu diesem ganz besonderen Puzzle wird. Offensichtlich ist dies dem System selbst bewußt, denn zu den inneren Gesetzen von Systemen gehört es, daß alle Mitglieder, die tatsächlich zum System gehören, auch ein Recht auf Zugehörigkeit haben. Damit ist gemeint, daß jedes Mitglied im inneren Erleben aller anderen als ein gleichwertiges Systemmitglied dazugehört. Keinem darf dieses Recht streitig gemacht werden, und niemand darf für sich selbst ein höheres Recht auf Zugehörigkeit geltend machen. Nur wenn ausnahmslos alle Mitglieder des Systems einen Platz haben, kann das System harmonisch funktionieren, nur dann ist das Puzzle vollständig.

Zu einer Familie gehören wir, weil wir in sie hineingeboren werden. Mit dem Tag unserer Geburt werden wir das Kind unserer Eltern und unwiderruflich zu einem Mitglied der Familie. Unsere Zugehörigkeit ist keine freiwillige Entscheidung, und sie ist auch durch nichts auflösbar, sie gilt sogar noch über den Tod hinaus. Als tatsächliches Mitglied der Familie haben wir ein Recht auf Zugehörigkeit und auf einen Platz im System, so wie die anderen Familienmitglieder auch. Dieses Recht kann nur in sehr seltenen Fällen durch große persönliche Schuld verwirkt werden.

Soviel zu den Regeln. Die Wirklichkeit sieht manchmal anders aus, denn ab und zu wird Mitgliedern einer Familie das Recht auf einen Platz verweigert. Die einen werden bewußt ausgeschlossen, die Existenz der anderen wird verdrängt, weil der Gedanke an sie mit zu viel Schmerz verbunden ist. Die Familie redet nicht mehr über sie und tut, als hätte es sie nie gegeben. Das System hat eine Leerstelle, einen Platz, der eigentlich jemandem gehört, der jedoch nicht ausgefüllt wird. Damit ist das System gestört, und es muß in eine Ausgleichsbewegung gehen. Das geschieht dadurch, daß ein Nachgeborener die Leerstelle füllt. Obwohl die Existenz des ausgeklammerten Familienmitglieds ein Tabu ist, verkörpert er dieses noch einmal im System. Er identifiziert sich unbewußt und ungewollt mit dem Ausgeklammerten und entwickelt sehr ähnliche Verhaltensweisen und Gefühle. Er lebt nicht mehr sein eigenes Leben, sondern lebt ein fremdes Schicksal nach. Er „dient" dem System um den Preis seiner eigenen Persönlichkeit. Die ursprüngliche Störung, die Leerstelle im System, wird durch eine weitere Störung ausgeglichen. Das System befindet sich jetzt in einer Schieflage, die erst korrigiert werden kann, wenn der Ausgeklammerte wieder in das System aufgenommen wird und im inneren Bild der Familie seinen Platz erhält. Dann ist auch der Nachgeborene wieder frei, sein eigenes Leben zu leben.

In Unternehmen sieht die inhaltliche Umsetzung der Zugehörigkeit natürlich völlig anders aus. Da wir unsere Arbeitsstelle frei wählen, entscheiden wir selbst über den Beginn unserer Zugehörigkeit, über deren Dauer und ihr Ende. Ein lebenslanges Recht auf Zugehörigkeit wie in der Familie gibt es nicht, wir gehören nur solange dazu, wie wir in einem Unternehmen tatsächlich arbeiten, und das kann schnell vorbei sein. Aber für die Dauer der Tätigkeit gilt das Recht auf Zugehörigkeit, und zwar für alle Systemmitglieder gleichermaßen. Niemand hat einen größeren Anspruch auf Zugehörigkeit als andere. Wird das umgesetzt, fühlen sich alle sicher und sind dem Unternehmen gegenüber loyal. Herausgedrängte, ungerechtfertigt Entlassene und Ausgeklammerte hinterlassen auch in Unternehmen eine Leerstelle, die sich auf die Übrigen lähmend auswirkt und Konflikte fördert, und die in einigen Fällen dadurch gefüllt wird, daß ein anderes Mitglied des Systems einen Ausgeklammerten nachahmt und vertritt.

Die Bedingung der Ordnung

Harmonisches Gelingen in einem System setzt weiterhin voraus, daß die „natürliche" Ordnung des Systems eingehalten wird. Das bedeutet, daß jedes Mitglied des Systems seinen ihm zustehenden Platz einnimmt und die mit diesem Platz verbundene Verantwortung übernimmt. Für die systemische Ordnung genügt nicht irgendein Platz, es muß der richtige sein. – So, wie auch bei einem Puzzle jedes Teil seinen richtigen Platz hat und an keinen anderen paßt. Das klingt im ersten Moment fast zu einfach, ist aber, wie wir später sehen werden, längst nicht so selbstverständlich wie es scheint.

In Familien wird der eigene Platz durch den Zeitpunkt der Geburt bestimmt. Es entspricht der „natürlichen" Ordnung, daß das Kind zu einer anderen Generation als seine Eltern oder Großeltern gehört, und in der Geschwisterreihe das erste, zweite oder xte Kind ist. Der Zeitpunkt der Geburt legt demnach eine natürliche Rangfolge der Generationen und des Alters fest, in der die Älteren Vorrang vor den Jüngeren haben. Die Eltern sind die „Chefs", die Kinder sind nur Kinder, und die älteren Geschwister haben andere Rechte und Pflichten als die jüngeren. Wenn die Rangfolge im Verhalten und in der Kommunikation der Familie für alle sichtbar und erlebbar gestaltet wird, und wenn die Generationsgrenzen nicht überschritten werden, ist eine Familie systemisch in Ordnung. Denn jeder weiß dann, daß er einen Platz hat und wo dieser Platz ist. Dieses Wissen gibt Sicherheit. Vertritt aber z.B. ein Kind ein ausgeklammertes Familienmitglied, etwa eine vor seiner Geburt gestorbene Schwester oder einen Bruder, über den/die niemand spricht, ist es tatsächlich erst das zweite Kind, das aber die Rolle des ersten übernimmt. In der Regel ist das Kind dann voller Zweifel über seinen eigenen Platz im Leben, die sich nur dann auflösen, wenn das ausgeklammerte Geschwister seinen Platz in der Familie wiederbekommt. Erst dann kann das Zweite seinen Platz als Zweites wirklich einnehmen und ausfüllen.

Auch in Unternehmen gibt es eine Rangfolge, die als Ordnung umgesetzt werden muß. Es ist aber keine „natürliche" sondern eine funktionelle Ordnung, und sie wird durch mehrere Faktoren bestimmt. Der erste und wichtigste Faktor sind die Funktionsebenen der offiziellen Unternehmenshierarchie. Sie sind aus dem Unternehmens-Organigramm ablesbar und in etwa vergleichbar mit den verschiedenen Generationsebenen in einer Familie. Je nachdem, wo wir nun in der Hierarchie angesiedelt sind, gehören wir entweder zur oberen, mittleren oder unteren Führungsebene oder als Mitarbeiter zu einer Abteilung. Unsere hierarchische Position bestimmt unseren Platz im Unternehmen, und dabei gilt der Vorrang der höheren Funktionen vor den unteren; sprich: Die Führung hat das Sagen und trifft die Entscheidungen. Allerdings geht es hier keinesfalls um Obrigkeitsdenken oder Untertanengeist, sondern allein um die Feststellung von Tatsachen. Und eine Tatsache ist, daß die, die in der Hierarchie oben sind, mehr Macht haben als die, die unten sind. Innerhalb der Hierarchieebenen setzt sich die Rangfolge weiter fort, also etwa auf der Abteilungsleiter- oder Abteilungsebene. Sie ist hier vergleichbar mit der Geschwisterreihe in Familien, wird aber durch andere Faktoren bestimmt. Neben den Faktoren Länge der Zugehörigkeit zum Unternehmen und Lebensalter wird die Rangfolge auch durch den Faktor Tüchtigkeit bestimmt. Welche dieser Faktoren und in welcher Reihenfolge sie für die Bestimmung des eigenen Platzes von Bedeutung sind, kann sich allerdings im Einzelfall unterscheiden.

Unser Platz in einem Unternehmen wird also durch unsere Zugehörigkeit zu einer Hierarchieebene und durch unsere Stellung unter den uns gleichgestellten Kollegen bestimmt. Er legt fest, welche Funktion wir im Unternehmen haben und welche Verantwortungsbereiche, und welche Rechte und Pflichten mit ihm verbunden sind. Ebenso wie die Familie ist ein Unternehmen dann in „Ordnung", wenn jeder die mit seinem Platz verbundene Rolle auch wahrnimmt. Wenn ein Chef also ein Chef und ein Mitarbeiter ein Mitarbeiter ist und die Hierarchiegrenzen nicht überschritten werden. Werden Mitarbeiter z.B. in Konflikte und Auseinandersetzungen höherer Hierarchieebenen hineingezogen, oder werden ihnen hierarchieübergreifende Aufträge erteilt, ist die Ordnung verletzt und das System gestört. Durch das Verschwimmen der hierarchischen Grenzen entstehen in Unternehmen Durcheinander und Unsicherheit.

Die Bedingung des Ausgleichs von Geben und Nehmen

Geben und Nehmen ist in menschlichen Beziehungen eine selbstverständliche Austauschbewegung und entspricht einem grundlegenden Bedürfnis. Wir machen uns Geschenke, erweisen uns Gefälligkeiten und geben Zeichen für unsere gegenseitige Sympathie oder Zuneigung. In diesem ständigen Prozeß des Gebens und Nehmens entwickeln und festigen sich Beziehungen. Die Voraussetzung für das harmonische Gelingen ist, daß Geben und Nehmen ausgeglichen sind. Das heißt, daß der, der genommen hat, etwa soviel zurückgibt, wie er bekam. Das gilt im Guten wie im Schlechten; im Guten gibt man ein bißchen mehr und im Schlechten ein bißchen weniger als man bekam. Wird das befolgt, ist ein System in „Ordnung“.

In Familien gibt es einen geglückten Ausgleich hauptsächlich auf der Paarebene. Denn weder kann ein Kind die Gabe des Lebens, die es von den Eltern erhält, je ausgleichen, noch all das, was Eltern sonst noch für ihre Kinder tun. Dieser Ausgleich findet erst in der nächsten Generation statt, wenn die Kinder selbst Eltern werden, oder dann, wenn Eltern alt sind und ihre Kinder für sie Sorge tragen. Auf der Paarebene aber kann unausgeglichenes Geben und Nehmen zum Scheitern einer Beziehung führen. Denn wer mehr gibt, fühlt sich dem anderen entweder überlegen, womit sich die Partner nicht mehr gleichberechtigt begegnen können, oder er wird böse, weil der Partner nicht genug zurückgibt. Wird das Ungleichgewicht so groß, daß ein Partner nicht mehr ausgleichen kann und förmlich in seinen Schulden erstickt, bleibt oft nur eine Lösung: Er muß gehen. Ein klassischer Fall für diesen Mechanismus sind Partnerschaften, in denen die Frau arbeiten ging und für die Familie sorgte, um ihrem Mann z.B. ein Studium zu ermöglichen. Im Regelfall gehen beide Partner davon aus, daß das selbstverständlich ist, systemisch gesehen ist es das aber nicht. Die unausgeglichene Bilanz führt später zu schweren Konflikten. Da sich die Beteiligten aber gar nicht bewußt darüber sind, daß es hier noch etwas zu begleichen gibt, finden sie auch keinen Weg aus ihrem Dilemma, und die Partnerschaft scheitert. Der Mann verläßt eines Tages seine Frau, die doch soviel für ihn getan hat, eben weil sie so viel getan hat. Die gute systemische Lösung ist, daß ihre Leistung durch etwas Gleichwertiges ausgeglichen wird, einen großen Scheck, ein neues Auto, oder, oder…

Der gelungene Ausgleich von Geben und Nehmen fördert auch in Unternehmen gegenseitige Bindungen und Verpflichtungen zwischen den Mitarbeitern und der Organisation. In seiner grundlegendsten Form besteht er darin, daß Arbeitsleistung gegen Geld getauscht wird. Ob dieser Ausgleich immer geglückt ist, sei dahingestellt. Jede darüber hinausgehende Leistung muß jedoch gesondert ausgeglichen oder zumindest ausdrücklich gewürdigt werden. Das gilt sowohl in der Beziehung zu Mitarbeitern, die durch besondere Fähigkeiten oder Kompetenzen zum Erfolg des Unternehmens beitragen, wie auch im Verhältnis zu den Kunden. Nur wenn der Ausgleich stimmt, können Beziehungen bestehenbleiben und gestärkt werden. Unausgeglichene Geben-und-Nehmen-Bilanzen dagegen fördern Unzufriedenheit und gefährden die Ordnung des Systems. Im schlimmsten Fall führen sie dazu, daß Mitarbeiter den nötigen Ausgleich selbst vornehmen.

Der systemische siebte Sinn

Zugehörigkeit, Ordnung und der Ausgleich von Geben und Nehmen sind die inhaltlichen Bedingungen für das störungsfreie Funktionieren von Systemen. Ihre Umsetzung entscheidet darüber, ob ein System in Ordnung oder ob es gestört ist. Liegt eine Störung vor, geht das System in eine Ausgleichsbewegung und macht die Störung so weit wie möglich wieder gut. Dem System sind also Störungen durchaus bewußt. Nun sind das System ja wir, denn als Mitglieder des Systems bilden wir es. Ganz offensichtlich verfügen wir Menschen also über eine Art „siebten Sinn“ – einen systemischen Sinn. Mit ihm nehmen wir auf einer unbewußten Ebene die unterschwelligen, alles andere als offensichtlichen Beziehungsgeflechte in Systemen sehr genau wahr, die sich uns auf bewußter Ebene verschließen. Der systemische Sinn teilt uns mit, ob die Bedingungen eingehalten werden, und er veranlaßt uns, auf Verletzungen der Bedingungen gemeinschaftlich mit Ausgleichsbewegungen zu reagieren. Und er macht es möglich, daß wir in einer Aufstellung schon im ersten Aufstellungsbild einen Teil unserer unbewußten Informationen über die Problemsituation eines Systems offenbaren.

Der systemische Sinn funktioniert außerhalb unseres Bewußtseins. Er enthält zwar das Programm, nach dem Systeme funktionieren, aber das Programm läuft im Verborgenen und entzieht sich unserem bewußten Zugriff. Der systemische Sinn drückt sich also eher in einer unbewußten Haltung als in einer wirklichen Kenntnis der systemischen Bedingungen aus. Damit sind aber unsere Ausgleichsbewegungen blind, denn wir sind uns ihrer nicht wirklich bewußt. Sie sind für das System die bestmögliche Reaktion auf eine Verletzung der Systemgesetze, erzeugen aber letztendlich eine zusätzliche Störung.

Mit der Ausgleichsbewegung drückt sich unser „Unmut“ über die

Verletzung systemischer Bedingungen aus, und er äußert sich in unserem Verhalten und unserer Kommunikation. Denn nur diese beiden Ausdrucksmöglichkeiten stehen uns Menschen überhaupt zur Verfügung, andere haben wir nicht. Insofern wird die Neigung verständlich, auf der Verhaltens- und Kommunikationsebene herumzubasteln, wenn es Probleme in Unternehmen gibt. Solange das Bewußtsein über systemische Vorgänge nicht geschärft ist, sind Verhalten und Kommunikation eben der einzig mögliche Zugang zu einem Problem. Wenn auch ein wenig erfolgversprechender.

Wie Störungen in Unternehmen entstehen

Eines ist natürlich klar: Nicht jedes Problem in einem Unternehmen beruht auf einer systemischen Störung. Es gibt Qualifikations-, Organisations-, betriebswirtschaftliche oder juristische Probleme, die als solche zu erkennen und mit gezielten Maßnahmen zu lösen sind. Und ebensowenig ist jedes berufliche Problem eines Einzelnen das Ergebnis einer systemischen Störung. Typische Verhaltensweisen eines Menschen, wie z.B. aufbrausende oder übertriebene Reaktionen, eine Neigung, Auseinandersetzungen aus dem Weg zu gehen, oder die Unfähigkeit, die eigene Meinung zu vertreten, können zwar, müssen aber nicht unbedingt systemische Ursachen haben. Insbesondere, wenn sie sich auch in anderen Lebensbereichen zeigen, sind sie meistens ein persönliches Problem.

Viele Probleme allerdings, die auf den ersten Blick harmlos erscheinen, haben einen systemischen Hintergrund und beruhen auf einer Verletzung der Bedingungen von Zugehörigkeit, Ordnung und des Ausgleichs von Geben und Nehmen. Die Frage ist nun, wie die Verletzungen zustandekommen, die zu einer Störung führen. Wenn wir davon ausgehen, daß Systeme durch die einzelnen Systemmitglieder gebildet werden, dann liegt der Gedanke nahe, daß niemand anders als die Systemmitglieder selbst die Störung auslösen. Was aber im ersten Moment wie ein persönliches, schuldhaftes Verhalten aussieht, stellt sich auf den zweiten als eine Verkettung „unglücklicher" Umstände heraus. Denn eben weil die Zusammensetzung der Systemmitglieder genau so ist, wie sie ist, wird eine Störung erst möglich. Systemische Störungen entstehen erst im Zusammenspiel mehrerer oder aller Beteiligten und werden auf zwei Wegen ausgelöst: Entweder inszeniert ein Einzelner Störungen aus seinem Familiensystem im beruflichen Umfeld neu, oder das System erzeugt die Störung selbst.

Die Neuinszenierung familiärer Störungen

Viele Störungen in Unternehmen sind auf die Wiederholung alter Kommunikations- und Handlungsmuster zurückzuführen, die wir als Kinder in der Familie erlernt haben. Diese Muster bestimmen, wie wir mit anderen Menschen umgehen, wie wir auf Probleme reagieren, und welche Handlungsmöglichkeiten zu unserem persönlichen Verhaltensspektrum gehören. Die Muster, die sich im familiären Bereich als sinnvoll erwiesen haben, werden ungeprüft auch auf andere Lebensbereiche übertragen, denn schließlich haben sie sich ja bewährt. Je ähnlicher nun die neuen Umfelder den familiären sind, umso sicherer gehen wir dank der erlernten Muster mit ihnen um. Gerade unser berufliches Umfeld bietet sich förmlich für eine Übertragung an, denn Unternehmens- und Familiensysteme weisen strukturell starke Ähnlichkeiten auf. Wie in der Familie haben wir es auch in Unternehmen mit „hierarchischen Strukturen“ und Autoritätspersonen zu tun. Es ist daher nicht verwunderlich, daß wir dort unsere bewährten Muster wiederholen und mit anderen Mitspielern ähnliche Beziehungen aufbauen, wie wir sie schon aus der Familie kennen. Viele der wichtigen Beziehungen in unserem Arbeitsumfeld spiegeln also sehr genau die Beziehungsmuster wider, die wir aus der Familie kennen.

Sind nun die familiären Beziehungsmuster gestört, kann sich ihre Neuinszenierung im beruflichen Umfeld zu einer systemischen Störung des Unternehmens entwickeln. Als Mitglied eines gestörten Systems tragen wir dann diese Störung weiter in ein anderes System. Natürlich gilt das nicht für alle familiären Störungen, aber einige sind durchaus von Bedeutung. Sie können auf allen Ebenen eines Unternehmens wirksam werden und sich in der Beziehung zu den Kollegen, den Vorgesetzten oder den Untergebenen eines Menschen zeigen.

Eines der gängigsten Themen für Neuinszenierungen in Unternehmen beruht auf einer Verletzung der systemischen Ordnung in Familien. Die Bedingung der Ordnung verlangt, daß jedes Familienmitglied an seinem Platz steht, die mit diesem Platz verbundene Verantwortung wahrnimmt, und daß die Grenzen zwischen den Generationen/den Hierarchieebenen nicht überschritten werden. Allzuoft findet aber in Familien gerade das Gegenteil statt.

Kinder werden offen oder verdeckt in die Konflikte ihrer Eltern hineingezogen, und sie versuchen bereitwillig diese für sie zu lösen. Sie fühlen sich dazu aufgerufen, zwischen Vater und Mutter zu vermitteln und ihnen zu erklären, wie es besser funktioniert. Werden sie nicht gebremst, schlüpfen sie ganz allmählich in die Rolle eines kleinen Schlichters, der die Verantwortung für die eheliche Situation seiner Eltern übernimmt. Zu einer prägenden Lernerfahrung dieser Kinder wird, daß die, die eigentlich die Führung haben, vollkommen überfordert sind, und daß es ohne ihre Hilfe nicht geht. In gewisser Weise wird ein solches Kind größenwahnsinnig. Das ist kein Makel und kein Charakterfehler, es ist einfach die logische Folge der Situation. Denn Kinder glauben, daß sie die Dinge regeln können, wenn sie sich nur genug anstrengen. Sie glauben, daß sie ihren Eltern wirklich etwas abnehmen oder erleichtern können, wenn sie ihre Probleme und Schwierigkeiten teilen, so, wie sie in einem frühen Alter auch glauben, daß es genügt, sich die Augen zuzuhalten, damit sie niemand mehr sieht. Manchmal haben sie sogar Erfolg mit ihren Bemühungen, aber es tut ihnen gar nicht gut. Der von ihnen übernommene Schlichterjob ist nicht nur äußerst belastend, er verhindert auch, daß sie einfach nur Kind sein dürfen.

Werden diese Kinder als Erwachsene auf ein Unternehmen losgelassen, besteht ihre natürliche Neigung darin, heimlich aber selbstverständlich die Führung zu übernehmen, denn aus ihrer Sicht sind Vorgesetzte grundsätzlich unfähig. Der folgende Witz beschreibt diese Haltung treffend: „Hast Du gehört? Unser Direktor ist verstorben." „Ja, und ich frage mich die ganze Zeit, wer da mit ihm gestorben ist." „Wieso mit ihm?" „Na, in der Anzeige stand doch: Mit ihm starb einer unserer fähigsten Mitarbeiter..."

Trifft ein so geprägter Mensch auf einen Vorgesetzten, der seine Führungsposition übernimmt, entsteht kein Schaden, denn dieser wird ihn umgehend in die Schranken weisen. Er wird die gut gemeinten aber völlig unangemessenen Vorschläge und Einmischungen seines Mitarbeiters freundlich aber bestimmt zurückweisen und ihm klarmachen, daß ihn bestimmte Dinge nichts angehen. Hat aber der Chef ein entsprechendes Gegenprogramm, das vielleicht heißt: „Es steht mir nicht zu, der Erste zu sein", sind dem Chaos Tür und Tor geöffnet. Der Chef verliert vollends seine Autorität bei seinen Mitarbeitern, ein Untergebener führt an seiner Stelle heimlich aus der zweiten Reihe, und dessen Kollegen wissen nicht mehr, was los ist und woran sie sich halten sollen. Weder der Vorgesetzte noch der betreffende Mitarbeiter sind auf ihrem der Rangfolge entsprechenden Platz. Und das nennt man dann eine systemische Störung. In diesem Fall besteht sie in einer Störung der Ordnung: Ein Führender nimmt seine Führungsaufgabe nicht wahr, ein Untergebener maßt sich Kompetenzen an, die ihm nicht zustehen, und seine Kollegen werden sauer, weil er sich aufspielt. Die Auswirkungen zeigen sich schließlich auf der kommunikativen Ebene, in Konflikten zwischen dem Chef und seinem Mitarbeiter und zwischen dem Mitarbeiter und seinen Kollegen. Da aber keinem der Beteiligten bewußt ist, welcher Mechanismus in ihrer Beziehung wirkt, ist das Problem nicht lösbar. Solange die Ursachen nicht klar sind, wird das Problem zwangsläufig ständig neu belebt. Eine angemessene Lösung besteht darin, den Mechanismus zu unterbrechen, indem sie die systemischen Zuständigkeiten klärt.

Das ist auf zwei Wegen möglich. Entweder nimmt der Vorgesetzte seine Führungsposition wieder ein und durchbricht damit das Muster, oder der Mitarbeiter gibt die angemaßte Führungsrolle an den Vorgesetzten zurück und nimmt dann seinen eigenen Platz ein. Auch das unterbricht das störende Muster.

Ein zweites häufiges Muster für Neuinszenierungen besteht darin, daß ein Mensch aus dem beruflichen Umfeld unbewußt mit einem anderen aus der Vergangenheit gleichgesetzt wird. Man nennt das eine Doppelbelichtung, denn wie auf einer doppelt belichteten Fotografie nehmen beide im inneren Erleben eines Menschen denselben Platz ein. Der klassische Fall einer Doppelbelichtung ist die Gleichsetzung von Autoritätspersonen wie z.B. von Vorgesetzten mit einem Elternteil. Grundsätzlich können Doppelbelichtungen auf allen Hierarchieebenen vorkommen. Es sind nicht nur Mitarbeiter, die ihre Vorgesetzten mit einem Elternteil verwechseln, auch Vorgesetzte verwechseln ihre Mitarbeiter mit ihren Geschwistern oder Kindern.

Ein Beispiel: *Die Abteilungsleiterin eines großen Industrieunternehmens bekam von ihrem Vorgesetzten eine Mitarbeiterin aufs Auge gedrückt, die sie nicht wollte, und die sie auch nicht für ausreichend qualifiziert hielt. Es stellte sich bald heraus, daß ihre Befürchtung berechtigt war, denn die neue Mitarbeiterin machte Fehler, war unzuverlässig und fügte sich nicht in die Abteilung ein. Eine berechtigte Handlung wäre jetzt gewesen, dieser Mitarbeiterin wieder zu kündigen, dazu war die Abteilungsleiterin aber nicht in der Lage. Bei ihr setzte ein merkwürdiger Mechanismus ein, der sie zwischen Wut und Schuldgefühlen schwanken ließ, und, statt klare Maßnahmen zu ergreifen, duldete sie still. In einer Aufstellung stellte sich dann heraus, daß sie ihre Mitarbeiterin innerlich mit ihrer Schwester gleichsetzte. Auch ihr gegenüber fühlte sie sich in gleicher Weise hilflos, schuldbewußt und handlungsunfähig. Als die Doppelbelichtung* *aufgelöst war, konnte sie endlich ihre und die Interessen ihrer Abteilung durchsetzen. Das war auch für die übrigen Mitarbeiter eine Erleichterung, die ob der Untätigkeit ihrer Vorgesetzten unruhig geworden waren. Über kurz oder lang hätten die Folgen der Doppelbelichtung zu einer tiefgreifenden Störung in der Abteilung geführt.*

Die Folgen einer Doppelbelichtung wirken sich auf mehreren Ebenen aus. Zum einen ist damit die Wiederbelebung alter Verhaltensmuster und Gefühle verbunden, die zu einem Menschen aus der Vergangenheit gehören. Damit bekommt die berufliche Beziehung eine unterschwellige emotionale Färbung, die fast immer konflikterzeugend ist. Ein Mitarbeiter verhält sich dann z.B. seinem Vorgesetzten gegenüber nicht mehr wie ein Erwachsener, sondern er fällt in nicht nachvollziehbare kindliche Muster zurück. Sein Verhalten folgt einem Automatismus, der verhindert, daß er seinen Platz im Unternehmen oder Team einnimmt. Denn wer in seinem Chef seinen Vater sieht, ist nicht wirklich an seinem Platz. Ebenso störend wirkt es sich aus, wenn ein Vorgesetzter eine Doppelbelichtung auf einen Mitarbeiter hat. Er sieht ihn dann nicht in seiner Rolle und Funktion, würdigt seine Leistung nicht und nimmt Außergewöhnliches als selbstverständlich hin. Das verletzt die Bedingungen von Zugehörigkeit, Ordnung und Ausgleich und macht eine sachliche Arbeitsbeziehung unmöglich. Erst wenn die Doppelbelichtung aufgelöst ist, kehrt die Beziehung auf eine sachliche Arbeitsebene zurück.

Diese beiden Beispiele zeigen, wie die unbewußte Neuinszenierung familiärer Muster zur Störung von Unternehmenssystemen beitragen bzw. sie auslösen kann. Solche Neuinszenierungen sind keine Ausnahmeerscheinung, viele Konflikte in Teams, zwischen Kollegen oder zwischen Mitarbeitern und Vorgesetzten sind Wiederholungen von Mustern aus der Familie. Und da wir alle aus irgendeiner Familie kommen, in der wir ganz eigene, nicht immer sinnvolle Verhaltensmuster erlernt haben, kann im Prinzip jeder zum Auslöser einer problematischen Situation werden.

Schwerwiegende Konflikte gibt es jedoch im allgemeinen erst dann, wenn die Konfliktpartner zueinander passende Programme haben. Erst, wenn z.B. ein Mitarbeiter mit heimlichen Führungsbestrebungen auf einen Vorgesetzten mit Führungsschwäche trifft, entsteht ein Konflikt. Die personelle Zusammensetzung der Mitglieder eines Teams oder einer Abteilung bietet die Voraussetzung dafür, daß ein Problem wachsen und gedeihen kann. Es geht daher nicht darum, Schuld zuzuweisen oder Charakterfehler zu enthüllen, denn auch durch Einzelpersonen ausgelöste Störungen sind Störungen des Systems. Eine andere personelle Zusammensetzung würde sie wahrscheinlich nicht, oder zumindest nicht in gleicher Weise, hervorbringen. Die Beispiele zeigen außerdem, daß die Ursachen eines Problems nicht notwendigerweise auf der Ebene liegen, auf der das Problem sich zeigt. Weder weisen kommunikative Probleme zwangsläufig auf kommunikative Ursachen hin, noch kann ein Konflikt auf der Arbeitsebene voreilig als ein reines Sachproblem eingeordnet werden.

Wenn das System die Störung selbst erzeugt

Neben den Störungen, die einzelne Systemmitglieder in Unternehmen oder einzelne Unternehmensteile hineintragen, gibt es eine weitere große Klasse von Störungen – es sind solche, die das System selbst erzeugt. Auch hier gilt aber: Das System wird von seinen Mitgliedern gebildet, und diese Mitglieder rufen die Störung hervor. Sie entstehen aber nicht auf der persönlichen oder der Beziehungsebene zwischen einzelnen Menschen, sondern sie werden von der Unternehmensführung in ihrer Funktion als Entscheidungsträger ausgelöst und sind ein Ergebnis bestimmter Handlungen, Ereignisse und Entscheidungen.

Die Bedingungen von Zugehörigkeit, Ordnung und dem Ausgleich von Geben und Nehmen müssen gelebt und in systemisch richtiges Verhalten umgesetzt werden. Sie müssen auf allen Führungsebenen, den Beziehungsebenen zu Mitarbeitern, Kunden und Geschäftspartnern sowie in der Umsetzung wirtschaftlicher Entscheidungen und Maßnahmen verwirklicht werden. Entsprechen Führungs- und Beziehungsverhalten nicht den Systemgesetzen, muß das System in eine Ausgleichsbewegung gehen und den Verstoß gutmachen. Das kann an einem beliebigen Ort des Unternehmens oder flächendeckend geschehen und sich in verschiedenen störenden Kommunikations- und Reaktionsmustern ausdrücken. Auf der Unternehmensebene sind also die Auswirkungen einer systemisch falschen Handlungsweise nicht mehr unmittelbar zuzuordnen, der Zusammenhang zwischen Ursache und Wirkung geht weitgehend verloren. Das führt leicht zu der Fehleinschätzung, daß Störungen betriebswirtschaftliche oder kommunikative Ursachen haben und sich mit entsprechenden Maßnahmen beheben lassen. Das ist aber ein Irrtum. Der erfolgversprechendere Weg besteht im Erkennen der systemischen Strukturen, die dazu führen, daß ein System in Unordnung gerät.

Über Führung und Geführtwerden

Menschliche Organisationen wie z.B. Unternehmen haben ein Bedürfnis nach Führung.

Dieser Satz mag erstaunen, denn, oberflächlich betrachtet, scheint er unserem heutigen Verständnis von demokratischen Strukturen zu widersprechen. In einer Zeit der flachen Hierarchien, von Lean-Management und Projektarbeit wirkt er reichlich verstaubt. Aber nur auf den ersten Blick, denn viele Konflikte in Unternehmen, Abteilungen, Teams und Projektgruppen entstehen tatsächlich dadurch, daß entweder keine klare Führungsstruktur existiert oder die Führungsfunktion nicht wahrgenommen wird. Unklare Verantwortungsbereiche, widersprüchliche Anweisungen, verzögerte Entscheidungen und mißglückte Abstimmung sind auch in großen Unternehmen häufiger, als man denkt. Sie wirken sich nicht nur unmittelbar auf den Arbeitsprozeß aus, sondern führen auch zur Verunsicherung von Mitarbeitern, Kunden und Geschäftspartnern.

Ein Beispiel: *Ein junges Team von Software-Experten gründet eine gemeinsame Firma, an der alle zu gleichen Teilen beteiligt sind. In der Startphase sind die vier Gründer unter sich, und Abstimmung und Aufgabenverteilung laufen ohne Probleme. Sie sprechen sich ab, wer welche Gespräche mit Kunden oder der Bank führt und entscheiden gemeinsam, wie vorgegangen werden soll. Die Geschäfte laufen gut, und in kurzer Zeit wächst die Firma auf über dreißig Leute an. Jetzt beginnt das Problem, denn auf einmal gibt es eine Reihe zusätzlicher Fragen und Probleme, die zwar dringend einer Klärung bedürfen, für die ihnen aber eigentlich die Zeit fehlt. Es muß z. B. entschieden werden, ob die gemeinsame Sekretärin eine Woche Urlaub bekommt und wie man sie ersetzt, oder ob man aus Kostengründen den Telefonanbieter wechselt. Aus Zeitgründen werden viele*

Aufgaben auf die lange Bank geschoben, während andere doppelt und sich widersprechend erledigt werden: Der neue Computer wird gleich zweifach bestellt, der Termin mit dem Steuerberater fällt dafür mangels Anwesenheit aus. Die vier Gründer kommen zu dem Ergebnis, daß sie nicht alle vier gleichzeitig führen können, sondern daß sie einen Zuständigen brauchen, der den Betriebsablauf organisiert und Ansprechpartner für die Bank und die Kunden ist. Diese Position ist aber mit Entscheidungsbefugnissen verbunden, die einem Einzelnen nicht zustehen, denn schließlich sind sie gleichberechtigte Partner. Sie kommen also auf die geniale Idee, die Führung wöchentlich zu wechseln. Damit ist das Chaos vollkommen, denn unter den Mitarbeitern weiß keiner mehr, wer mit dem Entscheiden gerade an der Reihe ist. Die Sekretärin rennt vom einen zum anderen, um eine Unterschrift zu bekommen, und der Berater von der Bank wird fünf Minuten lang durchs Haus verbunden, bis er endlich den gerade Zuständigen ans Telefon bekommt. Die vier Gründer stellen schnell fest, daß ihre geniale Idee doch nichts taugt und entschließen sich, klare Strukturen zu schaffen. Sie teilen die Aufgaben untereinander auf und bestimmen einen, der jeweils für drei Monate die Sprecherfunktion übernimmt. Von da an kehrten Ruhe und klare Verhältnisse in die Firma ein.

Systeme wie Unternehmen, Abteilungen und Teams brauchen nicht nur eine klare Organisationsstruktur; damit sie harmonisch funktionieren, brauchen sie auch eine Führung. Diese muß ihre Leitungsfunktion tatsächlich ausfüllen und die Bedingungen für einen reibungslosen Ablauf schaffen, sie muß die gemeinsame Richtung vorgeben, Entscheidungen treffen und sie auch verantworten. Wird die Leitungsfunktion ausgefüllt, hat die Führung Autorität und die Wertschätzung der Mitarbeiter. Gerade hier liegt aber ein häufiges Problem.

Das liegt daran, daß viele Führungskräfte zwar hochqualifizierte Spezialisten in ihrem Fachgebiet sind, aber von Führungsaufgaben so gut wie keine Ahnung haben. Auch alte Muster wie: „Ich darf nicht der Erste sein", verhindern die Wahrnehmung leitender Funktionen. Und manchmal liegt es einfach daran, daß ein Führender seine Aufmerksamkeit nicht ausschließlich seiner Aufgabe widmet, weil er anderweitig beschäftigt oder überlastet ist.

Aber, was auch immer der Grund ist, die nicht ausgefüllte Leitungsfunktion führt zu einem Führungsvakuum, welches das System ausgleicht, indem ein anderer diese Aufgabe übernimmt. Wenn eine wichtige Funktion wie die Führung im System nicht besetzt ist, sorgt das System für Ersatz. Dann übernimmt vielleicht einer, der gern heimlich aus der zweiten Reihe führt, die Leitung, denn sein Programm: „Alle Chefs sind unfähig", ist dafür geradezu ideal.

Dieser Mechanismus tritt auch dann ein, wenn in einem System Führungsfunktionen über längere Zeit nicht besetzt oder gar nicht vorgesehen sind. Die Erfahrung zeigt, daß auch in Arbeits- oder Projektgruppen, die sich selbst organisieren, schon nach kurzer Zeit ein informeller Führer erkennbar wird, der die Verantwortung übernimmt. Das geschieht, weil diese Gruppen in über- und nachgeordnete Zusammenhänge eingebunden sind, die Koordination, Absprachen und einen vernünftigen Informationsfluß erfordern. Darum muß sich jemand kümmern, und das übernimmt der informelle Führer. Da ein Führer aber offiziell in diesen Arbeitsgruppen gar nicht vorgesehen ist, ergibt sich daraus ein weiteres Problem, denn der informelle Führer ist nicht wirklich ein Führer. Er wird für seine zusätzliche Leistung weder durch Geld noch Anerkennung entschädigt und von der Geschäftsleitung wie einer unter Gleichen behandelt. Die Gruppe, die ihren Führer zunächst akzeptiert hat, beginnt mit der Zeit zu zweifeln, ob er etwas zu sagen hat oder nicht. Und auf einmal gibt es jede Menge Konflikte, denn jetzt weiß eigentlich keiner mehr, wer auf welchem Platz steht, und wer welche Verantwortung übernimmt. Zu einem gestörten Ausgleich kommt eine Störung der Ordnung hinzu. Kein Wunder, wenn die Gruppe bald nicht mehr funktioniert und Beziehungskonflikte die Arbeit erschweren.

Für Systeme ist die Führung also eine wichtige Funktion, die inhaltlich und auf allen Ebenen ausgefüllt werden muß. Dabei spielt der Führungsstil systemisch gesehen durchaus eine Rolle. Denn Unternehmen sind strukturelle Gebilde mit inneren Grenzen, welche durch die unterschiedlichen Hierarchieebenen gebildet werden. Wie diese Grenzen gehandhabt werden, hat Einfluß auf das Funktionieren des Systems. So führen unklare Grenzen zu großer Unsicherheit der Systemmitglieder, weil niemand genau weiß, wo die eigene Zuständigkeit anfängt oder aufhört, Übergriffe und Einmischungen bleiben ohne Folgen und eindeutige Verhaltensregeln gibt es nicht. Entweder macht dann jeder, was er will, oder alle halten sich raus. Starre Grenzen zwischen den Hierarchieebenen dagegen führen meist zu einer allgemeinen Trägheit. Wenn die Erlaubnis zu Eigeninitiative und Engagement an die hierarchische Position gebunden ist, macht es wenig Sinn, sie zu zeigen, wenn man die entsprechende Position nicht hat. Dann wird Dienst nach Vorschrift gemacht, Fehler von oben werden mit stiller Genugtuung zur Kenntnis genommen aber nicht korrigiert, und die eigene Meinung behält man lieber für sich. Im Unterschied dazu stellen flexible Grenzen ein Optimum für funktionale Strukturen dar. Sie geben zwar bestimmte Verhaltensregeln vor, sind aber je nach Situation veränderbar und können sinnvoll angepaßt werden. In einem solchen System hat die Führung Autorität ohne autoritär zu sein, denn sie läßt Engagement und Eigeninitiative zu und fördert sie sogar. In einem Klima gegenseitiger Wertschätzung sind Mitarbeiter loyal und engagiert, sie nehmen mit großer Aufmerksamkeit an Arbeitsabläufen teil und greifen gegebenenfalls korrigierend ein, um Fehler zu vermeiden. Auch das ist eine Form des Ausgleichs.

Der systemischen Ordnung entsprechend haben die höheren Funktionen Vorrang vor den unteren, und die früher Eingestellten Vorrang vor den später Hinzugekommenen. Also: Je höher die Hierarchieebene, um so größer die Macht, und je länger einer da ist, um so mehr Rechte hat er. Alle später Hinzukommenden müssen das anerkennen.

Das hat Konsequenzen für das Führungsverhalten. Werden nämlich Führungspositionen in einer Firma neu besetzt, muß der neue Führer den Spagat zwischen beiden Regeln schaffen: Als Vorgesetzter hat er Vorrang vor seinen Mitarbeitern, als ein später Hinzugekommener ist er ihnen nachgeordnet. So muß er einerseits seine Führungsrolle einnehmen und gleichzeitig respektieren und würdigen, was früher da war; das betrifft sowohl die Menschen als auch die bisher geleistete Arbeit.

Viele Führungskräfte neigen bei Antritt einer neuen Position dazu, ihre Kompetenz und Qualifikation zu beweisen, indem sie möglichst alles anders machen als bisher. Begünstigt wird dies zusätzlich noch dadurch, daß sie in der neuen Firma meist einem hohen Erwartungsdruck ihrer Vorgesetzten ausgesetzt sind. Sie versuchen dann von vorne zu führen. Das bedeutet, sie stellen sich innerlich an die Spitze, geben mittels ihrer Amtsgewalt die neue Richtung vor und erwarten, daß ihnen alle auf diesem Weg folgen. Das geht aber fast immer daneben, denn es widerspricht dem Vorrang des Früheren. Von vorne führen können nur Gründer und Initiatoren, denn vor ihnen gab es ja noch nichts, das zu würdigen wäre. Wer später kommt, kann nur von hinten führen, also beratend und vermittelnd. So werden das Wissen und die Kompetenz der Mitarbeiter anerkannt, und, was bis dahin war, nicht grundsätzlich in Frage gestellt. Die Führung von hinten versucht, zu gewinnen und anzuregen statt anzuordnen. Das ist nicht gleichbedeutend mit Führungsschwäche, denn es ist trotzdem klar, wer die Entscheidungen trifft. Systemisch gesehen ist die Führung von hinten der richtige Weg, denn sie folgt der Bedingung der Ordnung. Die Führung von vorne dagegen löst Konflikte aus, die zur Folge haben, daß langjährige Mitarbeiter entweder bald gehen oder die neue Führungskraft behindern, wo es nur geht. So wehrt sich das System gegen die fehlende Würdigung des Früheren.

Wenn die Zugehörigkeit verletzt wird

Die Bedingung der Zugehörigkeit fordert, daß die Mitglieder eines Unternehmens für die Dauer ihrer Tätigkeit ein Recht auf Zugehörigkeit haben und von den anderen als zugehörig erlebt werden müssen. Das betrifft in erster Linie natürlich das unmittelbare Arbeitsumfeld und die dort arbeitenden Menschen, denn je größer ein Unternehmen ist, um so schwieriger ist es, jeden Einzelnen als zugehörig zu erkennen. Wird das Recht auf Zugehörigkeit verwirklicht, verhalten sich die Mitarbeiter loyal und leisten den ihnen gemäßen Beitrag zum Erfolg des Unternehmens. Wird aber mit dem Recht auf Zugehörigkeit leichtfertig umgegangen, führt das zu einem gestörten Vertrauensverhältnis und nachlassendem Engagement, und das hat nachteilige Folgen für die wirtschaftliche Situation des Unternehmens.

Eine sehr häufige Störquelle in Unternehmen ist die Art und Weise, wie mit Entlassungen von Mitarbeitern umgegangen wird. Es ist überhaupt keine Frage, daß ein Unternehmen das Recht hat, sich von Mitarbeitern zu trennen, sei es aus wirtschaftlichen Gründen oder deshalb, weil ein Mitarbeiter nicht seinen angemessenen Beitrag leistet. Es ist aber sehr wohl eine Frage, wie diese Entlassungen vorgenommen werden, denn der ungute oder leichtfertige Umgang damit wirkt sich auf die bleibenden Mitarbeiter aus und führt zur Störung des Systems.

Besonders bei Massenentlassungen aus wirtschaftlichen oder strukturellen Gründen gibt es aus systemischem Blickwinkel einige Voraussetzungen, mit denen Störungen des Systems vermieden werden können. Denn jede Entlassung einer großen Anzahl von Mitarbeitern führt bei den übrigen zwangsläufig zu der Frage, warum sie selbst bleiben dürfen. Das ist eine ähnliche Erscheinung, wie sie bei schweren Unfällen oder Katastrophen zu beobachten ist, wenn die einen ihr Leben verlieren, andere aber gerettet werden. Die Überlebenden entwickeln dann manchmal Schuldgefühle und leben ihr Leben nur noch halbherzig. In Unternehmen entwickeln die bleibenden Mitarbeiter Schuldgefühle, weil sie selbst bleiben dürfen und die anderen gehen müssen. Sie stellen sich innerlich auf die Seite der Entlassenen, sind nicht mehr motiviert und lassen sich nur noch halbherzig auf ihre Arbeit und das Unternehmen ein. Um das zu vermeiden, sind ein paar Dinge zu beachten. So sind zum einen klare Maßstäbe nützlich, die darüber entscheiden, wer geht und wer bleibt. Solche Maßstäbe sind z.B., daß, wer zuletzt kommt als erster geht, und daß bleibt, wer für das Überleben des Systems wichtig ist. Beide Kriterien entsprechen den systemischen Bedingungen, denn sie gewährleisten den Vorrang der Früheren vor den Späteren und die Würdigung derjenigen, die Besonderes leisten.

Sind von Entlassungen sehr viele Mitarbeiter betroffen, wird die Anwendung der Kriterien natürlich schwierig. Dann ist es wichtig, klarzumachen, daß die, die gehen müssen, nicht die schlechteren Menschen oder Mitarbeiter sind, und daß es ebensogut die Bleibenden hätte treffen können. Dadurch sind alle in gewisser Weise entlastet, die Entlassenen müssen sich nicht fragen, warum es sie getroffen hat, und die geblieben sind, können ruhigen Gewissens bleiben. Werden jedoch notwendige Entlassungen zum Anlaß genommen, sich willkürlich von vielleicht unliebsamen Mitarbeitern zu trennen, müssen sich die Übrigen zwangsläufig fragen, ob sie noch bzw. wie lange sie noch dazugehören. Ihre Unsicherheit wächst, und die Loyalität zum Unternehmen schwindet.

In der Regel ist für die meisten Mitarbeiter schon vor dem eigentlichen Ereignis der Entlassung an bestimmten Anzeichen ablesbar, daß die Entwicklung unvermeidbar ist. Daher können Entlassene in der Regel die Gründe für Umstrukturierungen oder personelle Einsparungen nachvollziehen und einsehen. Werden ihre Leistungen, die sie für das Unternehmen erbracht haben, ihre schwierige Situation und ihr persönliches Schicksal angemessen gewürdigt und/oder finanziell ausgeglichen, hinterlassen sie keine Störung im System. Das setzt aber voraus, daß der oder die Führenden sich nicht vor den Folgen ihrer Entscheidung drücken, sondern die Verantwortung dafür übernehmen. Tun sie es, werden sie dafür geachtet, tun sie es nicht, setzt eine Ausgleichsbewegung des Systems ein. Die Gebliebenen verbinden sich innerlich mit den Entlassenen und verlieren ihre Loyalität zum Unternehmen. Das ist die „Rache“ des Systems für einen leichtfertigen Umgang mit dem Recht auf Zugehörigkeit.

Es müssen nicht immer Massenentlassungen sein, die eine Störung im System hinterlassen, auch ungerechtfertigt entlassene Einzelpersonen können nachhaltig wirken.

Ein Beispiel: *Ein leitender Mitarbeiter einer Beratungsgesellschaft, der lange Jahre maßgeblich zum Aufbau und Erfolg einer örtlichen Niederlassung* *beigetragen hatte, kam in Konflikt mit der Geschäftsleitung über die Führung der Geschäfte. Darum wollte man ihn dringend loswerden, egal wie. Eines Morgens wurde er beim Betreten der Firma vom Sicherheitsdienst abgefangen, unter Aufsicht in sein Büro geleitet, wo er seinen Schreibtisch ausräumte, und anschließend auf die Straße befördert. Da er sich juristisch nichts hatte zuschulden kommen lassen, war diese Aktion sowohl völlig überzogen wie auch rechtswidrig. Er bekam zwar später gerichtlich eine hohe Abfindung zugesprochen, für das System war die Sache damit aber nicht erledigt. Seine Mitarbeiter stellten sich innerlich auf seine Seite, führten ihre Arbeit in seinem Sinne fort und traten in eine verdeckte Opposition zur Geschäftsleitung. Kurz gesagt, der Schuß war nach hinten losgegangen. Der schwelende Konflikt konnte erst beigelegt werden, als die früheren Verdienste des Mannes gewürdigt wurden, und die Geschäftsführung die Verantwortung für ihre Handlungsweise übernahm. Damit wurden die systemischen Folgen der Verletzung von Zugehörigkeit und Ausgleich behoben.*

Einen leichtfertigen Umgang mit dem Recht auf Zugehörigkeit stellt unter Umständen auch die zunehmende Neigung zum Outsourcing* dar. Werden aus Kostengründen Dienstleistungen an Fremdfirmen übertragen, kann sich das intern auf die Mitarbeiter und ggf. auf die Leistung des ganzen Unternehmens auswirken.

Ein Beispiel: *Ein großes Modehaus, das eine neue Organisationsstruktur einführte, lagerte im Zuge dieser Maßnahme unter anderem die Telefonzentrale aus und übergab sie an einen Fremdanbieter. Dessen Mitarbeiter arbeiteten zwar im Stammhaus des Modehauses, wurden aber in den Keller des Hauses verbannt. Da sie offiziell gar nicht zum Unternehmen gehörten, hielt es niemand für nötig, sie über personelle Veränderungen, Urlaubszeiten oder Vertretungen zu informieren. In der Telefonzentrale, Schnittstelle zwischen Kunde und Unternehmen,*

*(Wenn einzelne Unternehmensbereiche als selbständige Firmen ausgegliedert werden bzw. bestimmte Unternehmensleistungen von Fremdfirmen eingekauft werden.)

herrschten Chaos und Verdrossenheit. Die dort Beschäftigten wurden weder in dem respektiert, was sie leisteten, noch wurden sie als zugehörig erlebt. Dementsprechend fühlten sie sich weder dem Modehaus verpflichtet noch für irgendetwas verantwortlich. Als die Kundenbeschwerden dramatische Ausmaße annahmen, machte man schließlich die Entscheidung wieder rückgängig und gliederte die Telefonzentrale wieder ins Unternehmen ein.

Wenn die Ordnung nicht eingehalten wird

Ein System funktioniert harmonisch, wenn jedes Mitglied des Systems an seinem Platz ist und die mit diesem Platz verbundene Verantwortung übernimmt. In Unternehmen richtet sich der eigene Platz nach der Zugehörigkeit zu einer Hierarchieebene und innerhalb einer Hierarchieebene nach den Faktoren Dienstalter, Tüchtigkeit bzw. Leistung und Lebensalter. Diese Faktoren legen eine Rangfolge fest, die die Stellung des Einzelnen und seine Verantwortungsbereiche bestimmt. Diese Rangfolge kann nicht willkürlich verändert werden. Sie ist systemisch gesehen eine Tatsache und die Voraussetzung für ein harmonisches Gelingen, und das völlig unabhängig davon, ob z.B. die Führenden ihre Führung auch wahrnehmen.

In vielen Unternehmen unterscheidet sich aber die offizielle Unternehmensstruktur ganz erheblich von der realen, gelebten Struktur. Oft genug wird die Notwendigkeit einer klaren Trennung von Zuständigkeiten und Verantwortlichkeiten nicht erkannt. Es gehört zu den Gepflogenheiten, völlig unbefangen über die Hierarchiegrenzen hinweg zu operieren. In der Regel geschieht das von oben und unten gleichermaßen und ganz ohne böse Absicht. Man denkt sich einfach nichts dabei und weiß es auch nicht besser. Systemisch jedoch ist es von Schaden, denn die Vorgesetzten schwächen ihre eigene Position, die Untergebenen werden belastet, und das System kommt völlig durcheinander.

Störungen der Ordnung entstehen auf mehreren Wegen, die von persönlichen Neuinszenierungen bis zu organisatorischen Mängeln reichen. Eine Form der Neuinszenierung wurde bereits beschrieben: Sie entsteht, wenn z.B. ein Mitarbeiter mit der Neigung, heimlich zu führen, auf einen Vorgesetzten trifft, der gar nicht oder nur höchst unzulänglich führt. Beide stehen dann nicht auf ihrem Platz. Eine weitere Form besteht darin, daß Mitarbeiter Aufgaben, Pflichten oder sogar Schuld von ihren Vorgesetzten übernehmen und zur eigenen Sache machen. Sie halten dann den Kopf für etwas hin, was sie gar nicht zu verantworten haben. Auch das ist ein altes familiäres Muster, das im beruflichen Umfeld wiederholt wird, wenn sich die Gelegenheit ergibt. Dieses Muster macht einen Menschen geradezu dafür geschaffen, innerlich die Verantwortung zu übernehmen, die von anderer Stelle nicht genommen wird. Man bekommt hin und wieder den Eindruck, daß manche Menschen das brauchen. So z.B. eine Personalleiterin, die zum vierten Mal in ein Unternehmen wechselte, das in den roten Zahlen steckte und einschneidende Umstrukturierungen, sprich Entlassungen, vornehmen mußte. So extrem ist es nicht immer, aber Personalverantwortliche oder mittlere Führungskräfte übernehmen recht häufig innerlich die „Schuld“ der Inhaber oder Geschäftsführung für notwendige Entlassungen. Sie fühlen sich schuldig, und indem sie das tun, werden sie zum Sündenbock für alle. Sie bieten sich förmlich an, und so überträgt sich der gesammelte Unmut der Mitarbeiter auf sie. Die Übernahme fremder Verantwortung ist zwar edelmütig, aber auch äußerst belastend und systemisch gesehen sogar falsch. Sie ist nur dadurch lösbar, daß die Verantwortung dorthin zurückgegeben wird, wohin sie gehört.

Nicht immer ist der Auslöser für die Übernahme fremder Verantwortung, Aufgaben oder Pflichten ein altes Muster. Oft werden Mitarbeiter auch ausdrücklich dazu aufgefordert, und aus Pflichtgefühl, Verbundenheit oder aus Angst um den Arbeitsplatz tun sie es notgedrungen. Manchmal rutscht man aus Gefälligkeit in etwas hinein, was man nicht wieder los wird. Oder man hat eine besondere Fähigkeit, die das Unternehmen dringend braucht.

Ein Beipiel *(das für viele ähnliche Fälle steht): Ein mittelständisches Unternehmen aus der Lebensmittelbranche expandierte ins europäische Ausland und schloß einen Kooperationsvertrag mit einem norwegischen Unternehmen. Es gab Sprachbarrieren, denn die Norweger sprachen zwar fließend Englisch, die Deutschen jedoch nicht. Während der Vertragsverhandlungen wurden die Probleme mit Hilfe eines Dolmetschers überwunden, diese Kosten wollte man sich aber in Zukunft lieber sparen. Das konnte man auch, denn es stellte sich heraus, daß die Sekretärin des Marketingleiters fließend Norwegisch sprach. Wann immer es von nun an etwas abzustimmen, zu besprechen oder abzuklären gab, wurde sie eingespannt. Sie machte es gern; sie übersetzte, vermittelte und organisierte und konnte bald vieles auch ohne Rücksprache klären. Plötzlich war sie, die eigentlich Sekretärin war, in einer Position, die fast der einer Führungskraft entspricht. Dorthin hatte sie jedoch nie gewollt, und dort hatten sie auch die anderen nicht sehen wollen. Sie fühlte sich überfordert, die Geschäftsführung wurde ob ihrer eigenen Abhängigkeit gereizt, und die Beziehung zu den anderen Mitarbeitern kühlte merklich ab. Ihre Lösung bestand darin, ein Gespräch mit der Geschäftsleitung zu führen und die Verantwortung zurückzugeben. Einige Wochen später wurde ein Koordinator mit guten Englischkenntnissen eingestellt, der die Abwicklung übernahm.*

Immer dann, wenn Mitarbeiter in die Angelegenheiten höherer Positionen hineingezogen werden, fühlen sie sich nach kurzer Zeit eher belastet als geschmeichelt. Sie spüren, daß es nicht der ihnen angemessene Platz ist, und die, die ihnen diesen Platz angeboten oder stillschweigend überlassen haben, bringen sich in eine schwache Position. Das gilt auch, wenn Mitarbeiter in die Konflikte und Auseinandersetzungen ihrer Vorgesetzten hineingezogen und vielleicht sogar ganz offen zu einem Bündnis aufgefordert werden. Aus diesen Konflikten hält man sich besser raus. Eine Einmischung ist ebenso schädlich wie die Übernahme fremder Aufgaben oder Pflichten. Sicher, es hat in einigen Fällen einen gewissen Reiz, es hebt die eigene Bedeutung und verschafft eine gewisse Überlegenheit. Wer kann sich schon dagegen wehren, wenn einem der Vorgesetzte den Auftrag gibt, Vertragsverhandlungen mit einem Kunden zu führen, weil er selbst das so ungern tut. Oder wenn der Geschäftsführer einen Abteilungsleiter darum bittet, seinen Kollegen den Businessplan für das nächste Jahr zu erklären. Gar nicht zu reden von dem erhebenden Gefühl, wenn man als Untergebener aufgefordert wird, der Geschäftsleitung einen Berater oder Trainer zu suchen, oder sie gar selbst ein wenig zu unterweisen. Mit der Übernahme solcher Aufträge tut man sich entschieden keinen Gefallen. Die Kollegen mögen die Vorzugsbehandlung nicht, der Chef wird mit der Zeit böse, weil er sich bis zu einem gewissen Grad abhängig macht, und man selbst schwankt zwischen Anmaßung und starkem Druck. Systemisch gesehen führt das zu einer Störung, denn der Untere achtet den Oberen nicht mehr, und der Obere wird schwach. Das belastet nicht nur die Beziehung der beiden, es zieht unvermeidlich auch Kreise im Unternehmen. Diese Art Angebote lehnt man besser mit dem Eingeständnis ab, daß man mit ihnen überfordert ist. Nicht aus fachlichen Gründen, sondern weil die strukturelle Beziehung es nicht zuläßt. Denn eines ist sicher, ist die Beziehung zu einem Vorgesetzten erst zerrüttet, geht immer der mit der wenigsten Macht.

Wenn der Ausgleich von Geben und Nehmen nicht stimmt

In menschlichen Beziehungen gibt es ein inneres Konto, auf dem Buch darüber geführt wird, wer wem etwas gegeben oder von jemandem etwas bekommen hat, und wieviel es jeweils war. Denn nur wenn Geben und Nehmen annähernd ausgeglichen sind, können Beziehungen harmonisch funktionieren. Wenn alle im Ausgleich sind, gibt es keine offenen Rechnungen zu begleichen. Die Zukunft ist frei von den Altlasten der Vergangenheit, und das gibt die Freiheit, die Beziehung gleichberechtigt weiterzuführen. Durch den Ausgleich von Geben und Nehmen werden Beziehungen gestärkt und Bindungen gefestigt. Unausgeglichene Bilanzen dagegen fördern Unzufriedenheit und Konflikte und können sehr leicht zum Abbruch von Beziehungen führen. Das gilt nicht nur für den Ausgleich im Guten, sondern auch für den im Schlechten. Systemisch gesehen ist eine Haltung des Verzeihens nicht angemessen, sie stört im Gegenteil sogar die Beziehung. Wer etwas Schlimmes verzeiht, bringt sich selbst in eine überlegene Position, denn er erweist einem anderen die „Gnade" des Verzeihens. Auf dieser Grundlage ist Ebenbürtigkeit nicht mehr möglich. Viel besser ist es, die schlimme Tat mit einer nicht ganz so schlimmen Tat auszugleichen, dann sind beide „Täter" wieder auf einer Ebene und haben sich nichts mehr vorzuwerfen.

In Unternehmen muß der Ausgleich von Geben und Nehmen sowohl in der Beziehung zu den eigenen Mitarbeitern, wie auch in der zu Kunden und Lieferanten stattfinden. Sind Geben und Nehmen nicht ausbalanciert, zeigt sich das u.a. in der Leistungsfähigkeit des Unternehmens. Denn die Bedingung des Ausgleichs gilt auf allen Ebenen eines Unternehmens und in allen Handlungen. Versucht ein Unternehmen, bestimmte Situationen zum eigenen Vorteil und zum Schaden seiner Mitarbeiter auszunutzen, kommt es zu einer tiefgreifenden Störung im System. Sie ensteht z.B. dadurch, daß ein Unternehmen aufgrund einer schlechten regionalen Beschäftigungssituation, aber ohne betriebswirtschaftliche Notwendigkeit die Löhne seiner Mitarbeiter drückt.

Im Verhältnis zu den Mitarbeitern gilt, daß besondere Leistungen anerkannt und ausgeglichen, zumindest aber angemessen gewürdigt werden müssen. Wer besondere Fähigkeiten oder Kompetenzen hat, die den Erfolg des Unternehmens sichern, braucht, um bleiben zu können, entsprechende Anerkennung und Förderung. Findet dieser Ausgleich nicht statt, schrauben alle ihr Engagement zurück, denn Leistung lohnt sich scheinbar nicht. Mit dieser Reaktion nimmt das System eine Gegenbewegung vor, die den Ausgleich wieder herstellt: Wird die Leistung Einzelner nicht gewürdigt, geht die Leistung aller zurück.

Eine ähnliche Ausgleichsbewegung führt das System durch, wenn ein aus dem System Gehender von der Führung übervorteilt und nicht ausreichend gewürdigt wurde. Dessen Rolle wird dann von einem anderen Mitarbeiter übernommen, der die Arbeit des Gegangenen unbewußt fortführt und so tut, als wäre der noch da. So würdigt das System, was von oben ungewürdigt blieb. Wird ein ausstehender Ausgleich nicht freiwillig durchgeführt, kann auch der erzwungene Ausgleich Frieden schaffen, wenn er wirklich ausgleicht. Dem System ist es gleichgültig, ob z.B. eine Abfindung vor Gericht erzwungen oder freiwillig gezahlt wird.

Ein Mitarbeiter muß jedoch gehen, wenn er das System oder Mitglieder des Systems rücksichtslos geschädigt hat. Geht er nicht freiwillig, muß man ihm kündigen, sonst machen sich Verdrossenheit, Vertrauensverlust und jede Menge Konflikte breit. Gehen muß auch fast immer, wer zuviel genommen hat, wenn er keine Möglichkeit zu einem Ausgleich bekommt. Und das gilt ebenso in der Beziehung zu Kunden.

Ein Beispiel: *Ein junger, engagierter Unternehmensberater konnte nicht verstehen, warum er immer wieder Kunden verlor, denn er setzte sich sehr ein und versuchte die Beziehungen zu pflegen. Er erbrachte viele zusätzliche Leistungen, war entgegenkommend bei der Honorarabrechnung und unterstützte seine Kunden uneigennützig, wo es nur ging. Trotzdem kündigten immer wieder Kunden. Das wiederum spornte ihn dazu an, für die übrigen noch mehr zu tun, um sie zu halten. Mit jedem Kunden der ging, steigerte er seine Leistung. Mit dem Erfolg, daß er schließlich kaum noch Kunden hatte und die neu Gewonnenen schnell wieder verlor.*

Welche Dynamik hier wirkt, ist leicht zu verstehen: Durch sein Verhalten verhinderte er den Ausgleich zwischen Geben und Nehmen. Indem er seinen Kunden Leistungen aufdrängte, für die er nichts haben wollte, brachte er sie in eine unmögliche Situation. Da er den Ausgleich nicht wollte, blieben seine Kunden auf ewig im Soll, und eine Begegnung von gleich zu gleich wurde unmöglich. Damit vergiftete er die Beziehung, an der ihm so viel lag – unbewußt zwar, aber trotzdem erfolgreich. Denn wer zuviel nimmt, oder nehmen muß, kann nur gehen.

Wer den Ausgleich zwischen Geben und Nehmen nicht herstellt oder nicht zuläßt, riskiert, daß das System ihn selbst durchführt. Viele Formen von Illoyalität sind das Ergebnis eines nicht durchgeführten Ausgleichs. Wenn Mitarbeiter das Gefühl haben, daß in einer Firma der Ausgleich nicht stimmt, stellen sie ihn z.B. dadurch her, daß sie sich am Eigentum der Firma vergreifen, und sich mit allem versorgen, was nützlich ist. Oder sie kündigen sogar, gehen aber nicht mit leeren Händen. Sie bedienen sich mit Kundenlisten, nützlicher Software oder mit teuren Teilen der Hardware und haben aber alles andere als ein schlechtes Gewissen. Da auf ihrem inneren Ausgleichskonto ein Guthaben steht, steht ihnen das quasi zu. Bekommen sie es nicht freiwillig, nehmen sie es sich.

Ein Beispiel: *Ein Unternehmer mit mehreren Firmen, die alle von angestellten Geschäftsführern geleitet werden, kümmerte sich kaum noch um die eine, die besonders gut lief. Er überließ seinen beiden Geschäftsführern die volle Verantwortung bei der Führung der Geschäfte, und sie waren äußerst erfolgreich. Sie bauten das Unternehmen weiter aus und erzielten gute Gewinne. Sie hatten völlig freie Hand, denn der Unternehmer ließ es zu. Nach einiger Zeit wurde die Firma immer mehr zu ihrer eigenen Firma, und dementsprechend verhielten sie sich auch. Da ihr Gehalt die von ihnen übernommene zusätzliche Verantwortung bei weitem nicht abdeckte und eine Gewinnbeteiligung auch nicht in Aussicht war, unterschlugen sie das Geld, von dem sie überzeugt waren, daß es ihnen zuständе. Natürlich flog die Sache irgendwann auf, beide wurden unverzüglich entlassen und angezeigt, und für die Firma wurde ein neuer Geschäftsführer eingestellt. Der mußte es dann ausbaden, denn die Mitarbeiter stellten sich innerlich auf die Seite der beiden Entlassenen und gingen in die stille Verweigerung. Das System wußte, daß der Ausgleich nicht gestimmt hatte und führte ihn jetzt auf seine eigene Weise herbei.*

Aus juristischer Sicht haben sich natürlich beide Geschäftsführer schuldig gemacht und müssen dafür bestraft werden. Aus systemischer Sicht ist die Sache jedoch nicht ganz so einfach, denn der Unternehmer hatte einen erheblichen Anteil am Zustandekommen der ganzen Situation: Er überließ seinen Geschäftsführern seine eigene Verantwortung, glich diese Mehrbelastung aber nicht durch eine entsprechende Gewinnbeteiligung aus. Da der Ausgleich von ihm aus nicht vorgenommen wurde, führten die Geschäftsführer ihn selbst durch – mit stiller Billigung der Mitarbeiter. Ihre Reaktion auf die strafrechtliche Verfolgung der beiden Geschäftsführer machte das deutlich. Es steht außer Frage, daß beide gegen geltendes Recht verstoßen haben und auch dafür ein Ausgleich in Form einer Verurteilung hergestellt werden muß. Das hat eine juristische aber noch nicht unbedingt eine systemische Wirkung. Die Lösung für das System besteht darin, daß der Unternehmer seinen eigenen Anteil anerkennt und übernimmt. Das kann dadurch signalisiert werden, daß er nicht den Rächer spielt, sondern auf eine angemessene Strafe dringt, die etwas weniger „wert" ist als das Vergehen. Dann können die Mitarbeiter aufhören etwas auszugleichen, was noch auszugleichen ist, und das System kommt wieder in Ordnung.

Vom unmöglichen Gleichgewicht

Die Bedingungen von Zugehörigkeit, Ordnung und dem Ausgleich von Geben und Nehmen sind aufs engste miteinander verzahnt. Sie müssen in faßbare Handlungen umgesetzt werden und sind jederzeit gleichzeitig gültig. Da sie aber so eng zusammengehören, ist ein Gleichgewicht aus zwei Gründen fast unmöglich. Einerseits ist das System ständig in Bewegung. Es finden gleichzeitig so viele Aktionen statt, die diese drei Bedingungen beeinflussen, daß sie unmöglich zu jedem Zeitpunkt im Gleichgewicht sein können. Selbst wenn ein System grundsätzlich harmonisch funktioniert, schwankt es doch ständig um den Punkt größtmöglicher Stabilität oder Harmonie. Ungleichgewichte sind gar nicht zu vermeiden, sie sind vielmehr ein Merkmal lebendiger Systeme.

Auf der anderen Seite führt gerade die enge Verzahnung der drei Bedingungen zu der widersprüchlichen Situation, daß die Erfüllung der einen, die Erfüllung einer anderen ausschließen kann. Dazu ein Beispiel: Nehmen wir an, in einem Unternehmen gibt es einen Mitarbeiter, der vergleichbar mit anderen bezahlt wird, aber nicht deren Leistung bringt. Hält man diesen Mitarbeiter im Unternehmen, ist der Ausgleich verletzt, aber die Zugehörigkeit wird gewahrt. Kündigt man ihm aber, wird nun die Zugehörigkeit verletzt, aber der Ausgleich stimmt wieder. Wie man sich auch entscheidet, eine der Bedingungen wird nicht erfüllt. Die richtige Entscheidung kann manchmal also nur auf eine Schadensbegrenzung hinauslaufen, nämlich auf die Frage, welche Maßnahme die geringste Störungsenergie im System hinterläßt.

Daraus folgt, daß die Bedingungen von Zugehörigkeit, Ordnung und dem Ausgleich von Geben und Nehmen im allgemeinen gültig, aber durchaus nicht allgemeingültig sind. Wie sie in einem System angemessen umgesetzt werden, kann sich von Fall zu Fall unterscheiden. Die Wirklichkeit ist vielfältig, und sie wird unterschiedlich wahrgenommen. Neben Schwarz und Weiß gibt es viele Grautöne. Es geht nicht darum, die Systembedingungen um ihrer selbst willen einzuhalten, sondern darum, daß ein System in seine Ordnung kommen kann.

Geschäftliche Partnerschaften

Partnerschaften beginnen meist voller Elan und Hoffnung und enden oft im großen Frust. Dabei fängt es doch ganz vielversprechend an. Eine gute Geschäftsidee, ein Partner, den man schon lange kennt und mit dem man vielleicht früher schon gearbeitet hat, und, nicht zu vergessen, eine Bank, die die Idee für fast so vielversprechend hält wie man selbst. Dann kommen die ersten Kunden, die ersten Angestellten und die ersten Konflikte. Es gibt Streß und Unstimmigkeiten, über die einmal, zweimal geredet wird, die sich aber nicht abstellen lassen und darum erstmal unter den Teppich gekehrt werden. Schließlich hat man doch eine Partnerschaft. Also macht man einfach weiter, und allmählich sammelt sich unter dem Teppich eine gigantische Müllkippe an. Langsam aber unaufhaltsam schleicht sich das Ende der Partnerschaft heran, und eines Tages ist es dann da. Die Finanzen werden geklärt, die Angestellten heiß umkämpft oder entlassen, und danach spricht man nie wieder ein Wort miteinander. Aus der Traum.

Viele Partnerschaften scheitern nicht an sachlichen oder wirtschaftlichen Gründen, etwa weil die Geschäfte nicht laufen oder die Kunden ausbleiben. Sie scheitern an einer gestörten Beziehung, deren Dynamik aber nicht erkannt wird, und die darum auch nicht geklärt werden kann. Der Fehler findet sich häufig schon ganz am Anfang, in der Phase, in der ein Partner gesucht wird. Für das partnerschaftliche Gelingen spielt schon das Motiv der Partnersuche eine wesentliche Rolle. Denn systemisch gesehen funktioniert eine Partnerschaft nur dann, wenn die Partner gleichwertige Fähigkeiten einbringen, die sich gegenseitig ergänzen. Die Partner müssen sich gegenseitig brauchen, weil sie jeweils etwas können, was der oder die anderen nicht können.

Ein Beispiel: *Zwei Architekten arbeiten seit Jahren in einer sehr guten Partnerschaft zusammen. Der eine kümmert sich um die Planung und Durchführung und sitzt meistens im Büro, der andere treibt sich auf dem Golfplatz oder bei Geschäftsessen herum. Was auf den ersten Blick wie die Karrikatur einer Partnerschaft aussieht, stellt für beide eine gelungene Verbindung dar. Beide sind hervorragende Architekten, aber jeder hat besondere Fähigkeiten, die erst zusammen den Erfolg ausmachen. Der eine kann brillante Visionen entwickeln, sie überzeugend verkaufen und sehr charmant harte Vertragsverhandlungen führen. All das kann der andere nicht, aber er ist ein begnadeter Tüftler, Organisator und Koordinator. Ihre Partnerschaft ist vielleicht nicht für jeden das Ideal, aber für die beiden ist sie eine gute Lösung. Denn zusammen sind sie ein wunderbares Team.*

Viele Menschen gehen eine Partnerschaft aus den falschen Gründen ein. Sie brauchen nicht aus sachlichen Gründen einen Partner, sondern weil sie sich ihr Vorhaben allein nicht zutrauen. Sie glauben, sich nicht richtig verkaufen zu können oder allein zu schwach zu sein. Meist ist das ein altes Muster, das keine gute Voraussetzung für eine Partnerschaft bietet. Wenn der Partner eine Alibifunktion bekommt oder man heimlich der Überzeugung ist, man könnte das, was er tut, genauso gut, wenn nicht gar besser, ist die Partnerschaft nicht gleichwertig. Sie fängt bereits unter falschen Voraussetzungen an, und führt sehr bald zu konfliktreichen Auseinandersetzungen und irgendwann zum Bruch. Partnerschaften sind erfolgreich, wenn die Partner sich tatsächlich brauchen. Unter Umständen kann das auch zu der Konsequenz führen, daß ein Partner gehen muß, wenn sich herausstellt, daß er nichts Gleichwertiges in die Partnerschaft einbringen kann.

Obwohl Partnerschaften auf Gleichwertigkeit und Gleichberechtigung aufbauen, ist gleichzeitig die systemische Ordnung gültig. Es kann nämlich durchaus eine innere Rangfolge der Partner geben. So hat häufig einer den Vorrang vor allen anderen, wenn er für die Finanzen zuständig ist und damit für das Überleben der Firma sorgt. Vorrang hat auch, wer die Geschäftsidee hatte oder die Führung übernimmt. Die Übernahme besonderer Aufgaben und Verantwortungsbereiche stellt immer eine Dienstleistung dar, die ausgeglichen bzw. gewürdigt werden muß. Wie die Rangfolge tatsächlich aussieht, und wem eine besondere Würdigung zusteht, kann meist nur eine Aufstellung zeigen.

Ein weiterer, häufig unbeachteter Punkt ist der Vorrang des Früheren vor dem Späteren. Er wird wirksam, wenn ein zusätzlicher Partner in eine bestehende Partnerschaft aufgenommen wird. In der Regel führt das zu einer Störung des Systems. Denn die Aufnahme eines weiteren gleichberechtigten Partners ist ein Widerspruch in sich. Ein späterer Partner kann nicht gleichberechtigt sein, weil er später in ein System kommt, in dem die Früheren den Vorrang haben. Der Neue wird immer ein Nachgeordneter sein. Das widerspricht aber sowohl seinem Bedürfnis nach Gleichwertigkeit, wie auch dem durch die Partnerschaft gegebenen Versprechen von Gleichwertigkeit. Um sich zu behaupten, booten Partner, die später dazukommen, sehr häufig einen oder alle Gründer aus dem System aus. Es ist daher besser, z.B. einen fähigen Mitarbeiter, den man um keinen Preis verlieren will, nicht zum Partner zu machen, sondern ihn über andere Maßnahmen im Unternehmen zu halten. In der Regel haben die betreffenden Mitarbeiter auch kein wirkliches Bedürfnis danach, Partner zu werden, weil sie spüren, daß das eigentlich gar nicht geht. Sie sind mit einer materiellen oder ideellen Würdigung ihrer Leistungen oft sehr zufrieden.

Familienunternehmen

Familienbetriebe stellen eine besondere Art von Systemen dar, denn in den meisten von ihnen vermischen sich zwei getrennte Systeme: das private und das berufliche. Familie und Unternehmen sind durch die Personalunion ihrer Mitglieder in deren inneren Erleben nahezu dasselbe, und die Trennung der beiden Systeme ist fast unmöglich, denn wie soll man morgens am Frühstückstisch zu seinem Vater Papa sagen und eine Stunde später in ihm den Chef sehen. Verwandtschaftliche Beziehungen wirken also zwangsläufig ins Unternehmen hinein, und verursachen bestimmte Schwierigkeiten. Die unterschiedlichen Rollen in beiden Systemen sind zwar vorhanden, spielen in Wirklichkeit aber kaum eine Rolle.

In den meisten Familien ist der Betrieb jahrein, jahraus und von morgens bis abends, ein ständiges Gesprächsthema. Die Kinder wachsen in ihn hinein, und viele Eltern gehen ganz selbstverständlich davon aus, daß zumindest eines der Kinder ihre Arbeit weiterführt und den Betrieb einmal übernimmt.

In über 700.000 Familienbetrieben wird das in den nächsten zehn Jahren ein Thema sein, und nicht immer ist der Nachwuchs mit den Plänen von Eltern oder Großeltern einverstanden. Nach Schätzung der Deutschen Ausgleichsbank findet nur ein Drittel der Betriebe den oder die NachfolgerIn in der eigenen Verwandtschaft. Wenn der auserkorene Nachfolger aber andere Lebenspläne verwirklichen will, belastet ihn das stark. Denn die Verpflichtung gegenüber der Familie und die Erwartungen der Eltern wiegen schwer. Eine Entscheidung gegen das Unternehmen wird meist mit großen Schuldgefühlen und familiären Auseinandersetzungen bezahlt und oft als ein Verrat an der Familie erlebt.

Findet sich dagegen ein Familienmitglied, das vielleicht schon in den Startlöchern steht, um den Betrieb zu übernehmen, tun sich neue

Konfliktmöglichkeiten auf. In vielen Fällen kann ein Seniorchef die Macht nicht abgeben und klebt an seinem Stuhl, weil das Unternehmen zum sinnstiftenden Zentrum seines Lebens geworden ist, für die Zeit „danach" keine Pläne gemacht wurden und der Übergang in den Ruhestand schwerfällt. Entweder wird dann die Entscheidung immer wieder hinausgezögert, oder die Führung wird zwar der Form nach, aber nicht wirklich übergeben. Dann hat der Seniorchef nach wie vor sein Büro im Betrieb, den er noch immer kontrolliert und in dem er weiter mitmischt; schließlich weiß er am besten, wie das Ganze funktioniert. Das erschwert dem Nachfolger den Einstieg als Führungskraft erheblich, führt zu Streitigkeiten, die das Betriebsklima schädigen, und außerdem ist nicht mehr klar, wer die Firma eigentlich führt. Die Mitarbeiter schwanken verunsichert zwischen der offiziellen Geschäftsführung und dem alten Chef, für den sie vielleicht schon seit Jahrzehnten arbeiten. Zwangsläufig geraten sie in einen Loyalitätskonflikt, zwischem dem, der offiziell führt, und dem, der die älteren Rechte hat. Wem sollen sie folgen?

Unter systemischen Gesichtspunkten ist die sauberste Nachfolgeregelung die: Der Seniorchef zieht sich völlig aus der Geschäftsführung zurück und überläßt seinem Nachfolger das Feld. Manchmal bewährt es sich auch, wenn der Seniorchef einen eigenen, vielleicht neu eingerichteten Geschäftsbereich übernimmt, sich aber aus der Geschäftsführung vollkommen heraushält.

Manchmal besteht bei den Nachfolgern die Neigung, nach der Übergabe einen dicken Schlußstrich zu ziehen und ab sofort alles ganz anders zu machen. Man verwirft das Alte und will endlich neue, innovative Methoden einführen. In der Regel geht das schief, denn wenn das Neue nicht auf dem Alten aufbaut und es entsprechend achtet, stellen sich die, die schon lange dabei sind, zum Ausgleich gegen das Neue.

Systemisch gesehen besteht die bessere Lösung darin, daß die neue Geschäftsführung „von hinten führt“, indem sie anerkennt, was vorher war, und langsam die Loyalität der Mitarbeiter gewinnt, statt allzu schnell vorzupreschen. Dann bleiben Arbeitsmoral und Loyalität zum Unternehmen erhalten.

Ein Beispiel: *Der Erbe eines mittelständischen Familienunternehmens hatte sich lange geweigert, in die Fußstapfen des Vaters zu treten, und dessen Nachfolge anzutreten. Als er schließlich nachgab, verlangte er von seinem Vater den völligen Rückzug aus dem Betrieb. Der Vater stimmte notgedrungen zu und hielt sich fortan völlig aus dem Unternehmen heraus. Sein Sohn erweiterte daraufhin die traditionelle Produktpalette, brachte sie auf den neuesten Stand und modernisierte Maschinenpark und Gebäude. Als die Gebäude fertiggestellt waren, ließ er alte Firmenbilder und ein Portrait des Gründers, seines „Vaters“, vergrößern und hängte sie im Eingangsbereich der Firma auf. Unbewußt hatte er einen Weg gefunden, klare Führungsstrukturen für die Mitarbeiter zu schaffen, Neuerungen einzuführen und gleichzeitig das Alte zu ehren.*

Ein weiteres Minenfeld in Familienbetrieben liegt darin, ob die im Unternehmen tätigen Familienmitglieder ihre Funktion ihrer fachlichen Qualifikation oder ihrer Zugehörigkeit zur Familie verdanken. Wird bei der Besetzung einer Position ein Familienmitglied wegen seiner Zugehörigkeit zur Familie einem fähigeren Nichtfamilienmitglied vorgezogen, wird die Bedingung der Ordnung gestört, denn die Rangfolge-Merkmale Tüchtigkeit und Fähigkeit sind dann verletzt und sorgen für Aufruhr im Betrieb.

Eine andere Frage ist, wie sich die Familie gegenüber einer angestellten Geschäftsleitung verhält. Mischt sie sich in die Geschäftsführung ein, indem sie z.B. deren Entscheidungen rückgängig macht, untergräbt sie die Autorität der Führung und sorgt für Orientierungslosigkeit unter den Mitarbeitern, weil dann nicht mehr klar zu unterscheiden ist, wer die Firma leitet: die Besitzer oder die angestellte Geschäftsleitung.

Ob es sich um die Nachfolge oder um Generationskonflikte handelt, ob eine von außen kommende Geschäftsleitung eingesetzt oder das Familienunternehmen an familienfremde, sogenannte Existenznachfolger, verkauft oder verpachtet werden soll – um die damit einhergehenden Konflikte auf ein Minimum zu senken, empfiehlt es sich, die systemischen Hintergründe sorgfältig zu untersuchen und zu klären. Es erleichtert die Situation, kann die Betroffenen entlasten oder bei der Entscheidungsfindung helfen.

Das Instrument Organisations-Aufstellung

Wofür sich Organisations-Aufstellungen eignen

Organisations-Aufstellungen eignen sich vom Grundsatz her für alle Problemsituationen, die „chronisch" erscheinen und keine nachvollziehbaren Ursachen haben. Probleme also, die weder auf Organisations- oder Qualifikationsmängel, noch auf betriebswirtschaftliche Gründe zurückzuführen sind, und die sich eher unter dem Begriff „atmosphärische Störungen" einordnen lassen. Kennzeichnend dafür sind z.B. wiederholte Trainingsmaßnahmen, die aber keinen oder nur einen kurzfristigen Erfolg haben, dauerhafte Konflikte zwischen Menschen oder Abteilungen oder übergreifende Motivations- und Führungsprobleme. Problemsituationen mit diesen Merkmalen weisen auf systemische Ursachen hin und lassen eine Aufstellung ratsam erscheinen.

Dabei spielt die Größe einer Organisation oder eines Unternehmens keine Rolle. Aufstellungen können ausnahmslos jedes System abbilden – vom kleinen Team über die mittelständische Firma bis hin zum Großkonzern. Sie können ein ganzes Unternehmen oder einzelne Teile davon, wie Filialen oder Abteilungen, betrachten. Und sie können ebenso für jedes Mitglied des Systems durchgeführt werden, egal auf welcher Hierarchieebene es sich befindet. Die Position in der Unternehmenshierarchie bestimmt lediglich einen anderen Ausschnitt des Systems, der mit der Aufstellung betrachtet wird. Denn während für die Geschäftsleitung die Aufstellung des ganzen Unternehmens notwendig sein kann, sind für den Mitarbeiter einer Abteilung Erkenntnisse über die Beziehungsstrukturen in dieser Abteilung in der Regel völlig ausreichend. In der Aufstellungsarbeit ist der betrachtete Systemausschnitt deshalb meist dort zuende, wo der Einfluß des Systemmitglieds auf die Geschicke des Unternehmens endet.

Organisations-Aufstellungen arbeiten in zwei Schwerpunktbereichen. Einerseits auf der Ebene des einzelnen Systemmitglieds und andererseits auf der Unternehmensebene. Auf der Ebene des einzelnen Systemmitglieds geht es im wesentlichen darum, belastende berufliche Probleme und Konflikte zu lösen und dadurch neue Handlungsmöglichkeiten zu eröffnen. Das kann gegebenenfalls auch bedeuten, daß berufliche Konflikte auf systemische Störungen im Familiensystem zurückgeführt und dort bearbeitet werden. Auf der Unternehmensebene konzentriert sich die Aufstellungsarbeit auf die Frage, welche konkreten Handlungen und Ereignisse eines Systems eine Problemsituation auslösten, und wie weit dadurch die Systemgesetze verletzt wurden.

Die Voraussetzungen der Aufstellungsarbeit

Organisations-Aufstellungen gehen von der Voraussetzung aus, daß Unternehmen als ganzheitliche Systeme betrachtet werden können. In diesen Systemen befinden sich die einzelnen Systemteile in einem vielschichtigen, ununterbrochenen Zusammenspiel, das von den Bedingungen der Zugehörigkeit, der Ordnung und des Ausgleichs von Geben und Nehmen geregelt wird. Sie gehen weiter davon aus, daß eine Verletzung dieser Bedingungen zu Störungen führt, die sich an einem beliebigen Ort des Systems zeigen können. Dort entstehen sie als Re-Aktion auf zuvor an einem völlig anderen Ort ausgelöste Aktionen. Störungen bei einem oder mehreren Systemmitgliedern werden also nicht als persönliches Problem, sondern vielmehr als Kennzeichen für eine Störung des Gesamtsystems betrachtet.

Das Ziel einer Aufstellung ist es, ausgehend von einem vorliegenden Problem, die systemische Ursachen des Problems und eine Lösung sichtbar zu machen. Im Vordergrund steht allerdings zunächst die reine Informationsgewinnung. Sie ist in vielen Fällen ausreichend, um zu einer neuen Bewertung der Situation, zu möglichen Konsequenzen oder angemessenen Lösungen zu kommen. Ist die Ursache der Störung erst gefunden, ergeben sich die notwendigen nächsten Schritte meist ganz von selbst. Allerdings: Aufstellungen allein verändern gar nichts. Sie zeigen zwar ein Abbild des Systems, aber sie sind nicht das System. Sie zeigen, worin die Lösung besteht, aber sie lösen es nicht. Gelöst werden kann ein Problem nur in der Wirklichkeit. Dazu genügt in vielen Fällen eine Änderung der inneren Haltung, eher selten ist eine reale Handlung erforderlich. Ob die Lösung angenommen wird, liegt allein in der Entscheidung desjenigen, für den die Aufstellung gemacht wird. Die Aufstellung ist nur ein Anstoß.

Der äußere Rahmen

Organisations-Aufstellungen werden in zwei unterschiedlichen Formen durchgeführt. Die übliche Form ist die eines 2-tägigen Seminars, zu dem sich ca. 15 – 20 Personen an einem neutralen Ort zusammenfinden. Sie kommen meist aus ganz unterschiedlichen Arbeitsbereichen, kennen sich vorher nicht und werden sich mit großer Wahrscheinlichkeit auch später nie wieder begegnen. Aber jeder der Teilnehmer hat ein Problem, das er gerne lösen möchte. Das bietet die Basis für einen geschützten Rahmen, in dem jeder sein Problem offen auf den Tisch legen kann. Denn Aufstellungsarbeit ist auch Vertrauenssache, besonders dann, wenn sehr persönliche Themen berührt werden. Aufstellungen fördern manchmal unangenehme Wahrheiten und schmerzhafte Erkenntnisse zutage, die man ungern öffentlich bekanntmachen möchte. Es gehört daher zu den Regeln der Aufstellungsarbeit, daß Aufstellungsleiter und Teilnehmer alle Informationen, die Rückschlüsse auf eine Person oder ein Unternehmen ermöglichen, vertraulich behandeln.

Etwas anders sieht es aus, wenn sich die Geschäftsführung oder Unternehmensleitung zu einer Aufstellung ihres Unternehmens entschließt. In diesen Fällen kann die Aufstellung z.B. am Ort oder in den Räumen des Unternehmens stattfinden, und der Aufstellungsleiter reist mit einem 10-15köpfigen Stellteam an. Das ist zwar aufwendig, aber notwendig. Denn Aufstellungen sollten niemals mit den eigenen Mitarbeitern eines Unternehmens gemacht werden. Sie zeigen in Aufstellungen nur das, was man schon kennt – problematische Kommunikations- und Verhaltensmuster. Davon sind unternehmensfremde Stellverteter völlig frei. Da sie außerdem weder einem anwesenden Chef noch einer beruflichen Position verpflichtet sind, können sie unvoreingenommen äußern, was sie in ihrer Rolle wahrnehmen. Das ist die Voraussetzung dafür, daß die systemische Ebene sichtbar und ein Problem lösbar wird. Wird diese Aufstellungsform gewählt, genügt es im übrigen, wenn nur ein Mitglied der Führung für alle aufstellt. Die Wirklichkeit des Systems ist sozusagen universell.

Anliegen und einleitendes Vorgespräch

Jede Organisations-Aufstellung wird von einem Anliegen geleitet: Das Anliegen desjenigen, der eine Aufstellung machen will – des Auftraggebers. Das Anliegen umreißt das vorliegende Problem, das gelöst werden soll und bestimmt das Ziel für die Aufstellung. Es ist ein Auftrag an den Aufstellungsleiter. Je klarer ein Anliegen formuliert ist, um so größer ist die Chance für eine zügige und erfolgreiche Aufstellung. Sollte dem Auftraggeber das Anliegen noch nicht völlig klar sein, gibt der Aufstellungsleiter durch ergänzende Fragen Hilfestellung. Kraftvolle Anliegen sind z.B.:

- Warum zerstöre ich mir meinen Erfolg immer selbst?
- Wie kann ich die Probleme mit meinem Chef lösen?
- Warum akzeptiert mich meine Abteilung nicht als Leiter?
- Warum sind die Mitarbeiter meiner Firma nicht motiviert?
- Warum laufen uns die Kunden davon?

Schon aus diesen wenigen Beispielen wird deutlich, daß jeweils sehr unterschiedliche Systemausschnitte betrachtet werden müssen. Im einen Fall kann es eine Abteilung mit ihren jeweiligen Mitarbeitern, im anderen Fall ein ganzes Unternehmen und seine Kunden sein. Da man nun unmöglich ein ganzes Unternehmen mit Hunderten von Mitarbeitern aufstellen kann, und zu große Aufstellungen auch wenig erfolgreich sind, greift man bei Organisations-Aufstellungen zu einem Trick: Man faßt große Personengruppen zusammen und läßt sie von einem einzigen Stellvertreter darstellen. So wird es möglich, die Aufstellung mit einer überschaubaren Anzahl von Personen durchzuführen und trotzdem ein Unternehmen als Ganzes darzustellen; mit seinen Mitarbeitern, seinen Kunden und gegebenenfalls z.B. Entlassenen.

Es gibt noch eine weitere Besonderheit, die im ersten Moment etwas merkwürdig anmutet. In Organisations-Aufstellungen werden auch leblose Dinge wie Unternehmensziele, Firmenkapital, Erfolg oder auch eine Tochterfirma durch Stellvertreter dargestellt. Die Frage, was ein Unternehmensziel oder das Firmenkapital zu einer Aufstellung beisteuern kann ist natürlich berechtigt, aus systemischer Sicht jedoch stellt sie sich nicht. Zur Systemwirklichkeit eines Unternehmens gehören Ziele, Kapital, Erfolg oder eine Tochterfirma nun mal dazu. Wenn das Ziel aus dem Blick gerät, wirkt sich das zwangsläufig auf ein Unternehmen aus. Die Praxis zeigt außerdem, daß dieses Vorgehen angemessen ist, und daß Stellvertreter für leblose Dinge sogar erstaunliche Erkenntnisse zu einem Thema beisteuern.

Bevor die Aufstellung beginnt, klärt der Aufstellungsleiter zusätzliche Fragen, die sich aus dem Anliegen ergeben können. So sind unter systemischem Blickwinkel besondere Ereignisse wie Fusionen, Unternehmenskäufe oder Neuorganisationen durchaus bedeutsam. Oder etwa die Frage, wie die hierarchischen Strukturen angelegt sind, an welcher Position in der Hierarchie sich der Auftraggeber befindet, und wer zum System dazugehört. Je nach Problem und Situation können im systemischen Sinne auch Vorgänger, Entlassene oder Verstorbene dazugehören, obwohl sie nicht mehr anwesend sind. Für die Klärung dieser Fragen sind allein die Fakten wichtig. Persönliche Deutungen und Wertungen einzelner Personen oder Situationen sind für die Aufstellung völlig unerheblich und spielen hier keine Rolle. Sind alle Fragen von Bedeutung geklärt, entscheidet der Aufstellungsleiter, welche Personen, Personengruppen oder Dinge aufgestellt werden sollen. Häufig hat er schon in dieser Phase einer Aufstellung eine erste Vermutung über mögliche Ursachen des Problems.

Von der Macht innerer Bilder

Der Aufstellungsleiter fordert jetzt den Auftraggeber auf, unter den anwesenden Seminarteilnehmern Stellvertreter für die aufzustellenden Personen, Personengruppen oder Dinge auszuwählen. Auch für sich selbst wählt der Auftraggeber einen Stellvertreter aus, der den größten Teil der Aufstellung für ihn durchführt. Das ermöglicht ihm, einen größeren Abstand zum Geschehen in der Aufstellung einzunehmen, und es wird vermieden, daß in der Aufstellung die Muster wiederholt werden, die doch nur ein Ausdruck des Problems sind. Sind alle Stellvertreter ausgewählt, stellt der Auftraggeber diese so im Raum auf, wie es ihm im Moment und angesichts des Problems intuitiv richtig erscheint. Und hier geschieht nun etwas Bemerkenswertes. Das Aufstellen geht leicht und ohne großes Nachdenken, und das erste Aufstellungsbild drückt die Problemsituation oft vollkommen zutreffend aus – allerdings nicht so, wie das Problem an der Oberfläche erscheint, sondern wie es darunter tatsächlich aussieht. Da stehen sich zwei Menschen streitlustig gegenüber, die im wirklichen Leben scheinbar gut zusammenarbeiten. Im weiteren Verlauf der Aufstellung verdichtet sich der Eindruck, daß zwischen ihnen rein gar nichts stimmt. Da steht einer, der oberflächlich betrachtet hochmotiviert ist, ganz am Rand und wendet den anderen den Rücken zu. Die Aufstellung bestätigt später, daß er innerlich schon weg ist. Diese Informationen, die sich oftmals schon im ersten Aufstellungsbild zeigen, waren dem Auftraggeber meist nicht bewußt. Er hätte sie nicht geben können, wenn man ihn gefragt hätte. Wie ist das möglich?

Erinnern wir uns an den systemischen siebten Sinn. Ganz offensichtlich ermöglicht er es uns, hochkomplexe Situationen auf einer Ebene wahrzunehmen, die über die Tatsachen weit, weit hinausgeht. Diese uns bewußt nicht zugänglichen Informationen über vernetzte Beziehungen und Verhältnisse speichern wir in Form von inneren Bildern – wir machen uns ein Bild von ihnen. Aber nicht einmal von der Existenz dieser Bilder haben wir eine Ahnung. Bis wir sie dann aufstellen. Doch die Bilder sind da, so wie viele andere Bilder auch. Denn die Menschen fast aller Kulturen speichern ihre Erlebnisse, Erfahrungen und Informationen in Bildern. Wir denken an unsere Kindheit, und schon tauchen die Bilder unserer Familie, eines Lieblingsspielzeugs oder eines bestimmten Erlebnisses auf. Wir denken an unseren Arbeitsplatz, einen geliebten Menschen oder eine schwierige Situation, und schon sehen wir die entsprechenden Bilder. Wir denken sogar in Bildern, und wir träumen in Bildern. Von dem Physiker Niels Bohr erzählt man, daß ihm die entscheidende Idee für sein Atommodell im Traum kam, als er das Bild einer Schlange, die sich in den Schwanz beißt, sah.

Wir haben einen unendlichen Vorrat an Bildern, und wir „verorten" sie sogar, ordnen ihnen einen Platz in unserer inneren Erlebniswelt zu. Unsere Sprache drückt das anschaulich aus. So liegt z.B. etwas Vergangenes hinter uns und etwas Zukünftiges vor uns. Damit nicht genug. Unsere inneren Bilder von uns und der Welt bestimmen auch unsere Gefühle und unser Verhalten. Wurden wir z.B. irgendwann einmal von einem Hund gebissen, taucht das innere Bild von diesem Ereignis auf, wenn wir einem anderen Hund begegnen – das kann panikartige Reaktionen auslösen. Wir sehen ein vergangenes, sehr schönes Ereignis vor uns, und schon geht es uns viel besser. Wir sehen uns selbst als unscheinbar und nicht liebenswert und verhalten uns auch so. Vielleicht sehen wir uns auch als den Nabel der Welt – dann ist es eher fraglich, ob uns alle Herzen zufliegen. Wir sind verliebt und machen uns ein wunderbares Bild von unserem Partner. Kann sein, daß die Beziehung nicht lange dauert, aber das Bild bleibt. Und solange es so wunderbar bleibt, können wir uns nur schwer „entlieben".

Unser systemischer siebter Sinn liefert uns also unzählige unbewußte Informationen über die vielschichtigen Beziehungsgefüge der Firma, in der wir arbeiten. Wir speichern und verorten sie in Form von inneren Bildern, die in einer Aufstellung in ein Raumbild übertragen und sichtbar gemacht werden können. Das Raumbild spiegelt unsere Wahrnehmung von der Situation wider. Es enthält die unbewußten Informationen, die wir über die Beziehungen, Hierarchien, Abhängigkeiten und Bündnisse des Systems haben. Das erste Aufstellungsbild wird so zum recht genauen Abbild der gegenwärtigen Problemsituation und der im System herrschenden Kräfte. Mit diesem Bild wird in der Aufstellung weiter gearbeitet.

„Non-lokale Effekte"

Der nächste Schritt besteht darin, daß der Aufstellungsleiter jeden Stellvertreter in der Aufstellung einzeln darüber befragt, wie es ihm an seinem Platz geht. Und was merkwürdig begann, wird nun vollends mysteriös: Obwohl sie das System nicht kennen, wissen die Stellvertreter nämlich sehr genau, wie es ihnen geht. Sie spüren an dem Platz an dem sie stehen, unterschiedliche Körperempfindungen und Gefühle. Ihnen ist kalt oder heiß; Arme, Beine oder der ganze Körper sind wie gelähmt; sie empfinden Beklemmungen oder Schmerzen; sie registrieren Spannungen zwischen Personen; sie fühlen sich bedroht oder sehr mächtig. Aber sie erfinden diese Empfindungen nicht, man sieht sie ihnen sogar häufig deutlich an. Und jeder Platz in der Aufstellung hat seine ganz eigene Kraft.

Das Raumbild als Abbild einer Problemsituation wird also lebendig. Es entwickelt seine eigene Dynamik – die Dynamik des aufgestellten

Systems. Diese Dynamik nehmen die Stellvertreter deutlich wahr, und indem sie sich ihr aussetzen, werden sie in gewisser Weise selbst das System. So bekommen sie Zugang zu dem Wissen und den Gefühlen der Personen*, die sie darstellen. Das heißt natürlich nicht, daß sie tatsächlich alles über diese Personen wissen, aber sie wissen, was es bezogen auf das Problem an Wissenswertem gibt. Sie entwickeln Einstellungen, Verhaltensweisen und Gefühle, die mit Sicherheit nicht ihre eigenen sind, sondern zu der Person gehören, die sie darstellen. Eine Person, die sie gar nicht kennen, und über die ihnen auch niemand etwas erzählt hat. Unglaublich aber wahr. Da faßt sich ein Stellvertreter, seit er an seinem Platz in der Aufstellung steht, ständig an den Hals und teilt schließlich mit, daß ihn irgendetwas würge. Es stellt sich heraus, daß sich die Person, die er darstellt, erhängt hat. Da fängt einer, für ihn völlig untypisch, an zu lallen und behauptet, wie besoffen zu sein. Man erfährt, er stellt einen Alkoholiker dar. Ein anderer, der die Rolle des Auftraggebers übernahm, behauptet, irgendwas mit seiner Kollegin zu haben, und deren Stellvertreterin behauptet dasselbe. Am Ende stellt sich heraus, Auftraggeber und Kollegin haben seit einem Jahr ein Verhältnis.

Nicht immer ist das, was Stellvertreter zurückmelden, derart erstaunlich. Es zeigt aber, daß sie in der Aufstellung verblüffend genaue Einsichten in die Situation eines ihnen völlig fremden Systems bekommen. Es sind nicht unbedingt absolute Wahrheiten, die sie erkennen, eher nehmen sie starke Energien wahr, die im System existieren. Bis heute kann man nicht erklären, wie es dazu kommt. Es ist ein Phänomen, das die einen „wissendes Feld", die anderen „morphogenetisches Feld" und die Dritten „non-lokale Effekte" nennen. Es ist ebenso unerklärlich wie andere Phänomene auch.

---

*(„Person" steht hier für den einzelnen Menschen oder die Personengruppe, die der Stellvertreter in der Aufstellung verkörpert.)

Die Quantenphysik z.B. ist reich an solchen Erscheinungen. Alain Aspect bewies z.B. Bell´s Theorem, wonach, wenn zwei korrelierende Partikel mit entgegengesetzten Spins (Eigendrehimpuls) auseinanderfliegen, die Veränderung des Spins eines Partikels augenblicklich eine Änderung beim anderen Partikel bewirkt, auch wenn sich dieses Teilchen am anderen Ende der Welt befindet. Woher weiß der eine Spin vom anderen? Experimente an der Universität Berkeley haben gezeigt, daß Teilchen, die mit einer Geschwindigkeit von bis zu 500.000 km pro Sekunde, also schneller als Lichtgeschwindigkeit, auf ein undurchdringliches Hindernis geschossen werden, dieses Hindernis durchdringen können und auf der anderen Seite ihren Weg fortsetzen. Dieser Vorgang wird „Tunneln" genannt. Deutschen Wissenschaftlern ist es vor kurzem sogar gelungen, nicht nur einzelne Teilchen, sondern eine komplexe Informationsstruktur, nämlich eine Melodie von Mozart, zu tunneln. Hinter dem Hindernis, das wohlgemerkt nach menschlichem Ermessen undurchdringlich ist, war schwach und rauschend diese Melodie zu hören. Und wie soll man erklären, daß ein ziemlich normaler Mensch namens Joe McMoneagle Ende der siebziger Jahre den in der Entwicklung befindlichen amerikanischen XM-1 Panzer im Detail zeichnen konnte, ohne ihn jemals gesehen zu haben? Das alles sind Phänomene, für die es heute noch keine sinnvolle Erklärung gibt. So wie es einmal keine Erklärung dafür gab, warum ein in Blut getauchtes Schwert härter wird, oder warum ein Bernstein, wenn man ihn reibt, Papierschnipsel anzieht. Auch ohne Erklärung tat man es einfach.

Und so werden eben heute Aufstellungen gemacht, die zwar nicht zu erklären aber dennoch höchst nützlich sind. Halten wir es mit Humberto Maturana, der sagte: „Ein Phänomen ist das, was mit vorkommt."

Die Aufstellungsarbeit

Wenn das erste Aufstellungsbild im Raum steht und die erste Befragung der Stellvertreter abgeschlossen ist, beginnt die eigentliche Arbeit an der Aufstellung. Zu diesem Zeitpunkt hat der Aufstellungsleiter bereits genauere Vermutungen darüber, welche der systemischen Bedingungen von Zugehörigkeit, Ordnung und dem Ausgleich von Geben und Nehmen im System nicht eingehalten wurden und zu der problematischen Situation führten. Diese Vermutungen beginnt er jetzt nacheinander zu überprüfen. Er stellt einzelne Stellvertreter an einen neuen Platz, läßt sich zwei ansehen und vorgegebene Sätze sagen, oder läßt von einem Stellvertreter versuchsweise etwas Übernommenes zurückgeben. Diese Vorgehensweise wird in unterschiedlichen Variationen solange fortgesetzt, bis deutlich wird, worum es im System wirklich geht. In diesem Prozeß wird das ursprüngliche Raumbild in ein neues Bild umgewandelt, das nun die Problemsituation auf einer tieferen Ebene zeigt. Der Aufstellungsleiter führt quasi die Regie, die Stellvertreter sind die Darsteller. Ihre Reaktionen, ihr Gesichtsausdruck, ihre Körpersprache und ihre Aussagen sind für den Aufstellungsleiter Hinweise darauf, ob er sich auf dem richtigen Weg befindet, ob die Umstellungen, die er vornimmt und die Sätze, die er sagen läßt, stimmen und seine Vermutungen stützen, oder ob er sich gerade auf dem Holzweg befindet. Der Aufstellungsleiter geht in diesem Prozeß nur mit dem, was sich in der Aufstellung und in den Reaktionen der Stellvertreter zeigt. Sein Vorgehen verfolgt die Absicht, Informationen über die systemischen Ursachen eines Problems zu gewinnen.

Gerade diese Aufdeckung eines Problems kann manchmal einige Zeit dauern. Das liegt dann nicht an der Unfähigkeit des Aufstellungsleiters, sondern am System. Systeme haben die Neigung, einen möglichst stabilen Zustand einzunehmen, um funktionsfähig zu bleiben. Das kann bedeuten, daß eben die problematische Situation, die mit der Aufstellung verändert werden soll, systemisch gesehen durchaus eine stabilisierende Funktion hat. Die problematische Situation ist dann für das System die bestmögliche Lösung, um mit den Verletzungen der Bedingungen von Zugehörigkeit, Ordnung und Ausgleich umzugehen. Es befindet sich dadurch zwar in einer Schieflage, aber immerhin in einer stabilen, funktionsfähigen. Diesen Zustand will der lebende Organismus, den das System darstellt, um jeden Preis aufrechterhalten. Jede Veränderung daran stellt eine mögliche Gefahr dar. Nun ist eine Aufstellung zwar nicht das System selbst, aber ein getreues Modell bzw. Abbild des Systems. Die Aufstellung reagiert wie das System. Wehrt sich ein System gegen Veränderungen, oder will es etwas verbergen, zeigt sich das auch in der Aufstellung bzw. den Reaktionen der Stellvertreter. Die Stellvertreter werden zu „Komplizen" des Systems und verbergen das, worum es wirklich geht. Dieser Widerstand muß zusammen mit dem System überwunden werden.

Der Abschnitt der Informationsgewinnung in einer Aufstellung ist beendet, wenn die Ursachen der Problemsituation erkannt sind. Sie können in manchen Fällen ins Familiensystem des Auftraggebers zurückreichen und sich in Form einer Doppelbelichtung äußern oder in einer Neigung, sich in Dinge einzumischen, die einen gar nichts angehen. Sie kann aber ebenso zeigen, daß Entlassene ins System hineinwirken oder der Ausgleich dort nicht stimmt. Viele Aufstellungen, vor allem solche auf der Unternehmensebene, können nach dem Abschnitt der Informationsgewinnung bereits abgeschlossen werden – sie haben ihre Aufgabe erfüllt, wenn der Auftraggeber alle Informationen, die für eine Lösung notwendig sind, erkennen konnte: Angenommen, jemand hatte die Frage, ob er gehen oder bleiben soll. Hat die Aufstellung diese Frage klar beantwortet, hat sie ihren Auftrag ausgeführt, und es liegt nun im Ermessen des Fragestellers, wie er die Antwort umsetzt. Oder die Aufstellung hat gezeigt, daß in einem Unternehmen der Ausgleich von Nehmen und Geben nicht stimmt. Dann liegt die Lösung auf der Hand, und der Auftraggeber muß entscheiden, wie er mit dem gewonnenen Wissen umgeht.

Die Lösung

Häufig gehen aber die Phasen der Informationsgewinnung und Lösung einer Aufstellung nahtlos ineinander über. Das gilt vor allem für Aufstellungen, die auf der Ebene eines einzelnen Systemmitglieds arbeiten. Hier sind viele Störungen direkt in der Aufstellung lösbar. Die Lösung erfordert in diesen Fällen meist keine bestimmte äußere Handlung, sondern besteht darin, auf einer sehr tiefen Ebene zu „verstehen“ und anzuerkennen, was ist. Jede Lösung ist immer eine Lösung für dasjenige Problem, das mit dem Anliegen formuliert wurde. Und sie entspricht gleichzeitig den Systemgesetzen. Meistens besteht sie aus einer Abfolge verschiedener Schritte, die erst in ihrer Verknüpfung die wirkliche Lösung ausmachen. Welches die richtigen Schritte und Verknüpfungen sind, hängt natürlich von der jeweiligen Aufstellung und dem Problem ab. Und es hängt davon ab, an welcher Position in der Hierarchie sich der Auftraggeber befindet. Über Lösungen können hier also nur recht allgemeine Aussagen gemacht werden. Der konkrete Fall kann anders aussehen.

Im Verlauf einer Aufstellung wird das ursprüngliche Aufstellungsbild allmählich in ein Lösungsbild gewandelt. Gradmesser für den Erfolg und die Angemessenheit der Lösungsschritte sind die Stellvertreter. So, wie sie am Beginn der Aufstellung die grundlegende Problematik eines Systems wahrnehmen, nehmen sie auch seine Lösungsenergien wahr. Da die Aufstellung ein Modell des Systems darstellt, ist an den Reaktionen der Stellvertreter ablesbar, ob die gefundene Lösung die richtige für das System ist. Hierin besteht der einmalige prognostische Wert des Instrumentes Aufstellung. Denn die Aufstellung ändert zwar das System nicht, sie ist ja „nur" ihr Abbild, aber sie zeigt, ob und wie das System auf die Lösung reagieren wird. Und diese Prognose ist nur sehr selten nicht zutreffend.

Was systemisch gute Lösungen, wie sie in Aufstellungen vorgeführt werden, ausmacht, sollen die folgenden Beispiele zeigen:

- Ein Systemmitglied, dem ungerechtfertigt die Zugehörigkeit verweigert wurde, muß wieder in das System aufgenommen werden und dort seinen Platz einnehmen können. In der Aufstellung bekommt diese Person dann ihren realen Platz, und die übrigen Systemmitglieder nehmen sie im wortwörtlichen Sinne in das System auf, indem sie beispielsweise sagen: „Auch du gehörst dazu."
- Wurde die Rangfolge in einem System nicht eingehalten, wird sie in der Aufstellung sichtbar hergestellt. Die Führung steht vorne bzw. am Anfang eines offenen Kreises, die letzte Hierarchieebene steht am Ende des Kreises. Der Auftraggeber wird an den Platz gestellt, der ihm nach dem Organigramm des Unternehmens zusteht. Dieser Platz wird durch eine Aussage wie „ich an meinem Platz, ihr an eurem" bestätigt.
- Hat sich der Auftraggeber Zuständigkeiten angemaßt, die ihm nicht zustehen, werden diese zurückgegeben an die Person, zu der sie gehören. Dafür nimmt der Auftraggeber z.B. eine schwere Tasche oder einen Ordner in die Hand, stellt sich der Person gegenüber und sagt: „Das habe ich von dir übernommen. Aber das ist nicht meins, das ist

deins. Ich will es nicht mehr. Ich gebe es dir zurück." Er reicht dann die durch Tasche oder Ordner symbolisierten Zuständigkeiten zurück an die Person, der sie gehören. Anschließend erhält er seinen Platz im System, der ihm nach der Rangfolge zusteht, den er aber bisher nicht einnehmen konnte.

- Ist der Auftraggeber ein Vorgesetzter, der seine Verantwortung einem Untergebenen überlassen hat, kann er durch die Umkehrung des Rituals seine Zuständigkeiten wieder zurücknehmen und den Untergebenen damit entlasten.
- Wurde ein Auftraggeber in einen Konflikt auf einer höheren Hierarchieebene hineingezogen, kann auch in diesem Fall eine Rückgabe erforderlich sein. In jedem Fall aber muß er sich gegenüber den höheren Hierarchieebenen abgrenzen. Diese Abgrenzung findet in folgendem Satz ihren Ausdruck: „Was ihr miteinander für Probleme habt, geht mich nichts an. Ich will damit nichts zu tun haben, und ich lasse das jetzt ganz bei euch."
- Ist der Auftraggeber derjenige, der einen in der Hierarchie unter ihm stehenden Mitarbeiter in Konflikte hineingezogen hat, kann er die Abgrenzung seinerseits vornehmen, indem er z.B. sagt: „Wenn ich dich in meine Probleme hineingezogen habe, dann tut es mir leid. Das war nicht richtig."
- Bisher nicht gewürdigte Leistungen von Mitarbeitern werden in Aufstellungen dadurch vollzogen, daß ein Vorgesetzter zu ihnen sagt: „Ihr habt viel für das Unternehmen getan. Ich würdige eure Leistung."

Bis zu diesem Zeitpunkt einer Aufstellung ist der Auftraggeber in der Regel noch immer außenstehender Beobachter, den größten Teil der Aufstellung handelt sein Stellvertreter für ihn. Wann er selbst in die Aufstellung hineingenommen wird, ist sehr unterschiedlich und vom

Einzelfall abhängig. In der Regel wird er immer dann hereingeholt, wenn wichtige Vollzüge, wie beispielsweise eine Rückgabe, selbst erfahren werden müssen, um die Entlastung nach dieser symbolischen Handlung tatsächlich zu spüren. Handelt es sich dabei nur um einen Zwischenschritt auf dem Weg zur Lösung, wird er danach wieder ausgetauscht und der Stellvertreter übernimmt wieder seine Stelle. Manchmal wird er aber auch schon dann hereingenommen, wenn der Abschnitt der unvoreingenommenen Informationsgewinnung abgeschlossen ist und der Weg zur Lösung vom Auftraggeber innerlich vollzogen und körperlich gespürt werden muß. In anderen Fällen reicht es, wenn er seinen eigenen Platz im Schlußbild einnimmt, die neue Ordnung von diesem Platz aus wahrnimmt und spürt, wie sich die Lösung anfühlt.

Vom Umgang mit der Lösung

Die eben beschriebenen Lösungsschritte können, so unscheinbar sie vielleicht auch aussehen, eine sehr tiefgreifende Wirkung haben. – Wenn sie nicht nur dahingesagt oder mechanisch ausgeführt, sondern innerlich vollzogen werden. Ein Mitarbeiter, der seinen eigenen Platz in einem Unternehmen nicht kannte, steht plötzlich an diesem Platz und kann empfinden, daß es der für ihn richtige ist. Er spürt was es bedeutet, dort zu stehen. Und welche Erleichterung es für einen anderen ist, Verantwortung, die nicht zu seiner Position gehört, dahin zurückzugeben, wo sie hingehört. Oder ein Geschäftsführer, der versteht, daß er besondere Leistungen seiner Mitarbeiter innerlich so würdigen muß, wie er auch seine eigenen gewürdigt wissen will. Gar nicht zu reden von dem Mitarbeiter, der zum ersten Mal begreift, daß sein Chef nicht sein Vater ist. Durch Aufstellungen werden manchmal sehr tiefgehende Entwicklungen ausgelöst, begleitet von einem Aha-Erlebnis. Und auch da, wo ein Ergebnis „nur" darin besteht, daß endlich eine problematische Unternehmenssituation aufgeklärt ist, zeigen sie ihre Wirkung – wenn die Lösung angenommen wird.

Denn die Aufstellung verändert das innere Bild, unabhängig davon, wie wenig aufregend die Lösung auch ist. Die sichtbar gewordene Lösung prägt sich ein, und in den Wochen und Monaten nach einer Aufstellung taucht sie immer wieder unvermittelt auf. Innere Bilder von der Lösung sind noch nicht die Lösung selbst, aber sie ebnen den Weg dorthin. Denn unser neues inneres Bild bestimmt unser Verhalten. Und ein Verhalten, das wie die Lösung den Bedingungen von Zugehörigkeit, Ordnung und Ausgleich entspricht, kann im Äußeren eine heilsame Wirkung entfalten. Wer seinen Chef endlich als das sieht, was er ist, ein Chef mit all seinen Stärken und Schwächen, wird sich ganz anders verhalten. Damit entspannt sich eine vormals verkorkste Situation. Ein leitender Mitarbeiter, der seine Verantwortung innerlich wieder zurücknimmt, wird bei seinen Mitarbeitern recht schnell eine veränderte Reaktion hervorrufen.

Oder nehmen wir folgenden Fall: Auftraggeber der Aufstellung war der Inhaber einer kleinen Firma. Vor einem Jahr machten seine Mitarbeiter zahllose Überstunden, um kurzfristig einen großen Auftrag abzuwickeln. Er fand das selbstverständlich – mit dem Ergebnis, daß sich in der Firma eine schlechte Stimmung entwickelte, die er sich aber nicht erklären konnte. In der Aufstellung wurde ihm bewußt, daß das, was er für selbstverständlich hielt, alles andere als selbstverständlich war. Ihm wurde klar, daß er diese Leistung würdigen und ausgleichen mußte. Wenige Tage später, und lange bevor der tatsächliche Ausgleich stattgefunden hatte, wurde die Stimmung spürbar besser. Auf irgendeiner

Wellenlänge hatte er seinen Mitarbeitern zu erkennen gegeben, daß er ihre Leistung jetzt anerkannte, und das Signal war angekommen.

Es ist oft nicht nötig, korrigierend in ein System einzugreifen, um eine Störung zu beseitigen. Häufig bereitet eine neue Erkenntnis den Weg für positive Entwicklungen. Nicht-Tun ist in den meisten Fällen wirkungsvoller als absichtsvolles Handeln. Denn wenn ein Unternehmen ein System ist, in dem alle Teile miteinander zusammenhängen, kann eine veränderte Einstellung an einem Ort ein ganzes System nachhaltig verändern. Besonders dann, wenn die veränderte Einstellung relativ weit oben in der Hierarchie stattfindet. Findet sie dagegen unten statt, ist Nicht-Tun fast immer die bessere Lösung, denn man hat gar nicht die Macht, etwas zu verändern. Von einer unteren Hierarchieebene in ein System eingreifen zu wollen, erweist sich immer als schädlich.

Aber es gibt, insbesondere auf der Unternehmensebene auch Ausnahmen. Um ein Unternehmen aus der systemischen Schieflage zu bekommen, kann es notwendig werden, auch im Äußeren zu handeln. Das betrifft z.B. fast alle Störungen im Ausgleich von Geben und Nehmen. Ergibt die Aufstellung, daß eine Würdigung als Ausgleich für besondere Leistungen nicht ausreichend ist, muß der Ausgleich auch real hergestellt werden. Das gilt ebenfalls für Störungen, die durch nicht eingehaltene Versprechungen entstanden sind. Auch diese können nur durch einen tatsächlichen Ausgleich behoben werden. Ein Ausgleich muß aber nicht nur im Guten stattfinden, er kann auch im Schlechten notwendig werden. Wenn z.B. Mitarbeiter eines Unternehmens sich etwas haben zuschulden kommen lassen, sollten entsprechende Maßnahmen ergriffen werden. Diese müssen allerdings den eigenen Anteil der Führung, der das Vergehen erst möglich machte, angemessen berücksichtigen, sonst sind neue Störungen vorprogrammiert. Ein wesentlicher Aspekt, der für äußere Handlungen spricht, ist, daß sie den Ent-Störungsprozeß in einem Unternehmen sehr beschleunigen können. Mit äußeren Handlungen sind hier aber weniger die großen Gesten als vielmehr die kleinen aber ernstgemeinten Signale gemeint. Das gilt für viele Fälle, in denen eine Würdigung ansteht; sei es nun die Würdigung besonderer Leistungen von Mitarbeitern oder die von ungerechtfertigt Entlassenen. Kleine sichtbare oder hörbare Signale der „Wiedergutmachung" sind völlig ausreichend, um ein Unternehmen wieder ins Gleichgewicht zu bringen.

Die Rolle der Stellvertreter

Schon das erste Bild einer Aufstellung gibt oft einen wichtigen Hinweis auf das Problem hinter dem Problem. Aber erst die Rückmeldungen der Stellvertreter ermöglichen die Erkenntnisse, die dann zu einer Lösung führen. Damit wird die Aufstellungsarbeit zu einer Gemeinschaftsproduktion zwischen Aufstellungsleiter und Stellvertretern. Der Aufstellungsleiter bringt seine Kompetenz und Erfahrungen mit der systemischen Arbeit ein und die Stellvertreter ihre Fähigkeit, die Energien eines Systems wahrzunehmen. So, wie sie schon im ersten Raumbild einer Aufstellung wichtige, im System vorhandene Beziehungsgeflechte erspüren, nehmen sie im weiteren Verlauf wahr, wie sich Veränderungen an der Aufstellung auswirken. Stellvertreter handeln völlig unvoreingenommen. Sie nehmen ihre Körperempfindungen und Gefühle wahr und drücken sie aus. Angesichts einer Person fühlen sie Beklemmungen, oder sie strahlen, wenn es ihnen an ihrem Platz gut geht. Ihre Wahrnehmungskanäle sind offen für das, was unter der Oberfläche liegt. Da sie mit dem System nichts zu tun haben, sind sie auch nicht in dessen Kommunikations- und Verhaltensmuster eingebunden. Sie spiegeln diese zwar wider, haben aber kein eigenes Interesse an ihrem Erhalt – so wie sie auch kein Interesse an einer bestimmten Lösung haben. Sie verhalten sich vollkommen absichtslos und erspüren, ob ein Eingriff, eine Handlung oder ein Satz für die Person, die sie darstellen, stimmt, wo es noch ungelöste Konflikte gibt, und ob sie am richtigen Platz stehen. Sie gehen anfangs mit der Problemenergie und später mit der Lösungsenergie des Systems, so wie sie sich zeigt.

Das Erstaunliche ist nun, daß eigentlich jeder Mensch diese Fähigkeiten besitzt. Man benötigt weder besondere mediale Fähigkeiten noch eine andere Qualifikation. Ganz offensichtlich haben Aufstellungen ihre eigene Kraft. Die Rückmeldungen der Stellvertreter sind daher erfahrungsgemäß vertrauenswürdig. Daß ein Stellvertreter seine eigenen Probleme in eine Aufstellung einbringt, kommt nur sehr selten vor. Dies kann passieren, wenn die Rolle mit den eigenen ungelösten Problemen verknüpft wird. Aber das ist nicht tragisch und auch kein „Fehler". Ein erfahrener Aufstellungsleiter bemerkt das sehr schnell und tauscht den betreffenden Stellvertreter einfach aus. Und dieser neue Stellvertreter fühlt sich fast sofort in seine Rolle ein und macht da weiter, wo der erste aufgehört hat.

Wenn Aufstellungen abgebrochen werden

Der Abbruch einer Aufstellung kommt gar nicht so selten vor und kann aus unterschiedlichen Gründen erforderlich sein. Meist sind unzureichende Informationen über System-Ereignisse ausschlaggebend.

Ein Beipiel: *Ein neu eingestellter Geschäftsführer eines mittelständischen Unternehmens wird einer Produktionsabteilung vorgesetzt, in der mangelnde Motivation mit Neigung zur Arbeitsverweigerung herrscht. Er hat den Eindruck, daß diese Stimmung nicht von einem oder wenigen Einzelnen ausgeht, sondern der Grundstimmung aller entspricht. Entlassungen sind also keine Lösung, denn um sein Problem zu lösen, müßte er alle Mitarbeiter der Abteilung entlassen. In der Aufstellung wird offensichtlich, daß zwischen seinem Vorgänger und der Produktionsabteilung etwas Schwerwiegendes vorgefallen ist, von dem er keine Kenntnis hat, und das sich in der Aufstellung auch nur sehr ungenau benennen läßt. Diese Aufstellung wurde abgebrochen. Ohne eine genauere Information über das Ereignis sind für den Auftraggeber keine Handlungsmöglichkeiten vorhanden. Denn die Aufstellung zeigte auch, daß die Mitarbeiter bzw. deren Stellvertreter nicht fähig waren, zwischen ihm und seinem Vorgänger zu unterscheiden. In einem solchen Fall müssen erst zusätzliche Informationen eingeholt werden, bevor eine Aufstellung eine Lösung aufzeigen kann.*

Ein weiterer Grund für einen Abbruch ist, daß der Auftraggeber zum Zeitpunkt der Aufstellung noch nicht in der Lage ist, einen notwendigen Schritt innerlich nachzuvollziehen, also z.B. eine liebgewonnene Verantwortung, für die man nicht zuständig ist, zurückzugeben oder den eigenen Anteil an einer Fehlentwicklung zu erkennen. In diesen Fällen zeigt die Aufstellung zwar die Lösung, aber der Auftraggeber entscheidet sich gegen sie – im Moment. Denn sehr oft geben auch abgebrochene Aufstellungen wichtige Anstöße und führen sogar zu sehr persönlichen aber nicht weniger guten Lösungen. Ob abgebrochen oder nicht, jede Aufstellung ist der Auslöser für eine weitergehende innere Entwicklung und fast immer auch für Veränderungen.

Teil 2
Die Fallbeispiele

Einige Vorbemerkungen

Aufstellungen verbreiten eine eigentümliche Faszination und lassen niemanden unberührt, der an ihnen teilnimmt und sich ihrer Wirkung aussetzt. Was zunächst wie ein Theaterstück wirkt, entpuppt sich bald als ein Sprung mitten ins Leben.

Wer zum ersten Mal an Aufstellungen von Familien oder Organisationen teilnimmt, wird meist von ganz unterschiedlichen Gefühlen überflutet. Der Verstand reagiert verwirrt auf das, was sich vor seinen Augen abspielt und rational nicht erklärbar ist; ein anderer Teil ist fasziniert und verfolgt das Geschehen mit der gleichen Atemlosigkeit, die ein spannender Film hervorruft. Und dort, wo Parallelen zum eigenen Leben auftauchen, sind wir tief berührt und arbeiten ein Stück eigene Geschichte ab. Ob man als Zuschauer in der Runde sitzt, als Stellvertreter für andere Personen in der Aufstellung steht oder in der eigenen Aufstellung nach einer Lösung sucht, Aufstellungen ziehen einen unwiderstehlich in ihren Bann.

Die faszinierende Wirkung dieser Methode läßt sich durch Beschreibungen und Erklärungen natürlich nur ungenügend vermitteln, das bleibt dem unmittelbaren Erleben vorbehalten. Eine theoretische Abhandlung über die Hintergründe von Mobbing zu lesen ist eben eine Sache, tatsächlich gemobbt zu werden, eine ganz andere.

Bleiben wir bei diesem Gleichnis, dann haben Sie im ersten Teil dieses Buches etwas über die Hintergründe, Ursachen und Gesetzmäßigkeiten von Mobbing erfahren, in diesem Teil lesen Sie Geschichten, die von Gemobbten und ihren Gefühlen handeln und meistens zu einem guten Ende führen.

So wie eine Geschichte sich auf ihre Hauptpersonen konzentriert und Nebenpersonen, Nebenstränge und viele andere Dinge nur anreißt, beschränken sich die folgenden Fallbeispiele auf das wesentliche Geschehen, um vom Problem zur Lösung zu kommen. Alle Beispiele beruhen auf tatsächlichen Aufstellungen und, wie das im Leben so ist, nehmen auch Aufstellungen manchmal Umwege, Nebenschauplätze tun sich auf oder das, was sich zeigt, läßt sich nicht sofort entwirren und einordnen. Damit die einzelnen Beispiele nicht zu langatmig werden, vor allem aber um die Wege zur Lösung klarer hervortreten zu lassen, wurden die ursprünglichen Aufstellungen auf das Wesentliche reduziert und gekürzt, so daß der Weg vom Problem zur Lösung leichter nachzuvollziehen ist.

In realen Aufstellungen teilen die Stellvertreter ihre Empfindungen aus ihrer jeweiligen Position heraus mit. Die Test- und Lösungssätze werden ihnen jedoch vom Aufstellungsleiter vorgegeben und die Stellvertreter sprechen sie nach. *Damit der Erzählfluß nicht durch ständige Wiederholungen von vor- und dann nachgesprochenen Sätzen unterbrochen wird, haben wir auf die Einfügungen „der Aufstellungsleiter sagt: „...“ und der Stellvertreter wiederholt: „....“ in den Fallbeispielen verzichtet.* Dadurch kann leicht der Eindruck entstehen, als würden die Stellvertreter von sich aus die lösenden Sätze finden. Dem ist nicht so. Stellvertreter sind meist viel zu tief in die Systemstörungen eingebunden, als daß sie den Weg zur Lösung alleine finden könnten. Fügen Sie in Gedanken also den Aufstellungsleiter ein, der durch die Aufstellung führt, Umstellungen vornimmt und die entscheidenden Sätze vorgibt.

In den folgenden Fallbeispielen werden die Auftraggeber mit ihren Vornamen angesprochen und auch ihre Stellvertreter handeln unter diesem Namen. Um besser unterscheiden zu können, wann der Auftraggeber spricht oder gemeint ist und wann der Stellvertreter redet, wird der Name des STELLVERTRETERS immer kursiv gedruckt (z.B. *Klaus*), während der AUFTRAGGEBER dem normalen Schriftbild folgt (Klaus).

Angefangen vom ersten Aufstellungsbild über wichtige Umstellungen bis hin zum lösenden Schlußbild illustrieren Grafiken die unterschiedlichen Positionen der Stellvertreter und den Verlauf der Aufstellungen. In diesen Zeichnungen symbolisiert ein QUADRAT eine männliche und ein KREIS eine weibliche Figur; ihre „Nasen" zeigen die Richtungen an, in die sie schauen.

Die Beispiele sollen all denen, die noch keine Aufstellung erlebt haben und sich nicht vorstellen können, wie diese Methode funktioniert, einen ersten Eindruck vermitteln. Gleichzeitig dienen sie als Anschauungsmaterial für den dritten Teil dieses Buches, in dem es darum geht, mit Symbol-Aufstellungen einen ersten Blick auf die Hintergründe eigener Probleme zu werfen und einer guten Lösung vielleicht etwas näherzukommen.

Am Ende jeder Aufstellung finden Sie daher einen Anhang, der in einer kurzen Übersicht erläutert, warum welche Stellvertreter ausgewählt wurden, welche systemischen Störungen das Problem hervorriefen und welche Handlungen zur Lösung führen.

Wo ist mein Platz?

Eigentlich eine einfache Frage, die leicht zu beantworten ist, oder? Anscheinend nicht. Denn „Wo genau ist mein Platz?" lautet sinngemäß inzwischen eine der am häufigsten gestellten Fragen sowohl im persönlichen Coachingbereich*, als auch in Seminaren.

In den letzten Jahren sind Unternehmen in Bewegung geraten. Im Zuge von Umstrukturierungsmaßnahmen, durch eine Welle von Aufkäufen und Fusionen sowie durch zunehmende Projektarbeit und häufigere Jobwechsel als früher sind sich viele Menschen nicht mehr im klaren darüber, wo genau ihr Platz im Unternehmen, in einem Projekt, einer Abteilung oder einem Team ist.

Das erste Bild einer Aufstellung zeigt immer wieder eindrücklich, welches Durcheinander in unseren Köpfen herrscht und wie unklar die eigene Position im jeweiligen System wahrgenommen wird. Da steht der Chef mitten unter seinen Angestellten und wird als Vorgesetzter gar nicht gesehen. Untergebene maßen sich die Stelle eines Vorgesetzten an und wundern sich, warum der Chef und die Kollegen nicht gut auf sie zu sprechen sind. Wer gestern ein Projekt geleitet hat, ist im nächsten Projekt vielleicht nur noch Kollege unter Kollegen und hat Schwierigkeiten, sich dort wieder einzufügen. Oder jemand steigt aus dem Kollegenkreis in eine Führungsposition auf und getraut sich kaum, diese Position einzunehmen und als Vorgesetzter aufzutreten.

Manche Menschen begleitet die Frage „Wo ist mein Platz?" ihr ganzes Leben und durch alle Systeme hindurch. Meist war der eigene und angemessene Platz dann schon in der Familie unklar und wird im Be-

*Coaching: Begleitende Beratung im persönlichen und geschäftlichen Bereich

rufsleben nur neuinszeniert. Doch ein klares, inneres Bild über den eigenen Platz in so unterschiedlichen Systemen wie Familie, Betrieb oder Verein zu haben, gibt Sicherheit, schafft Ordnung und macht Grenzen deutlich. Aufstellungen mit ihrer eindeutigen Bildsprache erweisen sich gerade bei dieser Frage als ein äußerst wirkungsvolles Instrument, das sicht- und fühlbar macht, wo der gute eigene Platz zu finden ist.

Die zwei folgenden Beispiele vermitteln Ihnen einen Eindruck über die vielfältigen Störungen, die sich ergeben, wenn der eigene Platz unklar ist.

Beispiel 1: Konflikt mit dem Vorgesetzten

Stefan arbeitet seit zwanzig Jahren in einer Niederlassung eines großen Versicherungskonzerns. Er ist zu diesem Seminar gekommen, weil das gespannte Verhältnis zu seinem Chef für ihn immer unerträglicher wird. Aber auch zwischen den Kollegen und ihm steht nicht alles zum Besten. Die Abteilung besteht aus seinem Chef, dessen Sekretärin und sieben Angestellten. Die Sekretärin, Stefan und drei weitere Kollegen arbeiten seit vielen Jahren zusammen.

„Wir haben uns arrangiert und die Zusammenarbeit lief ganz gut", erzählt Stefan im Vorgespräch. „Auch als der neue Chef vor zwei Jahren den alten Chef ablöste, ging's anfangs noch ganz gut. Aber dann hat sich die Situation zusehends verschärft, und seit die drei neuen Kollegen dazugekommen sind, wird die Stimmung zwischen uns und dem Chef immer mieser."

Um besser unterscheiden zu können, wann der Auftraggeber spricht oder gemeint ist und wann der Stellvertreter redet, wird der Name des STELLVERTRETERS immer kursiv gedruckt (z.B. *Klaus*), während der AUFTRAGGEBER dem normalen Schriftbild folgt (Klaus).

Durch die Fusion des Konzerns mit einer anderen Versicherung und die daraus folgenden Umstrukturierungsmaßnahmen waren vor etwa einem Jahr die drei neuen Mitarbeiter in die Abteilung gekommen. In ihrem vorigen Unternehmen hatten sie einer zwischengeschalteten, höheren Hierarchieebene angehört, die es nach der Fusion nicht mehr gibt; allerdings haben sie noch immer einige Privilegien und eine bessere Bezahlung als Stefan und seine langjährigen Kollegen und Kolleginnen. Während Stefan diese Informationen liefert, redet er sich in Rage: „Ich bin sauer, und am liebsten würde ich allen 'mal die Meinung sagen und meinem Chef den ganzen Krempel vor die Füße schmeißen." Unwillkürlich ballt Stefan seine Hände zu Fäusten und seine Stimme wird laut und aggressiv, gleichzeitig wirkt er seltsam hilflos und kindlich. Nach einer Pause setzt er mit leiserer Stimme hinzu:„Ich hab schon daran gedacht zu kündigen, aber dazu fehlt mir, ehrlich gesagt, der Mut." Resigniert zuckt er mit den Schultern und sackt ein Stück in sich zusammen.

Auf die Frage, wie er sein Anliegen formulieren würde, antwortet er wie aus der Pistole geschossen: „Ich will wissen, wie ich mein Verhältnis mit meinem Chef verbessern kann und was zwischen mir und meinen Kollegen steht."

Daraufhin soll er je einen weiblichen bzw. männlichen Stellvertreter für den Chef, sich selbst und die Kollegen aufstellen:

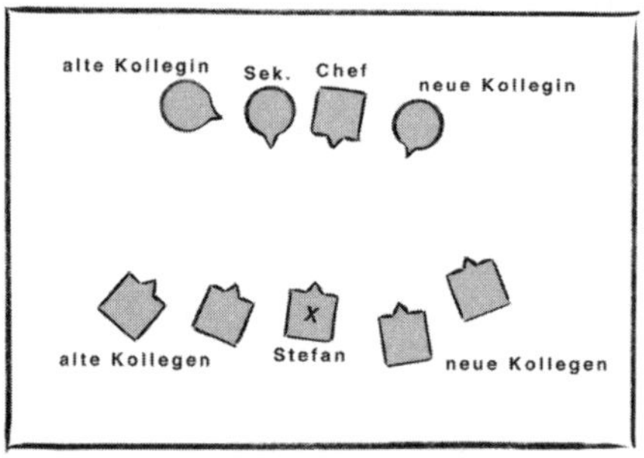

Stefan, eher klein und schmächtig, hat für seinen Chef einen sehr großen und kräftigen Mann ausgesucht. Er überragt die Frauen an seiner Seite um mehr als eine Kopflänge.

Der Chef fühlt sich in dieser Anordnung ganz offensichtlich wohl. „Ich steh' hier gut und habe ein Gefühl von Größe und Macht", sagt er und stellt sich noch etwas aufrechter hin. „Mir gefällt, daß die Damen so nahe bei mir stehen und sich um mich scharen. Vor allem auf meine Sekretärin kann ich mich stützen. Sie ist die Wichtigste hier." Er schaut auf die zierliche Stellvertreterin der Sekretärin hinunter und lächelt sie gönnerhaft an. Die blickt zu ihm hoch und nickt, wirkt aber bedrückt und wenig begeistert. „Von den Männern da drüben fühle ich mich eher bedrängt", fährt der Chef fort, „das hat 'was von High-Noon-Charakter. Wer am schnellsten zieht, hat gewonnen. Besonders von ihm", er deutet auf *Stefan*, „geht eine ziemliche Aggressivität aus und das gefällt mir gar nicht. Ich habe auf jeden Fall die schärfere Munition." Er fixiert *Stefan* mit zusammengekniffenen Augen. „Und die anderen vier sollten auch aufpassen. Wer sich mir in den Weg stellt, hat nichts zu lachen", fügt er drohend hinzu, während er die Männer nacheinander abschätzend mustert. Einige der Männer ihm gegenüber feixen und scheinen ihn trotz seiner drohenden Worte nicht ganz ernstzunehmen.

Die Sekretärin an seiner Seite fühlt sich schwer belastet. „Ich trage Zentner auf meinen Schultern, und so dicht neben meinem Chef geht´s mir nicht gut." Sie schaut nervös zu ihm auf. „Und weshalb die da drüben so böse herüberstarren, versteh' ich nicht."

Die Stellvertreterin schräg hinter ihr ist völlig auf den Chef fixiert und ärgerlich, daß die Verbindung zu ihm durch die dazwischenstehende Sekretärin behindert wird. Die Stellvertreterin auf der anderen Seite des Chefs fühlt sich an seiner Seite gut aufgehoben und sicher. "Ich bin ihm gegenüber loyal und die anderen gehen mich nichts an", beschreibt sie wortkarg ihre Empfindung.

Unter den Männern herrscht Aufruhr. Keiner ist gut auf den Chef zu sprechen und alle haben das Bedürfnis, ihren Platz zu wechseln. Nach ihrer Befindlichkeit befragt, sagt einer der neuen Mitarbeiter: „Ich bin stinksauer, hier in diesem Haufen zu stehen." Er schaut in die Runde und fährt fort, "das bezieht sich eigentlich auf keinen persönlich, mir paßt einfach nicht, überhaupt hier zu stehen." Ein anderer Mitarbeiter stimmt ihm zu. „Geht mir genauso. Obwohl wir hier zusammen gegen den Chef stehen, spüre ich keine wirkliche Verbindung, und er", er deutet mit einer abfälligen Bewegung seines Kopfes zu dem Chef hinüber, „ist ein Weichei, der sich mit den Damen abschottet." Er verzieht angewidert den Mund.

Stefan nickt. „Das finde ich auch. Aber mir zittern die Beine und ich kann hier kaum stehen und ihn anschauen. Ich hab' das Gefühl, wenn er auch nur einen Schritt auf mich zukommt, fall' ich um. Gleichzeitig habe ich eine enorme Wut im Bauch. Ich könnte ihn erwürgen." Er starrt auf seinen Chef, während seine Hände sich krampfhaft öffnen und schließen. „Mir wird total heiß. Ich könnte platzen vor Wut und gleichzeitig würde ich mich am liebsten verkriechen und unsichtbar machen." *Stefan* schüttelt den Kopf als wolle er seine Gefühle abschütteln; mit glasigen Augen stiert er seinen Chef an.

„Ich glaube, hier liegt eine Verwechslung vor, das testen wir 'mal aus." Die Aufstellungsleiterin führt *Stefan* zu seinem Chef hinüber und bittet ihn, den Chef anzuschauen. Die Frauen rückt sie ein ganzes Stück in den Hintergrund, so daß die beiden allein voreinander stehen.

Stefan soll „Du bist mein Chef" sagen, doch er bringt den Satz nur stockend über die Lippen. Seine glasigen Augen scheinen durch den Chef hindurch in die Ferne zu starren. Die Leiterin bittet einen Mann aus der Teilnehmerrunde, sich hinter den Chef zu stellen. Als sie den Chef zur Seite zieht und der Mann dahinter zum Vorschein kommt, beginnt *Stefan* heftig zu zittern. Er sieht jetzt aus, als wäre er in einer tiefen Trance.

„Wer ist das?" fragt die Leiterin. „Mein Vater", preßt *Stefan* nach einer Weile zwischen zusammengebissenen Zähnen hervor. „O.k., dann wollen wir 'mal klären, wer hier wer ist." Die Leiterin stellt den Vater wieder hinter den Chef und bittet Stefan selbst in die Aufstellung und stellt ihn vor seinen Chef. Wie zuvor der Stellvertreter reagiert Stefan sehr emotional und hat den gleichen glasigen Blick. Als der Chef zur Seite gezogen wird und dahinter sein Vater auftaucht, erstarrt Stefan vollends und auf seinem Gesicht spiegelt sich eine Mischung aus Wut und Traurigkeit wider. Er wirkt jetzt kindlich und hilflos.

Die Leiterin stellt den Vater auf die eine und den Chef auf die andere Seite des Raumes, so daß Stefan seinen Kopf von einer Seite zur anderen bewegen muß, um entweder den Vater oder den Chef sehen zu können. „Schau zu deinem Vater hinüber und sag zu ihm: Du bist mein Vater." Stefan schaut zu seinem Vater hinüber und wiederholt mit zittriger Stimme den Satz. „Und jetzt schau zu deinem Chef und sag zu ihm: Und du bist mein Chef." Stefan spricht den Satz nach und guckt dann ein paarmal zwischen den beiden hin und her. „Genau, mach dir ganz klar: Das eine ist dein Vater", die Leiterin deutet auf den Vater, „und das ist dein Chef", sie zeigt zur anderen Seite hinüber. „Und jetzt sagst du noch: Und ihr beide habt nichts miteinander zu tun. Ihr seid zwei völlig unterschiedliche Personen."

Stefan wiederholt die Sätze und scheint allmählich aus seiner Benommenheit aufzuwachen. Seine Augen werden langsam klarer. „Du bist mein Chef und nicht mein Vater", murmelt er in Richtung Chef und nickt mit Nachdruck. „Gut, das scheint jetzt klar zu sein. Was deinen Vater angeht, würde ich dir raten, deine Beziehung zu ihm 'mal genauer anzuschauen und zu klären, was da an Gefühlen in dir kocht." Stefan schaut in Gedanken versunken zu seinem Vater hinüber und nickt.

Der Vater kann sich wieder setzen und auch Stefan verläßt die Aufstellung und wird wieder durch seinen Stellvertreter ersetzt. Alle Stellvertreter nehmen wieder ihre alten Positionen ein.

„Wie ist es jetzt?" wird *Stefan* gefragt. „Viel besser. Ich sehe jetzt tatsächlich meinen Chef vor mir und der Druck ist nicht mehr so groß. Aber trotzdem...", er sieht lange und prüfend zu seinem Chef hinüber, „ich bin immer noch sauer auf ihn und würde ihm gerne meine Meinung sagen. Viel Respekt habe ich jedenfalls nicht vor ihm, als Chef meine ich", setzt er hastig hinzu.

„Hast du Grund, auf deinen Chef sauer zu sein?" wendet sich die Leiterin an Stefan, der gebannt die Aufstellung verfolgt. Stefan steht auf, kommt näher und bleibt so stehen, daß er seinem Chef ins Gesicht sieht. „Oh ja, er ist aus einer anderen Abteilung gekommen und hatte von unserer Arbeit wenig Ahnung. Am Anfang hat er mich ständig fragen müssen, und ich habe ihn mit meinem ganzen Wissen und meiner Erfahrung unterstützt. Ich habe Überstunden gemacht und mich richtig reingekniet, damit der Laden reibungslos weiterläuft. Ich hab ihm ein paar richtig gute Ideen gegeben, wie die Abteilung effektiver arbeiten könnte. Und dann ist er zur Geschäftsleitung gegangen und hat sie als seine Ideen verkauft." Stefan steigert sich in seine Empörung hinein: „Soviel Unverfrorenheit habe ich nicht erwartet. Er heimst die Lorbeeren ein, kriegt auf die Schultern geklopft, und zu mir sagt er nicht 'mal Danke." Mit einem verbitterten Unterton fährt er fort: „Als die Chefstelle frei wurde, habe ich mir den Job nicht zugetraut und mich nicht beworben. Heute weiß ich, ich hätte das auch machen können. Im Grunde genommen habe ich ja die Abteilung am Anfang geleitet und

Verbesserungen eingeführt und ihm die Einarbeitung erleichtert. Und als Dank dafür bestraft er mich jetzt mit Mißachtung." Stefan funkelt den Stellvertreter des Chefs wütend an.

Während er spricht, schauen sich die beiden Stellvertreter von Stefan und Chef fast ununterbrochen an, so als wollten sie seine Worte überprüfen. Beide nicken hin und wieder, als könnten sie Stefans Bericht nur bestätigen. „Was er erzählt, trifft mein Gefühl genau. Ich bin sauer und enttäuscht und denke die ganze Zeit: Eigentlich wäre ich der bessere und kompetentere Chef. Der ist doch nur stark, wenn er sich auf andere stützt." Einige der männlichen Stellvertreter grinsen und stimmen ihm zu.

Der Chef wirkt nachdenklich. „An dem, was er sagt, ist schon was dran. Ich fühle mich längst nicht mehr so mächtig und stark wie am Anfang. Aber", er holt tief Luft und strafft sich, „ich bin hier der Chef, und wenn er sich so verhält, braucht er sich nicht zu wundern, wenn ich ihn entsprechend behandle." *Stefan* und sein Chef werden einander wieder gegenübergestellt. Beide stehen steif und feindselig voreinander und messen sich mit abschätzenden Blicken.

„Ich bin dein Chef, und du bist ein langjähriger Angestellter, du bist schon viel länger in der Abteilung als ich und hast viel Erfahrung und Wissen angesammelt, das du mir zur Verfügung gestellt hast. Ich habe davon sehr profitiert, und dafür danke ich dir. Wenn ich es bisher nicht entsprechend gewürdigt habe, dann tut mir das leid." Nachdem er die Sätze gesagt hat, nickt der Stellvertreter des Chefs. „Das stimmt", sagt er, „es tut mir wirklich leid. Ich fühle mich jetzt viel weicher und offener und kann ihn ohne Vorbehalt anschauen." *Stefan* schüttelt den Kopf. „Das ist ja wohl ein bißchen zu billig. Der klaut meine Ideen und profiliert sich damit bei der Geschäftsleitung, und dann soll das mit so ein paar Worten erledigt und gut sein?" empört er sich.

„Sag zu deinem Chef: Ich habe dir mein Wissen und meine Ideen freiwillig zur Verfügung gestellt, niemand hat mich dazu gezwungen; daß du sie benutzt hast, ohne mir zu danken und ohne sie auszugleichen, hat mich sehr verletzt." *Stefan* wiederholt die Sätze langsam und wird, während er sie sagt, immer nachdenklicher. Der vorwurfsvolle Ton ist jetzt aus seiner Stimme verschwunden.

„Ich habe mir damals nicht zugetraut, den Chefposten zu übernehmen, und du hast ihn eingenommen. Heute weiß ich, ich hätte es auch machen können, und ich bedaure die verpaßte Chance. Aber das war meine Entscheidung, und ich stehe zu ihr, du hattest damit nichts zu tun." *Stefan* schaut gedankenverloren auf den Boden und läßt die Worte in sich nachwirken. Nach einer Weile hebt er den Kopf und schaut seinem Chef direkt in die Augen. „Jetzt bist du der Chef, nicht ich. Und wie immer du diesen Posten ausfüllst, ob mir das paßt oder nicht, es ändert nichts an der Tatsache: Du bist der Chef und ich der Angestellte." Die beiden Männer schauen sich jetzt ernst und offen in die Augen, die Atmosphäre ist spürbar entspannter.

„Ich würde jetzt gerne zu meinen Kollegen zurückgehen." *Stefan* schaut über die Schulter nach hinten zu seinen Kollegen. „Genau das liegt jetzt an. Und dabei bringen wir hier gleich Ordnung rein." Die Leiterin bittet die weiblichen Stellvertreter, zu ihren Kollegen zu gehen. Die Sekretärin stellt sie auf die linke Seite ihres Chefs, einen kleinen Schritt hinter ihn. Sie fühlt sich daraufhin deutlich erleichtert und von der enormen Belastung befreit.

Danach wendet sich die Leiterin an Stefan. „Gibt es eine hierarchische Ordnung in eurer Abteilung?" Stefan verneint, sie stünden alle auf einer Stufe. „Die neuen Kollegen standen 'mal höher, aber in unserer Abteilung erledigen sie die gleiche Arbeit wie wir anderen auch." „Und wie ist die zeitliche Reihenfolge?" Stefan weist auf die einzelnen Stellvertreter. Die Sekretärin und er sind am längsten dabei, dann kommt eine Kollegin und zwei weitere Kollegen. Die drei neuen Mitarbeiter sind später gleichzeitig dazugekommen.

Nachdem alle Stellvertreter in der Reihenfolge ihres Eintritts in die Abteilung nebeneinander stehen, fühlen sich fast alle wohl. Der Chef ist erleichtert. „Meine Position ist jetzt eindeutig – ich bin der Chef! Sie“, er wendet sich der Sekretärin zu, „hat jetzt auch den richtigen Platz, und unter meinen Angestellten ist Ordnung.“ Er schaut zufrieden in die Runde.

Stefan fühlt sich erleichtert, er schaut zwischen seinem Chef und den Kollegen hin und her. „Das ist ein guter Platz für mich. Den Chef kann ich jetzt dort stehen sehen, ohne es ihm zu neiden, und zu meinen Kollegen wird das Verhältnis klarer und entspannter.“ Er lächelt seine Kollegen der Reihe nach an, und die schauen freundlich zurück.

Auch seine alten Kollegen fühlen sich nun an ihren Plätzen gut und durch die übersichtliche Ordnung sicherer. „Jetzt ist er einfach der dienstälteste Kollege, und den kann ich gut abhaben“, faßt es einer in Worte. „Vorher war da immer so ein Gefühl: Entweder ich schlag mich auf seine Seite oder auf die vom Chef, und das hat mich sehr verwirrt. Seit die das untereinander geklärt haben und ihre Positionen klar getrennt sind, kann ich beide ganz neu erleben.“

Auch für die neuen Kollegen haben sowohl der Chef als auch Stefan an Persönlichkeit gewonnen. „Ich habe das Gerangel zwischen den beiden aufmerksam verfolgt und dabei viele Parallelen entdeckt“, äußert derjenige, der den Chef am Anfang als „Weichei“ bezeichnet hatte. „So, wie der Chef jetzt dasteht und seine Position einnimmt, kann ich mit ihm leben. Und er“, er zeigt auf *Stefan*, hat eindeutig gewonnen.“ Das finden auch seine beiden Kollegen.

„Mir wäre nur noch wichtig, daß wir mehr Abstand zwischen uns und den anderen Kollegen haben, damit klar wird, daß wir aus dem anderen Unternehmen kommen und eine eigene Geschichte haben und hier nicht einfach eingemauschelt werden, als wären wir ein Anhängsel von ihnen.“ Die drei rücken ein ganzes Stück weiter und überprüfen sorgfältig den richtigen Abstand. Schließlich sind alle drei einverstanden und auch die anderen Kollegen empfinden diese Anordnung als angemessen und als die beste Lösung für alle.

Als Stefan in das Schlußbild tritt, steht er lange still da, nur seine Augen wandern langsam durch das Bild, bleiben an einzelnen Gesichtern hängen und schweifen wieder weiter. Hin und wieder nickt er. Zum Schluß bleibt sein Blick lange an seinem Chef hängen. „Hier ist ein guter Platz für mich“, sagt er und schließt kurz die Augen, als wolle er sich dieses Bild für immer einprägen.

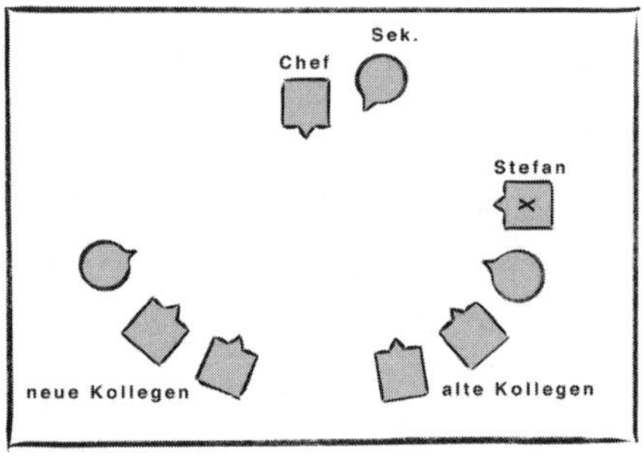

☞ *Erklärung der Aufstellung*

1. Anliegen und Auswahl relevanter Stellvertreter

Stefan formulierte sein Anliegen klar und deutlich: „Ich will wissen, wie ich mein Verhältnis zu meinem Chef verbessern kann...“, lautete der erste Teil seiner Frage. Der zweite Teil seiner Frage bezog sich auf seine Kollegen: „...und was zwischen mir und meinen Kollegen steht.“ Da er nicht mit bestimmten Kollegen Probleme hatte, sondern die Atmosphäre allgemein gestört schien, wurde daraufhin die ganze Abteilung aufgestellt:

– Sein Chef, der vor zwei Jahren die Abteilung übernommen hatte,
– dessen Sekretärin,
– Stefan selbst,
– drei langjährige Kollegen, eine weibliche, zwei männliche und
– drei neue Kollegen, eine weibliche, zwei männliche.

Später:

– Sein Vater

2. Bildsprache und vermutete Störungen

Wie Stefan die gegenwärtige Situation in der Abteilung innerlich abbildete und erlebte, zeigte das erste Bild der Aufstellung:

- Sein Chef stand, von den weiblichen Mitgliedern der Abteilung umrahmt, auf der einen Seite. Diese Anordnung läßt die Vermutung zu, daß der Chef sich seiner Führungsrolle nicht sicher war und Unterstützung suchte. Die Männer der Abteilung standen in einer Art Spiegelbild ihrem Chef und den Kolleginnen gegenüber, ein erster Hinweis auf Feindseligkeiten zwischen den beiden Gruppierungen. Der Chef sagte später „Das hat was von High-Noon-Charakter. Wer am schnellsten zieht, hat gewonnen", und fügte dann drohend hinzu, „ich hab auf jeden Fall die schärfere Munition", worauf einige Männer feixten.
- Zusätzlich zu dem allgemeinen Eindruck von Feindseligkeit zwischen den beiden Gruppen, standen Stefan und sein Chef einander frontal gegenüber, was fast immer auf direkte und persönliche Auseinandersetzung schließen läßt. Im Verlauf der Aufstellung bestätigte sich diese Vermutung gleich zweifach.

Ob Stefans Chef seine Führungsrolle wahrnimmt oder nicht, ob Stefans Kollegen ihn achten und als Chef anerkennen oder nicht, auf all diese Dinge hatte Stefan keinen Einfluß. Die Aufstellung konzentrierte sich deshalb auf den Auftraggeber Stefan und die Schwierigkeiten, deren Lösung er in der Hand hatte.

- Schon im Vorgespräch wurde deutlich, daß Stefans Wut auf seinen Chef etwas Kindliches und Hilfloses anhaftete, das einem Arbeitsverhältnis zwischen zwei erwachsenen Menschen nicht angemessen war. In der Aufstellung bestätigte sich dieser Eindruck. „Mir zittern die Beine, und ich kann hier kaum stehen und ihn anschauen. Ich hab' das Gefühl, wenn er auch nur einen Schritt auf mich zukommt, falle ich um. Gleichzeitig habe ich eine enorme Wut im Bauch. Ich könnte ihn erwürgen." Dabei starrte er seinen Chef an, ohne ihn wirklich zu sehen. Hier lag die Vermutung nahe, daß er auf der unbewußten Ebene den Chef mit einem wichtigen Menschen aus seiner Kindheit verwechselte, in diesem Fall war es der Vater.
- Stefan hatte seinen neuen, unerfahrenen Vorgesetzten am Anfang sehr unterstützt. Seine langjährige Erfahrung und sein Wissen über die Arbeitsabläufe sowie seine Verbesserungsvorschläge gab er an den neuen Chef weiter. Der erwies sich als nicht besonders dankbar und loyal, sondern verkaufte Stefans Verbesserungsvorschläge und Ideen der Geschäftsleitung als seine eigenen. „Soviel Unverfrorenheit habe ich nicht erwartet. Er heimst die Lorbeeren ein, kriegt auf die Schulter geklopft, und zu mir sagt er nicht 'mal danke." Stefan war zu recht sauer. Hinzu kam sein Ärger über eine verpaßte Chance. Vor zwei Jahren traute er sich die Führungsposition noch nicht zu und hatte sich demzufolge auch nicht beworben. „Heute weiß ich, ich hätte das auch machen können. Im Grunde genommen habe ich ja die Abteilung am Anfang geleitet. Und als Dank dafür bestraft er

mich jetzt mit Mißachtung", berichtete er, und sein Stellvertreter sagte später: „Eigentlich wäre ich der bessere und kompetentere Chef."

Auch wenn ein solcher Satz im Alltag nicht ausgesprochen wird, geistige Haltung und die Körpersprache genügen, um das Verhältnis nachhaltig zu stören.

- Solange Stefan im Clinch mit seinem Chef lag und sich als der „bessere Chef" fühlte, konnte er auch seinen Platz im Kollegenkreis nicht einnehmen. Das aber führte fast zwangsläufig zu weiteren Störungen im System.

3. Lösung

- Auf der unbewußten Ebene verwechselte Stefan seinen Chef mit seinem Vater, zu dem er ein gestörtes Verhältnis hat. In einem Gespräch nach der Aufstellung erzählte er, daß er bisher mit allen seinen Vorgesetzten bzw. mit Autoritätspersonen Schwierigkeiten hatte. Ein solch durchgehendes Muster, unabhängig davon, wie ein Chef sich verhält oder benimmt, ist immer ein Hinweis auf eine Doppelbelichtung. Die Lösung liegt dann darin, die beiden im Inneren überblendeten Personen weit auseinander zu schieben und klar und eindeutig zu trennen, „du bist mein Vater", zum Vater zu sagen und zur anderen Seite gewandt, „und du bist mein Chef. Und ihr beide habt nichts miteinander zu tun. Ihr seid zwei völlig unterschiedliche Personen."

Im Rahmen einer Organisations-Aufstellung reichte es, die Doppelbelichtung von Chef und Vater aufzulösen, damit Stefan seinen Chef zukünftig unvoreingenommen wahrnehmen konnte. An seinem gestörten Verhältnis zum Vater hatte sich damit noch nichts geändert. Hier könnte Stefan eine Familien-Aufstellung weiterhelfen.

- Stefans Chef hatte versäumt, das, was er von Stefan bekommen hatte, auszugleichen und zu würdigen. Der Ausgleich reicht von einer inneren, ehrlichen Haltung des Dankens dem Gebenden gegenüber oder einer ausgesprochenen Anerkennung für die besondere Leistung bis zu einer kleinen Aufmerksamkeit. In Stefans Fall reichten der Dank und die Anerkennung für das Gegebene noch nicht aus. „Das ist mir zu billig. Der klaut meine Ideen und profiliert sich damit bei der Geschäftsleitung, und dann soll das mit ein paar Worten erledigt und gut sein?" empörte er sich.
  Erst als er seinen Anteil an der Geschichte erkannte, indem er sagte: „Ich habe dir mein Wissen und meine Ideen freiwillig zur Verfügung gestellt, niemand hat mich dazu gezwungen; daß du sie benutzt hast, ohne mir zu danken oder sie auszugleichen, hat mich sehr verletzt", veränderte sich seine vorwurfsvolle Haltung und wich einer klareren Sicht.
  Die Lösung für Stefan lag darin, seine eigene Verantwortung für die Situation und seinen Frust zu übernehmen und den Tatsachen ins Auge zu blicken: „Ich hab' mir damals nicht zugetraut den Chefposten zu übernehmen, und du hast ihn eingenommen. Heute weiß ich, ich hätte es auch machen können, und ich bedaure die verpaßte Chance. Aber das war meine Entscheidung, und ich stehe zu ihr, du hattest damit nichts zu tun. Jetzt bist du der Chef, nicht ich. Und wie immer du diesen Posten ausfüllst, ob mir das paßt oder nicht, es ändert nichts an der Tatsache: Du bist der Chef und ich der Angestellte." Danach war Stefan bereit, sich in den Kreis seiner Kollegen einzufügen.
- Im Kollegenkreis bestand die Lösung darin, die zeitliche Rangfolge zum Ausdruck zu bringen. Als Dienstältester stand Stefan nun am Beginn der Reihe seiner Kollegen.

Beispiel 2: Ein Familienbetrieb
- Eine Symbol-Aufstellung -

Hartmut, 53 Jahre, hat vor zwanzig Jahren in einen Familienbetrieb eingeheiratet. Während des Vorinterviews kristallisiert sich heraus, daß der Schwiegervater vor zwei Jahren aus gesundheitlichen Gründen die Geschäftsleitung an seinen Sohn und Hartmut übergeben hatte. Danach nahmen die schon lange schwelenden Reibereien zwischen Hartmut und seinem Schwager zu. Inzwischen beschränkt sich ihre Kommunikation nur noch auf das absolut Notwendige, wodurch es inzwischen zu erheblichen Störungen im Betriebsablauf bis hin zu gelegentlichen Lieferschwierigkeiten kommt. Gegenseitige Schuldzuweisungen, auch vor Mitarbeitern, verschärfen den Konflikt zunehmend. Der Seniorchef, der noch immer sein Büro im Betrieb hat und jeden Tag in die Firma kommt, mischt sich ebenfalls häufig ein und vertritt dabei – aus Hartmuts Sicht – einseitig die Position seines Sohnes. Hartmuts Frau versucht, mit wenig Erfolg zwischen ihm und ihrem Bruder zu vermitteln.

Alle Mitglieder des Familienbetriebes wohnen in unmittelbarer Nachbarschaft zueinander auf dem Betriebsgelände, und da seine Frau eine sehr enge Bindung zu Eltern und Bruder hat, verbringen sie auch privat viel Zeit miteinander. Hartmut möchte allerdings wenigstens privat eine klare Trennung haben. Über diese Meinungsverschiedenheiten ist seine Ehe in eine tiefe Krise geraten.

Alle Versuche Hartmuts, durch Gespräche mit seiner Frau, seinem Schwiegervater und Schwager eine Lösung zu finden, waren, wenn überhaupt, nur kurzfristig erfolgreich. „Am liebsten würde ich aussteigen

---

Um besser unterscheiden zu können, wann der Auftraggeber spricht oder gemeint ist und wann der Stellvertreter redet, wird der Name des STELLVERTRETERS immer kursiv gedruckt (z.B. *Klaus*), während der AUFTRAGGEBER dem normalen Schriftbild folgt (Klaus).

und etwas Neues suchen. Aber in meinem Alter ist das so gut wie unmöglich“, faßt er seine Situation zusammen.

Der Betrieb – Das Organigramm

Beim Erstellen des Organigramms, antwortet Hartmut auf die Frage, wo er hierarchisch im Betrieb stehe: „Ich bin, entschuldigen Sie bitte den Ausdruck, der letzte Arsch. Ich komm erst ganz zum Schluß, nach allen anderen.“ Mit Hilfe des Organigramms zeichnet sich allerdings schnell ab, daß seine gefühlsbetonte Einschätzung nicht seiner tatsächlichen Position innerhalb der Firmenhierarchie entspricht.

Nach dem Krieg hat sein Schwiegervater einen florierenden Betrieb mit inzwischen achtzig Mitarbeitern aufgebaut. Seine Frau, Hartmuts Schwiegermutter, leitet noch immer das Büro. Ihre Tochter, Hartmuts Frau, ist für die Personalabteilung zuständig. Er und sein Schwager sind Geschäftsführer des Betriebes. Der Schwager ist für das Marketing zuständig, Hartmut für die Produktion. Außerdem ist Hartmut Mitinhaber der Firma und hält 10% der Anteile.

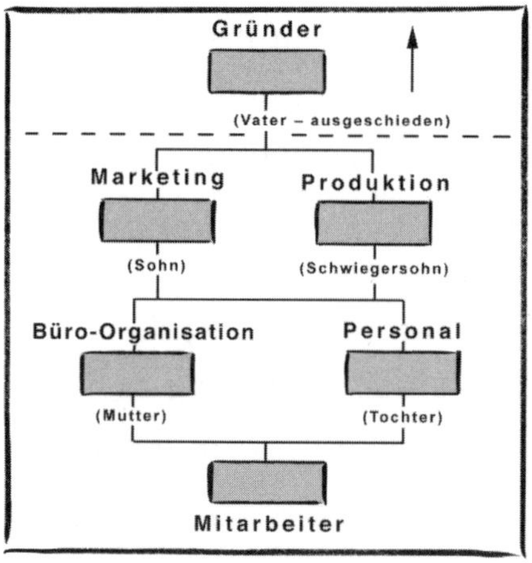

Schon während die reinen Fakten erfragt werden und das Organigramm entsteht, wird Hartmut bewußt, daß er keineswegs der „Letzte" im Betrieb ist, sondern, ganz im Gegenteil, hierarchisch ganz oben steht und als Miteigentümer über einigen Einfluß verfügt. Würde er seinen Anteil herausnehmen, um sich beispielsweise eine eigene Existenz aufzubauen, hätte das für das Unternehmen erhebliche Folgen. An seiner Haltung und seinem Gesichtsausdruck ist deutlich zu erkennen, welches Aha-Erlebnis allein schon die Erstellung des Organigramms für ihn ist.

In diesem Fall wird die Lösung nicht mit der Hilfe von Personen sondern Symbolen als Stellvertretern gesucht (vgl. auch Symbol-Aufstellung S. 188).

Hartmut soll nun für jede einzelne Position des Organigramms ein Symbol auswählen und aus seinem Gefühl heraus auf den Tisch stellen.

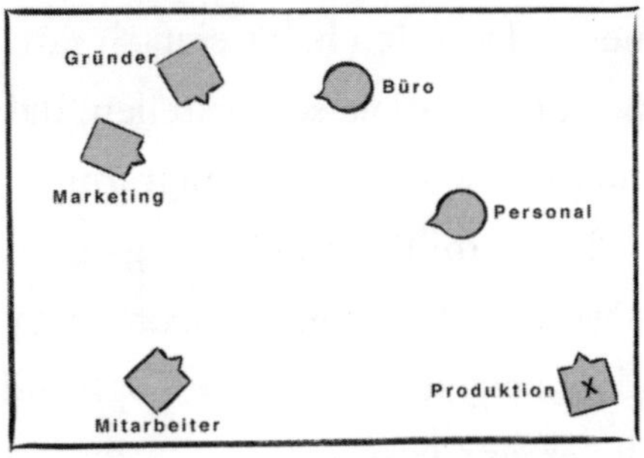

Zur Deutung des Bildes aufgefordert, sieht er sich ausgegrenzt in der Ecke stehen, von der Familie seiner Frau mißtrauisch beäugt. Zu seiner Frau fühlt er sich hingezogen, gleichzeitig scheint sie ihm unerreichbar zu sein. Die Mitarbeiter schwanken unentschlossen zwischen ihm und den anderen hin und her. Während der ganzen Zeit verwendet er verwandtschaftliche Bezeichnungen für die einzelnen Firmenbereiche.

Um das Hauptaugenmerk auf das Unternehmen zu lenken, soll Hartmut ein Symbol für das Unternehmen dazustellen. Ohne zu zögern, stellt er es mitten ins Zentrum und rückt sein eigenes Symbol so zurecht, daß es das Unternehmenssymbol anschaut.

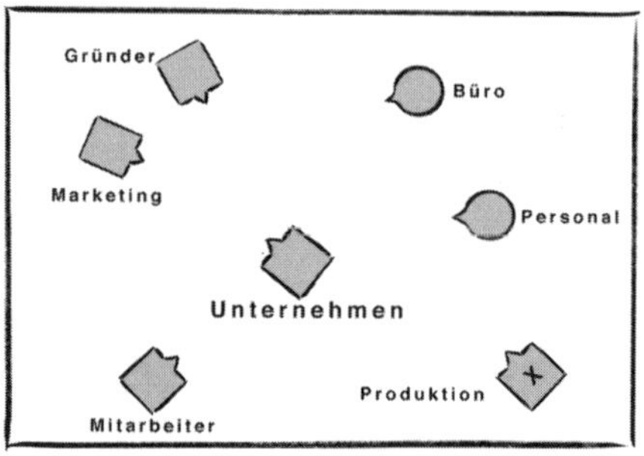

„Genau so ist es!" stellt er fest. „Alles dreht sich um die Firma, und immer hängt die ganze Familie dran. Der tägliche Hickhack mit denen", er deutet auf Schwager und Schwiegervater, „führt zu ewigen Auseinandersetzungen mit meiner Frau. Ich hab's einfach satt."

Jetzt soll Hartmut die Symbole so umstellen, daß eine rein betriebliche, an den Funktionsebenen des Organigramms ausgerichtete Ordnung sichtbar wird. Die familiären Schwierigkeiten sollen dabei völlig außer acht gelassen werden. Hartmut schiebt die Symbole hin und her, betrachtet sie nachdenklich, schüttelt den Kopf und stellt sie nochmals um. Schließlich findet er eine Lösung.

Der Gründer und sein Unternehmen stehen jetzt für alle gut sichtbar beieinander. Mit etwas Abstand folgen der Schwager und Hartmut als Geschäftsführer für Marketing und Produktion. Die Bereiche Büro und Personal reihen sich, wieder mit etwas Abstand, der Geschäftsleitung an. Die Mitarbeiter stehen mit noch deutlicherem Abstand am Ende des offenen Halbrunds. Nach Hartmuts Empfinden fühlen sich nun alle Beteiligten an ihrem Platz gut.

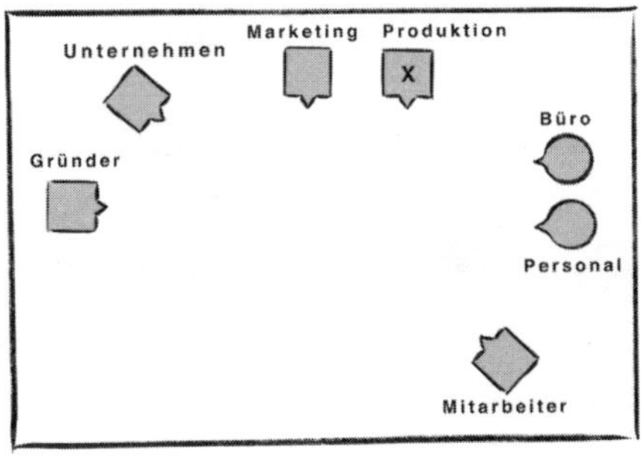

Die Familie – Das Genogramm

Um Hartmut die unterschiedlichen Beziehungsebenen zwischen Betrieb und Familie zu verdeutlichen, legen wir neben dem Organigramm ein Genogramm der familiären Beziehungen an.

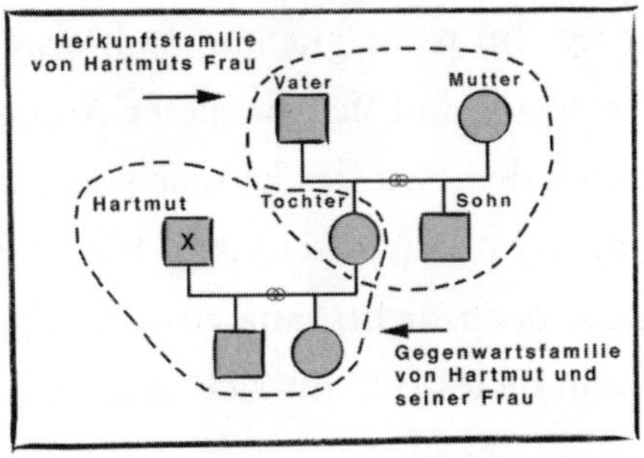

Danach stellt Hartmut auf der anderen Seite des Tisches sein inneres Bild der Familie auf, diesmal ohne die Firmenstrukturen zu beachten. Hartmut stellt fast die gleiche Anordnung wie im ersten Bild des Unternehmens auf, nur daß die Mitarbeiter jetzt durch seine zwei Kinder ersetzt werden, die näher zu den Eltern rücken.

Wieder steht seine Frau zwischen ihm und ihrer Herkunftsfamilie, im Spannungsfeld zwischen Eltern/Bruder und ihrem Mann. Der Bruder schaut diesmal aus der Aufstellung hinaus.

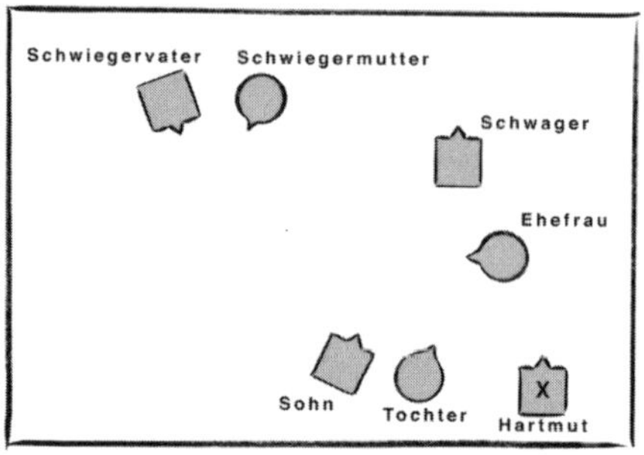

Nun besteht die Aufgabe darin, ein gutes Lösungsbild zu finden, in dem sich alle Beteiligten als Familienmitglieder wohlfühlen sollen. Wieder probiert Hartmut viele unterschiedliche Zusammenstellungen aus. Zunächst gruppiert er seine Familie in einem Halbkreis eng um sich herum, während die Schwiegereltern und sein Schwager weit weg stehen. Das fühlt sich zwar für ihn recht gut an, doch als er sich in seine Frau und Kinder hineinversetzt, sind sie mit dieser Anordnung nicht einverstanden, sie wollen auch den Rest der Familie sehen können.

Hartmut rückt die Symbole unschlüssig hin und her. Nach mehreren Umstellungen, die noch nicht ganz zu seiner Zufriedenheit ausfallen, findet Hartmut ein neues Bild für sich und die aufgestellten Familienmitglieder.

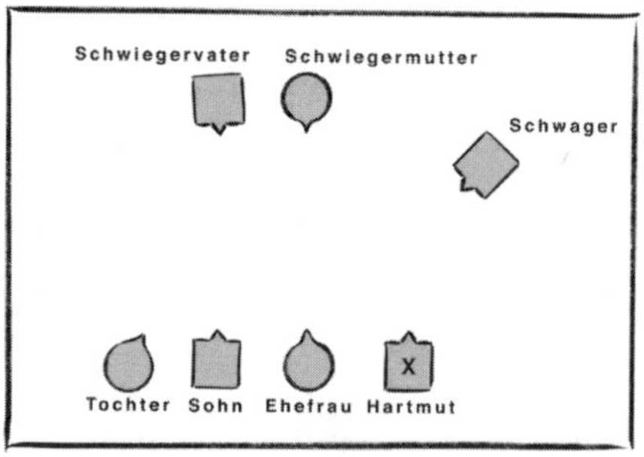

☞ *Erklärung der Aufstellung*

1. Anliegen und Auswahl relevanter Stellvertreter

Hartmut kam in die Beratung, um seine beruflichen Schwierigkeiten zu klären. Doch bereits im Vorgespräch stellte sich heraus, daß er die besondere Situation eines Familienbetriebes auch für die zunehmenden Spannungen zwischen sich und seiner Frau verantwortlich machte. „Was kann ich tun, um beruflich und privat meine verfahrene Situation zu klären?“ formulierte er schließlich sein Anliegen.

In seiner Berufswelt und in seinem Privatleben sind dieselben Menschen von Bedeutung, deshalb tauchen sie auch in beiden Aufstellungen auf. Ausnahme war, daß im beruflichen Umfeld die Mitarbeiter dazugestellt wurden, in der Familien-Aufstellung jedoch die beiden Kinder von Hartmut und seiner Frau.

Organisations-Aufstellung	Familien-Aufstellung
Gründer	Schwiegervater
Geschäftsführer, Marketing	Schwager
Geschäftsführer, Produktion	Hartmut
Abteilungsleiterin, Büro	Schwiegermutter
Abteilungsleiterin, Personal	Ehefrau
Mitarbeiter	Sohn, Tochter

2. Bildsprache und vermutete Störung

Um Hartmut die unterschiedlichen Beziehungsstrukturen in Betrieb und Familie zu verdeutlichen, wurde vor jeder Aufstellung eine grafische Übersicht erstellt.

Das Organigramm diente dazu, Hartmut einen Überblick über seine hierarchische Position innerhalb des Unternehmens zu bieten.

- Als Geschäftsführer der Produktionsabteilung stand er hierarchisch auf der gleichen Stufe wie der Geschäftsführer für Marketing, sein Schwager.
- Im Betrieb war er seiner Schwiegermutter (Büro) und seiner Frau (Personal) funktional übergeordnet und weisungsbefugt.
- Er ist mit 10% Anteilseigner und nimmt damit innerhalb des Betriebes eine Position ein, die über ein Angestelltenverhältnis als Geschäftsführer hinausgeht.

Im Unternehmen gehörten die Familienmitglieder einem gemeinsamen System an, in dem ihre betriebliche Funktion ihren Platz bestimmten. Im System der Familie ergab sich ein anderes Bild. Schon im Genogramm wurde deutlich, daß hier eine andere Rangfolge wirksam wurde und es sich um zwei Systeme handelte:

- Zum einen, um das Herkunftssystem von Hartmuts Frau, zu dem sie als Tochter und Schwester gehört.
- Zum anderen, um ein neues Familiensystem, das aus Hartmut, seiner Frau und den beiden Kindern besteht.

In den jeweils folgenden Symbol-Aufstellungen für Betrieb und Familie stellte Hartmut fast identische Anfangsbilder auf und brachte damit zum Ausdruck, was in vielen Familienbetrieben zu erheblichen Störungen führt:

- Familie und Betrieb werden nicht als unterschiedliche, getrennte Systeme betrachtet, sondern als eine vielfältig ineinander verwobene Einheit, in der zwischen verwandtschaftlichen und beruflichen Beziehungen nicht mehr unterschieden wird. „Alles dreht sich um die Firma", sagte Hartmut als er das Unternehmenssymbol in die Mitte der ersten Aufstellung stellte.

- In beiden Aufstellungen standen zu Beginn Schwiegereltern und Schwager beieinander und Hartmuts Frau zwischen ihnen und ihrem Mann. Asls Hartmut sich in die Situation seiner Frau hineinversetzte, spürte er deutlich den Loyalitätskonflikt seiner Frau. Stimmte sie bei den ständigen Reibereien ihrem Mann zu, „verriet" sie Vater und Bruder, schlug sie sich auf deren Seite und erlebt sich ihrem Mann gegenüber als unloyal.
- Während Hartmut sich im ersten Firmenbild als nicht dazugehörig empfand, stellte er in der Familien-Aufstellung die beiden Kinder an seine Seite. Mit ihnen fühlte er sich eng verbunden, nur seine Frau stand ihm zu weit entfernt bzw. zu nah bei ihren Eltern und Bruder.

3. Lösung

Obwohl Hartmut natürlich wußte, daß er im Betrieb die Stelle eines Geschäftsführers einnahm und 10% Anteile hält, überlagerte seine gefühlsbetonte Sicht diese Tatsachen. Da er sich als der „Letzte" sah und, wie die Aufstellung zeigte, als nicht dazugehörig betrachtete, war er innerlich zutiefst verunsichert. Aus dieser Verunsicherung heraus nahm er seine tatsächliche Stellung als Geschäftsführer und Mitinhaber innerlich nicht wirklich wahr.

- Die Grafik des Organigramms half Hartmut seinen tatsächlichen Platz innerhalb des Unternehmens zu erkennen und in der folgenden Symbol-Aufstellung so umzusetzen, daß ein neues inneres Bild der Betriebsstruktur entstehen konnte. Mit diesem neuen Bild vor Augen veränderte sich gleichzeitig seine Haltung.
  Nachdem er die Symbole entsprechend der hierarchischen Ordnung aufgestellt hatte, fühlte er sich an seinem Platz sehr viel selbstsicherer. „Von hier aus habe ich eine ganz andere Verhandlungsstärke, und

ich sehe die Situation sehr viel sachlicher", faßte er seine Gedanken und Gefühle zusammen.

- Für die Familie (als Privatpersonen) sah sein Lösungsbild ganz anders aus. Die einzelnen Personen standen nun in anderer Beziehung zueinander, was sich in einer veränderten Ordnung widerspiegelte. Die Eltern seiner Frau standen jetzt als Paar nebeneinander, und mit einigem Abstand folgte ihr Bruder. Seine eigene Familie stellte Hartmut als ein eigenständiges System mit deutlich mehr Abstand gegenüber. Auch hier war wichtig, daß jedes Familienmitglied den ihm gemäßen Platz einnahm, jeden sehen und mit allen anderen in Beziehung treten konnte.
  Während Hartmut in der Betriebshierarchie neben seinem Schwager stand und seiner Frau übergeordnet war, standen die beiden in seinem Familienbild als gleichberechtigte Partner nebeneinander, in gemeinsamer Verantwortung für ihre eigene Familie.
- In den beiden Aufstellungen wurde Hartmut klar, daß seine Frau in einem ständigen Loyalitätskonflikt zwischen ihrem Vater und Bruder einerseits und ihrem Ehemann andererseits lebte. Als Tochter und Schwester fühlte sie sich ihrer Herkunftsfamilie nahe und ihnen verpflichtet, als Hartmuts Ehefrau möchte sie ihm zur Seite stehen. Ihr Konflikt löste sich erst, als Hartmut sich zwischen sie und ihre Herkunftsfamilie stellte, ohne die gute Verbindung zwischen ihnen verhindern zu wollen. Auch seine Kinder fühlten sich danach wohler.

Der erste Schritt zu einer möglichen Lösung seiner beruflichen und privaten Schwierigkeiten lag für Hartmut in einer klaren Unterscheidung zwischen Betrieb und Familie. Während der Arbeitszeit sollte er sich für eine Weile bewußt an das Schlußbild des Unternehmens erinnern und von diesem Platz aus handeln. Im Privatleben sollte er dagegen das Schlußbild der Familie in den Vordergrund treten lassen.

An diese erste Beratung schlossen sich noch einige weitere Coaching-Termine an. Obwohl Hartmut jetzt wesentlich selbstbewußter auftrat und seinen Platz innerhalb der Firma einnahm, blieben in der Firma weiterhin viele Störfaktoren erhalten, auf die er keinen Einfluß nehmen konnte. So mischte sich sein Schwiegervater, trotz offizieller Übergabe, weiterhin in die Geschäftsführung ein. Das untergrub die Autorität seiner beiden Nachfolger und verunsicherte die Mitarbeiter nachhaltig. Da Hartmut die Situation nun sehr viel sachlicher und klarer überblickte, entschloß er sich ein Jahr später, die Firma zu verlassen und sich selbständig zu machen. Seinen Firmenanteil beließ er im Unternehmen.

Auf seine Ehe wirkte sich die klare Trennung zwischen den beiden Systemen schon direkt nach den Aufstellungen positiv aus.

Wie kann ich meine Vision umsetzen?

Unternehmensziele erreichen

Visionen, neue Projekte und Unternehmensziele oder eine neue Unternehmenskultur scheitern oft aus unerfindlichen Gründen. Obwohl sie durchaus sinnvoll erscheinen und von Einzelnen mit großem Engagement vertreten werden, können sie sich in der Wirklichkeit nicht durchsetzen. Viel Aufregung um nichts und eine gehörige Portion Frustration scheinen manchmal das Einzige zu sein, was von guten Ideen dann noch übrigbleibt. Die Hintergründe, weshalb vielversprechende Visionen, Projekte und Ansätze im Sand verlaufen oder mitten in der Realisierungsphase abgebrochen werden, sind vielfältig, äußerst komplex, und meistens entziehen sie sich einer nachvollziehbaren Erklärung.

Auch Klaus ist von seiner Vision überzeugt, hat bereits viel Arbeit und Geld in sie investiert und kann nicht begreifen, warum sie so wenig Anerkennung und Unterstützung findet.

Beispiel

Klaus ist ein erfolgreicher, mittelständischer Unternehmer in der Baustoffindustrie. „Meine große Vision ist, in fünf Jahren Branchenführer auf dem europäischen Markt zu werden", sagt er zu Beginn des Interviews. „Mit der Produktpalette, die wir bereits anbieten und zwei vielversprechenden neuen Ideen ist meine Vision auch durchaus realistisch. Die strategische Planung ist schon recht weit vorangeschritten. Jetzt müßten die einzelnen Markenbereiche zusammenarbeiten, aber ich kriege sie einfach nicht ins gemeinsame Boot. Ich möchte wissen, woran das liegt und was ich tun kann, damit es vorangeht", schildert Klaus sein gegenwärtiges Problem.

Sein Unternehmen besteht aus fünf eigenständig operierenden Produktmarken, und bisher deckte jede Produktgruppe unter eigenem Namen und mit eigenem Vertriebssystem unterschiedliche Kundenkreise wie Großhandel, Baumärkte, Handwerksbetriebe und Privatkunden ab. Den meisten Kunden ist bisher nicht bewußt, daß hinter den fünf unterschiedlichen Markennamen ein Unternehmen steht. Im Zuge des geplanten Internetauftritts und, um das bestehende Vertriebsnetz effektiver zu nutzen, will Klaus eine Kampagne starten, in der das Unternehmen sich den einzelnen Kunden-Zielgruppen als Ganzes darstellt. Bisher ist es ihm nicht gelungen, die einzelnen Markenbereiche für seine Vision zu gewinnen und eine befriedigende Zusammenarbeit zu erreichen.

Klaus soll daraufhin je einen Stellvertreter für sich selbst, die Vision, die Kunden und die fünf Markenbereiche aussuchen. Jeder Markenbereich soll stellvertretend für die an dem Projekt beteiligten Mitarbeiter stehen.

Nachdem er die Stellvertreter ausgesucht und aufgestellt hat, zeigt sich folgendes Bild:

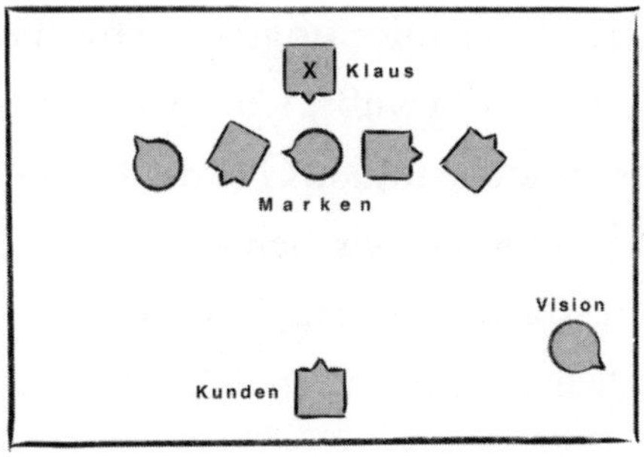

Um besser unterscheiden zu können, wann der Auftraggeber spricht oder gemeint ist und wann der Stellvertreter redet, wird der Name des STELLVERTRETERS immer kursiv gedruckt (z.B. *Klaus*), während der AUFTRAGGEBER dem normalen Schriftbild folgt (Klaus).

In der ersten Befragungsrunde stellt sich heraus, daß *Klaus* als Einziger seine Vision und die Kunden im Auge hat, obwohl sie weit weg stehen und durch die vor ihm stehenden Markenbereiche größtenteils verdeckt werden. „Ich sehe, wo ich hin will, aber die vor mir mauern alle. Ich komme mir vor wie ein Dompteur, der mit der Peitsche knallt, ohne daß einer sich darum kümmert." Er hebt in einer hilflosen Geste die Hände und zeigt auf die Marken.

Die einzelnen Marken empfinden sich alle als eigenständige Bereiche und nehmen einander nur undeutlich wahr. Wenn überhaupt eine Beziehung zwischen ihnen besteht, erleben sie diese eher als Konkurrenz. Alle würden gerne etwas mehr Abstand zueinander halten und weiter auseinanderrücken. Nur zwei Marken nehmen einander als Teile eines größeren Unternehmens wahr. Obwohl sie einander nicht sehen können, haben beide das Gefühl, sich gegenseitig den Rücken zu stärken und einander zu fördern. Aber keine der Marken hat eine Beziehung zu *Klaus* oder sieht die Vision und die Kunden.

Während die einzelnen Marken noch Rückmeldungen über ihre Befindlichkeit geben, wendet sich der Stellvertreter der Vision immer wieder um und tritt unruhig von einem Bein auf das andere. „Ich kann hier kaum ruhig stehen. Ich fühle mich ungeheuer groß und wichtig und bin mir meiner Bedeutung sehr bewußt. Ich verstehe überhaupt nicht, weshalb ich hier im Abseits stehe und ins Nichts schauen muß. Meine Aufgabe ist doch, die Verbindung zwischen den einzelnen Marken und den Kunden herzustellen, stattdessen läuft meine ganze Energie ins Leere. Ich würde mich am liebsten umdrehen und mitten ins Geschehen springen."

Die Augen der Kunden schweifen die ganze Zeit von einem zum anderen. „Ich bin verwirrt über die vielen Marken", sagt ihr Stellvertreter, „ich bin durchaus an ihren Produkten interessiert, aber ich frage mich die ganze Zeit, warum mich nicht wenigstens einer anschaut und Kontakt zu mir aufnimmt. Die Probleme, die die miteinander haben, gehen mich doch gar nichts an." Er wendet sich von den Marken ab und der Vision zu. „Da hinüber besteht eine starke Anziehungskraft. Obwohl ich nicht sagen könnte, worin die besteht. Aber ich spüre, daß da Kraft ist und daß sie mir einen Nutzen bringt." Die Vision lächelt die Kunden über ihre Schulter hinweg an und nickt ihnen voller Begeisterung zu.

Im nächsten Schritt sollen die einzelnen Marken und die Vision sich auf ihrem Platz so drehen, daß jeder mit jedem Blickkontakt aufnehmen kann; *Klaus* bleibt vorerst in seiner alten Position stehen.

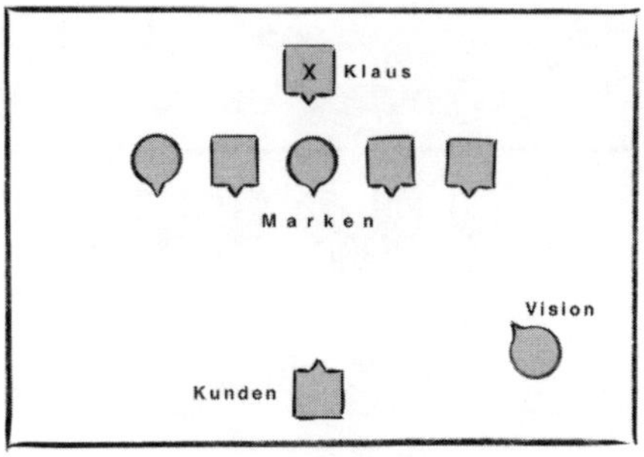

Grundsätzlich fühlen sich alle Markenvertreter jetzt wohler. Blicke werden ausgetauscht, einige mustern sich kritisch, andere lächeln sich an. Das gute Einvernehmen zwischen den zwei Marken bestätigt sich, zwischen den anderen herrscht eher Unsicherheit, und einige nehmen weiter entfernt stehende Marken gar nicht wahr. Der Vision gegenüber sind alle mißtrauisch und befürchten mehr oder weniger stark, daß die Verwirklichung der Vision ihre Unabhängigkeit und Selbständigkeit beschneiden oder sogar auflösen könnte.

„Sind die Ängste der Marken berechtigt? Beinhaltet deine Vision, daß sie ihre Unabhängigkeit verlieren?“ fragt die Aufstellungsleiterin Klaus, der draußen in der Runde sitzt. Der verneint entschieden. „Alle Marken sollen unabhängig bleiben und weiterhin ihren Namen behalten. Ziel ist einzig und allein, dem Kunden bewußt zu machen, daß er von Baustoffen, über Sanitärbedarf bis zur Türgarnitur bei einem Unternehmen einkauft und bei jedem Vertreter einer Marke das restliche Angebot der Firma ebenfalls bestellen und nachordern kann bzw. per Mausklick im Internet.“

„Das scheint den einzelnen Marken aber nicht klar zu sein“, bemerkt die Leiterin und holt den Stellvertreter von Klaus nach vorne, „ich glaube, das mußt du ihnen noch etwas deutlicher machen.“ Sie stellt *Klaus* zwischen Marken und Kunden und führt die Vision ins Zentrum der Aufstellung.

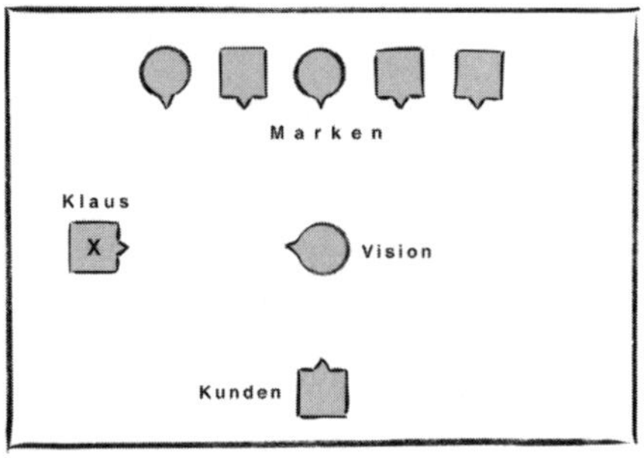

Kaum steht *Klaus* seiner Vision gegenüber, strahlen sich die beiden wie ein frisch verliebtes Paar an. Alle lachen, und sowohl die Marken als auch die Kunden scheinen mit einem Mal wie elektrisiert zu sein.

„Ich bin euer Chef, und ich habe eine Vision.“ *Klaus* weist zur Vision hinüber, als wolle er sie den Marken vorstellen. „Und diese Vision soll euch bei den Kunden als Teile eines Unternehmens bekannter machen und jedem einzelnen Nutzen bringen. Diese Vision bedeutet nicht, daß ihr eure Eigenständigkeit verliert oder aufgelöst werdet. Das war nie meine Absicht."

Klaus spricht mit ruhiger, aber sehr nachdrücklicher Stimme und macht immer wieder längere Pausen, in denen er die einzelnen Marken ernst und konzentriert mustert, so als ob er nachprüfen wolle, ob sie ihn wirklich verstanden hätten und ihm glauben. Die Stellvertreter der Marken schauen genauso konzentriert auf ihn. Einige scheinen seine Worte zu überzeugen, andere bleiben skeptisch. „Diese Vision soll zwischen euch und den Kunden eine breitere Basis schaffen, jeden von euch wettbewerbsfähiger machen und mehr große, internationale Aufträge bringen. An dem bestehenden System ändert sich dadurch nichts", setzt er hinzu.

Die Marken haben ihm aufmerksam zugehört, die meisten nicken jetzt zustimmend. Übereinstimmend versichern sie, daß die Vision jetzt klarer geworden ist und sie in ihr nun keine Bedrohung mehr sehen.

„Aber zwischen uns einzelnen Marken stimmt es noch nicht. Hier ist es unruhig, und ich stehe hier nicht am richtigen Platz", meldet eine Marke zurück. Daraufhin werden die Marken zunächst nach der Reihenfolge ihrer Gründung geordnet und aufgestellt. Das allein schafft allerdings noch keine Ruhe, da der Umsatz der einzelnen Marken und die Bedeutung, die sie dadurch für das Gesamtunternehmen haben, mit der zeitlichen Reihenfolge ihrer Gründung nicht übereinstimmen. Nach einigem Hin und Her und etlichen Versuchen findet jede einen Platz. Als sie sich dann noch im Halbrund aufstellen, so daß jede Marke die anderen sehen kann, und jede Marke den Feinabstand zwischen sich und den anderen ausjustiert hat, fühlen sich alle eigenständig und doch als Teile eines Unternehmens.

„Mir fehlt immer noch etwas ganz Entscheidendes." Der Stellvertreter einer Marke zeigt auf *Klaus* und die Vision: „Er ist so total auf seine

Vision und das Neue fixiert, daß er uns gar nicht sieht, und das ärgert mich. Ich werd' da ganz bockig." Die anderen Marken empfinden ähnlich, schließlich faßt eine es in Worte: „Ich will von ihm hören, daß wir auch bisher gute Leistungen erbracht haben. Mir fehlt hier noch die Wertschätzung."

Klaus reagiert betroffen: „Aber das tu' ich doch", sagt er und schaut beschwörend von einer Marke zur anderen, „ich schätze euch wirklich", wiederholt er. Die Marken bleiben skeptisch.

Erst als er jeder Marke versichert, „ich sehe dich als eigenständige Marke, und ich sehe, was du für das gesamte Unternehmen leistest. Ohne dich, ohne deinen Erfolg und deinen Umsatz in deinem speziellen Sektor wäre das Unternehmen nicht das, was es geworden ist. Meine Vision kann nur mit euch zusammen Wirklichkeit werden. Wenn ich das bisher nicht deutlich genug zum Ausdruck gebracht habe, dann tut mir das leid", entspannt sich die Situation merklich, und die einzelnen Marken wenden sich nun vorbehaltlos der Vision zu.

Diese wendet sich ebenfalls ganz den Marken zu, neigt ein wenig den Kopf und sagt: „Ohne eure Unterstützung und Loyalität bleibe ich einfach nur eine Vision von ihm." Sie deutet zu *Klaus* hinüber. „Nur mit euch zusammen kann ich Realität werden. Meine Aufgabe ist, euch zu dienen und zwischen euch und den Kunden zu vermitteln." Bei den letzten Worten dreht sie sich um und schaut jetzt die Kunden an.

Die Kunden nicken. „Wurde auch höchste Zeit, daß wir 'mal ins Blickfeld kommen. Ich steh die ganze Zeit ungeduldig hier 'rum und warte auf das Angebot", meldet der Stellvertreter der Kunden zurück. „Als die Vision in die Mitte kam, hat sich mein Interesse an ihr noch gesteigert. Aber je länger sie mit denen da hinten beschäftigt war, desto mehr hat mein Interesse nachgelassen. Wenn sie sich mir zuwendet, wird sie wieder interessant. Sie kommt mir wie ein Prisma vor. Alles was ich von den einzelnen Marken dort hinten brauche, läuft jetzt über sie, und das vereinfacht meine Arbeit und meinen Zeitaufwand enorm. Anstelle von fünf Ansprechpartnern steht mir jetzt einer gegenüber, der meine Bedürfnisse bündelt und weitergibt. Das gefällt mir." Die Kunden und die Vision lachen einander voller Begeisterung zu. Klaus, der draußen in der Teilnehmerrunde sitzt, freut sich.

Als er sich an seinen Platz in der Aufstellung stellt, steht er eine Weile schweigend dort und schaut aufmerksam in die Runde. „Mir wird so einiges klar", sagt er schließlich, „und ich glaube, es ist gar nicht schwer, es umzusetzen. Ich bekomme da ein paar neue Ideen ..." Er schmunzelt in sich hinein. „Vielen Dank", wendet er sich dann an die Stellvertreter, „das war sehr informativ und fruchtbar."

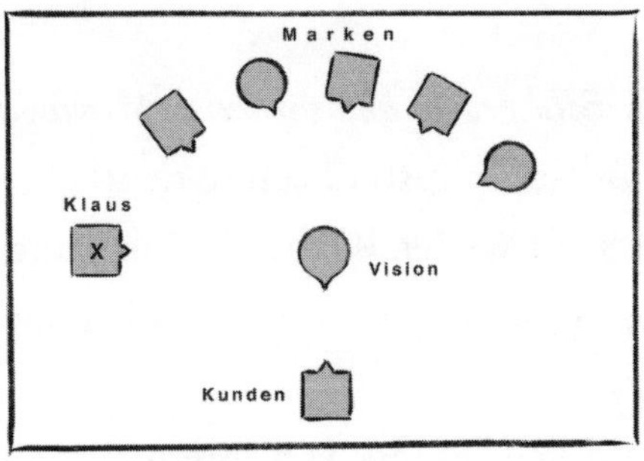

☞ *Erklärung der Aufstellung*

1. Anliegen und Auswahl relevanter Stellvertreter

Klaus wollte mit Hilfe der Aufstellung eine Frage klären, auf die er bisher keine Antwort gefunden hatte. Obwohl er von seiner Vision überzeugt war, konnte er die verantwortlichen Mitarbeiter der einzelnen Produktmarken nicht überzeugen und „ins gemeinsame Boot" kriegen.

„Ich möchte wissen, woran das liegt und was ich tun kann, damit es vorangeht“, lautete seine Fragestellung.

Seine Frage bezog sich nicht auf Schwierigkeiten mit einzelnen Marken und Mitarbeitern, sondern darauf, warum die verschiedenen Produktmarken seines Unternehmens nicht bereit waren, seine große Vision zu unterstützen.

Diesem vergleichsweise abstrakten Niveau entsprechend, wurden aufgestellt:

– Er selbst als Unternehmer,
– seine Vision,
– je ein Stellvertreter für die fünf Markenbereiche
– die Kunden.

2. Bildsprache und vermutete Störungen

Schon das erste Aufstellungsbild zeigte deutlich, worin die Hauptursache des Problems lag: Weder Klaus als Chef und Initiator, noch die Vision waren für die Marken sichtbar und als Brennpunkt der Aufmerksamkeit vorhanden.

- Keine der fünf Marken konnte von ihrem Platz aus die Vision sehen und eine Verbindung zu ihr herstellen. Sie wandten ihr entweder den Rücken zu oder blickten an ihr vorbei in den leeren Raum. Die Vision selbst stand etwas außerhalb, mit dem Rücken zu allen übrigen Stellvertretern, und schaute ebenfalls aus dem Bild hinaus. Nur Klaus hatte die Kunden und die Vision im Blick. Allerdings trennten ihn die Marken wie eine Mauer sowohl von seiner Vision als auch den Kunden.
- Die einzelnen Marken hatten weder ihren Chef als den Führenden noch die Kunden im Blick. Auch untereinander bestand kein Kontakt. Der einzige Hinweis auf eine verbindende Gemeinsamkeit war

ihre Nähe zueinander und die Linie, in der sie standen.
Wie das Bild zeigte, war es Klaus nicht gelungen, seine Vision und den Gewinn, den sie dem ganzen Unternehmen bringen sollte, zu vermitteln und als gemeinsames Ziel für alle sichtbar zu machen.

- Die Befragung brachte ans Licht, daß die einzelnen Marken sich als eigenständige Firmen betrachteten und nicht als Teile eines Unternehmens. Alle befürchteten, die Vision würde ihre Eigenständigkeit beschneiden oder sogar auflösen. Für sie war die Vision daher eine Bedrohung und kein erstrebenswertes Ziel.
- Innerhalb der Marken herrschte Unruhe, da unter ihnen weder eine zeitliche noch eine umsatzorientierte Ordnung bestand, die ihnen den jeweils angemessenen Platz im Unternehmen sicherte. In einer Linie stehend, konnten sie sich nicht als Teile eines Gesamtsystems erkennen, weil sie untereinander keinen Kontakt hatten, und gleichzeitig fühlten sie sich in ihrer Eigenständigkeit durch die zu große Nähe untereinander bedroht.
- Klaus' Begeisterung für seine Vision rief bei den Marken Unmut hervor. „Er ist so auf seine Vision und das Neue fixiert, daß er uns gar nicht mehr sieht, und das ärgert mich. Ich werde da ganz bockig", bringt es eine Marke auf den Punkt. „Ich will von ihm hören, daß wir auch bisher gute Leistungen erbracht haben und daß er das schätzt", sagt eine andere. Hier fehlte die Würdigung.
- Die Kunden sind zwar an der Vision sehr interessiert, durch die firmeninternen Störungen aber aus dem Blickfeld geraten.

3. Lösung

Der erste wichtige Schritt in Richtung Lösung bestand darin, Blickkontakt zwischen den beteiligten Positionen herzustellen. Schnell kristallisierte sich daraufhin heraus, worin die Störungen im Einzelnen lagen.

- Erst als Klaus seinen Platz als „Kopf“ des Unternehmens einnahm und er und seine Vision für die Marken sichtbar wurden, weckte er ihr Interesse.
  Die mißtrauische Haltung der Vision gegenüber legte sich jedoch erst, nachdem er den Marken glaubhaft versicherte: „Diese Vision soll euch bei den Kunden als Teile eines Unternehmens bekannter machen und jedem einzelnen Nutzen bringen. Sie bedeutet nicht, daß ihr eure Eigenständigkeit verliert oder aufgelöst werdet. Sie soll zwischen euch und den Kunden eine breitere Basis schaffen, jede von euch wettbewerbsfähiger machen und große, internationale Aufträge bringen. Am bestehenden System ändert sich dadurch nichts.“
- Das allein reichte jedoch noch nicht aus, um die Unruhe unter den Marken zu lösen und sie für die Vision zu begeistern. Als nächsten Schritt mußte Klaus die einzelnen Marken in eine Rangfolge bringen, die ihre zeitliche Abfolge bzw. Bedeutung innerhalb des Unternehmens widerspiegelte. Da einige Marken zeitlich länger bestanden und damit ältere Rechte in Anspruch nehmen konnten, anderen aber allein durch ihre Größe und den entsprechenden Umsatz größere Bedeutung zukam, war die Abfolge nicht einfach festzulegen. Durch Ausprobieren und Umstellungen fand schließlich jede Marke den ihr gemäßen Platz innerhalb des Unternehmens.
- Danach gruppierten sich die Marken in einem offenen Halbrund, so daß alle Marken sowohl ihren Chef und die Vision im Blick hatten, als auch sich selbst als zusammengehörige Unternehmensteile erkannten. Damit die Systemgrenzen der einzelnen Marken bei aller Gemeinsamkeit erhalten blieb, und um ihre auch zukünftig weiterbestehende Eigenständigkeit zu symbolisieren, justierten sie den Abstand zwischen sich sorgfältig aus.

- Ihre Zustimmung für seine Vision gewann Klaus allerdings erst, nachdem er jeder Marke seine Anerkennung für das bisher Geleistete entgegengebracht hatte. „Ich sehe, was ihr für das gesamte Unternehmen leistet. Ohne euren Einsatz und euren Umsatz in eurem speziellen Sektor kann meine Vision nicht Wirklichkeit werden. Wenn ich das bisher nicht deutlich genug zum Ausdruck gebracht habe, dann tut mir das leid."
- Die Vision im Zentrum, zwischen sich und den einzelnen Produktmarken, erleben die Kunden als große Bereicherung. „Alles, was ich von den einzelnen Marken brauche, läuft jetzt über einen Ansprechpartner, das erleichtert meine Arbeit und reduziert meinen Zeitaufwand enorm. Das gefällt mir, und das nehme ich gern an", meldeten sie zurück.

Ich halte mich da raus

Im systemischen Sprachgebrauch versteht man unter einer Triangulierung (Dreiecksbildung) eine Situation, in der zwei vorgeordnete Personen eine dritte, schwächere Person in ihr Problem miteinbeziehen. Für viele Menschen ist diese Situation Teil ihrer Kindheit gewesen. Fast immer, wenn Eltern in einem offenen oder verdeckten Konflikt miteinander leben, versuchen sie die Sympathie und Zustimmung des Kindes gegen den anderen zu gewinnen – mit schlimmen Folgen für das Kind. Denn fast zwangsläufig geraten die Kinder dadurch in einen schweren Loyalitätskonflikt zwischen ihren beiden wichtigsten Bezugspersonen. Dem einen Elternteil zuzustimmen und Unterstützung zu gewähren, wird vom Kind wie Verrat am anderen Elternteil erlebt und drängt nach Ausgleich. Kinder wählen dann häufig den Ausweg, vordergründig dem einen zuzustimmen und heimlich dem anderen treu zu bleiben, indem sie z.B. ähnliche Verhaltensweisen übernehmen (siehe auch Fallbeispiel Thomas, S. 155).

Oder sie werden zu kleinen Friedensbotschaftern, die unablässig von einem zum anderen eilen und zu vermitteln suchen. So früh und meist mühsam erworbene diplomatische Fähigkeiten werden auch im Erwachsenenalter nicht einfach fallengelassen. Ganz im Gegenteil: Ein sicheres Gespür für unter der Oberfläche schwelende Konflikte, gepaart mit dem fast unwiderstehlichen Wunsch, Frieden zu stiften, verwickelt Menschen mit diesem Muster ständig in die Probleme anderer Menschen.

Die systemisch richtige und wirksamste Lösung besteht einfach darin, sich abzugrenzen und aus dem Streit herauszuhalten. Das mag am Anfang für einige etwas ungewohnt sein, vielleicht weil sie aus ihrem Diplomatenstatus eine Art Lebensinhalt gemacht haben. Vielleicht, weil sie Einfluß und Macht ihrer Position genießen und sich ohne das Bündnis mit einem Vorgesetzten plötzlich unbedeutend, leer und nutzlos fühlen. In der Regel geht dieser Zustand bald vorüber und weicht einer großen Erleichterung.

Beispiel

Die Aufstellung von Max ist ein typisches Beispiel dafür, wie sich hierarchieübergreifende Bündnisse auswirken. Max wechselte vor einem halben Jahr den Arbeitsplatz. Zunächst schien die neue Stelle seinen Erwartungen zu entsprechen, aber inzwischen lastet ein gewaltiger Arbeitsdruck auf ihm. Er arbeitet oft bis zu zwölf Stunden, und an manchen Tagen fühlt er eine so „bleierne Müdigkeit", daß er sich nur schlecht auf die Arbeit konzentrieren kann.

Hinzu kommt, daß zwischen seiner Chefin und dem Vorstand „kalter Krieg" herrscht. Empört berichtet er über die Angriffe seitens des Vorstandes auf seine Chefin und das unbeteiligte Verhalten des Personalchefs. Niedergeschlagen und hilflos stellt er zum Schluß fest, daß er nicht weiß, wie er sich verhalten soll, wenn seine Chefin ihn als Vertrauten in ihre Probleme einweiht: „Meine Chefin erzählt mir ständig ihre neuesten Probleme mit dem Vorstand, und wenn mir jemand sagt: „Ich habe ein Problem", springe ich sofort auf und will helfen, das war schon immer so. Meine jetzige Chefin wird vom Vorstand richtig geknüppelt, und der Personalleiter deckt sie nicht. Ich fühle mich als Vertrauter meiner Chefin äußerst unwohl, weiß aber nicht, was ich tun soll."

Max wird gebeten, je einen Stellvertreter für den Vorstand, für den Personalleiter, seine Chefin und sich selbst auszusuchen und aufzustellen.

Um besser unterscheiden zu können, wann der Auftraggeber spricht oder gemeint ist und wann der Stellvertreter redet, wird der Name des STELLVERTRETERS immer kursiv gedruckt (z.B. *Klaus*), während der AUFTRAGGEBER dem normalen Schriftbild folgt (Klaus).

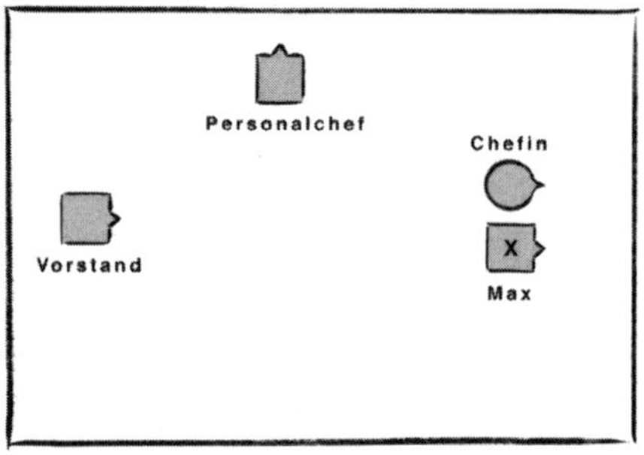

Die ersten Rückmeldungen der Stellvertreter ergeben, daß der Vorstand die Anordnung als sehr unangenehm empfindet, da seine Mitarbeiter ihm den Rücken zuwenden. Er kann sie zwar alle sehen, hat aber keinen Kontakt zu ihnen. Der Personalleiter und die Chefin von Max sind sehr unruhig, weil ihnen etwas im Nacken sitzt, das sie nicht sehen können. *Max* fühlt sich zwar zu seiner Chefin hingezogen, steht für sein Gefühl aber viel zu nahe bei ihr. „Außer meiner Chefin sehe ich gar nichts", sagt er. „Und das hinter mir macht mir Angst. Ich würde gern wissen, was da ist."

Die Aufstellungsleiterin dreht in einem ersten Schritt die drei Mitarbeiter um, so daß jetzt jeder jeden sehen kann. Vorstand und Personalchef fühlen sich daraufhin wesentlich besser und nicken zufrieden. Max' Chefin schaut sich unsicher um, und bittet dann darum, ein paar Schritte zurückgehen zu dürfen. Sie braucht mehr Abstand zu Vorstand und Personalleiter: „Ich muß aus deren Einflußbereich raus", sagt sie. Schließlich bleibt sie ein ganzes Stück hinter *Max* stehen.

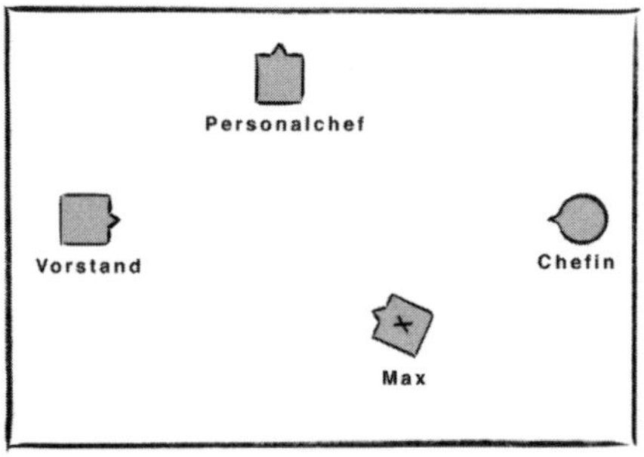

Daraufhin sieht sich *Max* verwirrt um und sagt: „Ich weiß im Moment überhaupt nicht, wer mein Chef ist." Nach einer Weile: „Außerdem stehe ich hier viel zu weit vorne und im Brennpunkt der Aufmerksamkeit aller, hier gehöre ich nicht hin." Aufgefordert, ein Stück zurückzugehen, bleibt er neben seiner Chefin stehen, und beide wenden sich automatisch einander zu und lächeln sich an.

Noch einmal verändert die Aufstellungsleiterin die Aufstellung. Sie stellt den Vorstand ein ganzes Stück nach hinten und den Personalleiter näher zu *Max* und seiner Chefin. Die wirkt sichtlich erleichtert, atmet einmal tief auf und meint: „Jetzt habe ich festeren Boden unter den Füßen und meine Position wird klarer. Der Abstand zum Vorstand entlastet mich, und der Personalchef neben mir beruhigt mich." *Max* stimmt ihr spontan nickend zu, sagt dann aber: „Ich weiß trotzdem nicht so recht, was ich hier soll. Ich fühle mich hier neben der Chefin durchaus wohl, so ist es nicht. Irgendwie ist es vertraut", er zuckt verlegen mit den Schultern, „und gleichzeitig ist es unheimlich schwer."

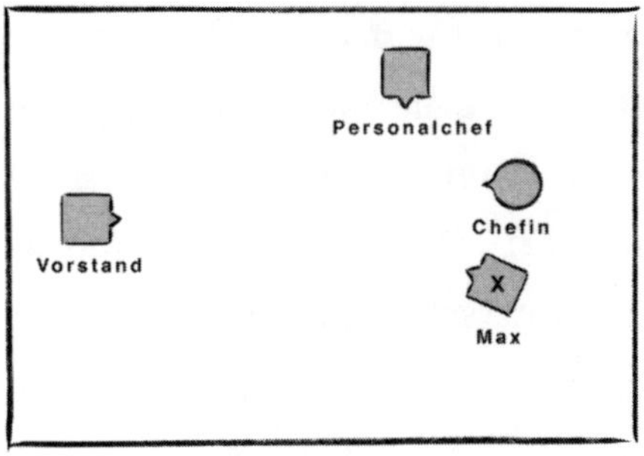

Als Max aufgefordert wird, sich in der Aufstellung an seinen Platz zu stellen, schaut er eine Weile immer wieder von einem zum anderen. Auch von außen ist zu erkennen, daß ihm viele Gedanken und Fragen durch den Kopf gehen. „Mir wird jetzt klarer, was hier los ist“, sagt er nach einer Weile, „ich soll meine Chefin im Unternehmen halten. Es ist nämlich so, daß mein Vorgänger so gut war, daß der Vorstand ihn haben wollte und schließlich auch bekommen hat. Als Ersatz für ihn bin ich eingestellt worden. Die Chefin ist damals so sauer geworden, daß sie eigentlich kündigen wollte, weil ihr die Arbeit zuviel wurde. Mein Eindruck ist, daß ich jetzt mit ihrer Arbeit zugeschüttet werde, um sie zu entlasten.“

Der Vorstand und die Chefin nicken bestätigend. Max wird nun aufgefordert den Vorstand anzuschauen und zu ihm zu sagen: „Mit deiner Entscheidung, meinen Vorgänger abzuwerben, habe ich nichts zu tun. Ich laß’ das ganz bei dir.“ Max wiederholt den Satz und nickt, schaut dann aber fast entschuldigend seine Chefin an.

Während er ihr in die Augen schaut, sagt er zu ihr: „Ich habe mit der Entscheidung des Vorstands, deinen Mitarbeiter zu sich zu holen, nichts zu tun. Ich kann das auch nicht wiedergutmachen oder ausgleichen. Ich halte mich da raus.“ Die Chefin stimmt ihm zu: „Ja, stimmt, damit hast du nichts zu tun“, erwidert sie, „und wenn du dich aus unserem Streit raushältst, ist das für mich in Ordnung.“

Für den Personalleiter ist die Sache damit erledigt: „Für mich hat sie jetzt an Gewicht gewonnen.“ Der Vorstand sieht das völlig anders. Leicht verächtlich sagt er: „Deren Problem interessiert mich überhaupt nicht. Sie ist für mich eine schwache Frau. Meine Aufmerksamkeit gilt eher dem Mitarbeiter als seiner Chefin. Da ist viel Potential, das ich nutzen kann. “

Auf Nachfrage der Aufstellungsleiterin bestätigt Max diese Aussage des Vorstands. Vor kurzem ist er von ihm mit einer besonderen Aufgabe betraut worden. Trotz des zusätzlichen Arbeitspensums fühlt Max sich dadurch geehrt. Er lächelt sichtlich stolz, als er davon erzählt. „Gehört das zu deinem Aufgabengebiet?“ fragt die Aufstellungsleiterin, und als

Max nickt, fährt sie fort: „Dann ist es ja gut. Es sieht fast so aus, als ob du der nächste Anwärter für einen Job beim Vorstand wärst. Wenn du dich bewährst und immer besser wirst..." Max schaut zum Vorstand hinüber, der mit einer einladenden Bewegung seiner Hände und einem wohlwollenden Lächeln reagiert.

„Also, ich fühl mich jetzt von allen verraten und verlassen", mischt sich Max' Chefin ein. Ihre Stimme klingt bedrückt, ihre ganze Haltung und ihr Gesichtsausdruck wirken resigniert. Max starrt eine Weile wortlos auf den Boden. „Jetzt hab' ich ein äußerst schlechtes Gewissen meiner Chefin gegenüber", sagt er schließlich. „Ich würde ihr so gerne helfen, aber ich weiß nicht wie. Ich fühle mich so hilflos, und mein Hals ist wie zugeschnürt."

„Was passiert, wenn du deine Chefin anschaust?" Max schaut zögernd zu ihr hinüber. „Ich denke an meine Mutter." Seine Stimme ist jetzt sehr leise, und ganz offensichtlich ist er tief bewegt. Hinter Max' Chefin wird eine weitere Frau gestellt. Dann wird die Chefin zur Seite gezogen, und als Max seine Mutter sieht, reagiert er sehr gefühlsbetont. Die Aufstellungsleiterin stellt neben die Mutter einen Mann, seinen Vater.

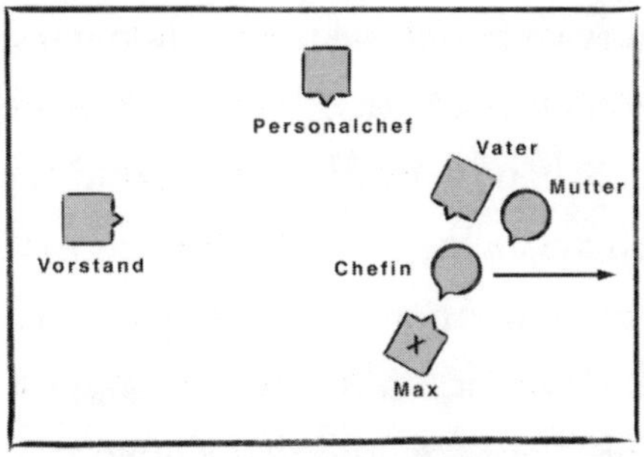

Später erzählte Max, wie er diese Situation erlebte. „Als hinter meiner Chefin meine Eltern auftauchten, begann in mir ein Sturm aus widerstreitenden Gefühlen zu toben. Genauso wie meine Chefin hat sich meine

Mutter auch immer so hilflos und verraten gefühlt, zumindest habe ich das so empfunden. In der Aufstellung standen meine Eltern stumm und kalt nebeneinander, beide wollten nicht viel miteinander zu tun haben. Wenigstens darin stimmten sie überein. Was hatte ich als Kind nicht alles versucht, um die Eiseskälte zwischen den beiden zum Schmelzen zu bringen, immer vergeblich. Schließlich schlug ich mich auf die Seite meiner Mutter. Sie brauchte meine Hilfe entschieden nötiger als mein Vater."

In der Aufstellung schaut Max seine Eltern mit großen Augen an, und die Aufstellungsleiterin fordert den Vater auf zu sagen: „Ich bin dein Vater und hier neben mir steht meine Frau, deine Mutter. Für die Probleme, die deine Mutter und ich miteinander haben, sind wir selbst zuständig, nicht du. Du bist nur ein Kind und kannst dafür nicht zuständig sein. Und wenn wir dich da reingezogen haben, dann tut mir das leid." Die Mutter nickt und sagt: „Ich stimme deinem Vater zu", sagt sie, „unsere Probleme kannst du nicht lösen. Du kannst da gar nichts machen. Halt dich da raus."

Max schluckt und sagt dann in Richtung der Aufstellungsleiterin: „Einerseits bin ich erleichtert, aber ein anderer Teil von mir glaubt ihnen kein Wort. Ohne meine Hilfe wird sich meine Mutter nie durchsetzen, und aus ihren Streitereien halten sie mich schon gar nicht raus."

„Ich glaube, hier fehlt noch was." Die Leiterin legt ihm einen Aktenkoffer in die Arme. „Schau deine Mutter an, und sag zu ihr: Mama, aus Liebe zu dir habe ich versucht, es dir leichter zu machen, und einen Teil deiner Last übernommen. Aber es ist nicht meine, sondern deine. Ich geb dir zurück, was deins ist." Mit leiser, zittriger Stimme spricht Max die Sätze nach und übergibt zögernd den Koffer.

„Na, das war noch nicht sehr überzeugend." Die Leiterin reicht Max den Koffer wieder zurück. „Sag es nochmal mit kräftiger, normaler Stimme, und dann gib deiner Mutter die übernommene Last wirklich zurück. Probeweise. Du kannst es dir danach immer noch anders überlegen und dir das Päckchen wieder holen."

Im zweiten Anlauf gibt Max den Koffer tatsächlich an seine Mutter zurück. Er lächelt erleichtert und tritt schnell einen Schritt zurück, als hätte er Angst, der Koffer könnte zu ihm zurückspringen. Alle lachen. Nach einer Weile sagt er: „Ich hatte Angst sie bricht zusammen, aber irgendwie sieht sie sogar größer aus. Aber vielleicht bin ich auch kleiner geworden."

Bevor er sich einen weiteren Schritt zurückzieht, sagt er zu seinen Eltern: „Ich kann da gar nichts machen. Ich lasse das ganz bei euch und ziehe mich jetzt zurück."

Langsam geht er rückwärts und bleibt erst in ungefähr zwei Meter Entfernung stehen. Er schaut noch einmal aufmerksam zu seinen Eltern hinüber und sagt dann verstehend: „Das ist eine gute Entfernung. Nah genug, um Kontakt zu haben, aber weit genug entfernt, um mich nicht in ihre Streitigkeiten verwickeln zu lassen."

„O.k., kommen wir zur Firma zurück", sagt die Aufstellungsleiterin, rückt Max' Eltern ein ganzes Stück zur Seite und stellt die Chefin wieder Max gegenüber. Dazu aufgefordert sagt er dann zu ihr: „Du bist meine Chefin und nicht meine Mutter. Dort drüben steht meine Mutter. Ihr beide habt nichts miteinander zu tun. Ihr seid zwei völlig verschiedene Personen." Er blickt mehrmals von seiner Mutter zu seiner Chefin, grinst dann und meint: „Hey, das stimmt ja. Ich habe mit ihr persönlich gar nichts zu tun. Sie ist nur meine Chefin." Und dann spricht er der Aufstellungsleiterin nach: „Ich sehe, daß du in der Firma einen schweren Stand hast, aber das ist dein Problem, nicht meins. Ich kann da gar nichts machen. Du bist meine Chefin, und aus deinem Konflikt mit dem Vorstand halte mich ab jetzt ganz raus." Spontan ergänzt er: „Ich bin auch nicht dein Vertrauter. Deine Probleme mit dem Vorstand gehen mich nichts an, und ich will davon auch nichts hören. Ich will da nicht reingezogen werden.“

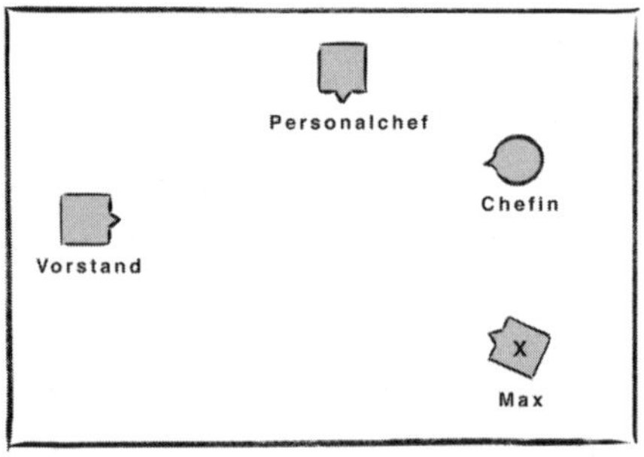

Monate später erzählt Max: „Ich meinte jedes Wort so, wie ich es sagte. Weder in die Streitereien meiner Eltern, noch in die zwischen Vorstand und meiner Chefin werde ich mich jemals wieder hineinziehen lassen. Zum erstenmal konnte ich jeden Einzelnen ansehen, ohne entweder dem einen oder dem anderen gegenüber ein schlechtes Gewissen zu haben. Es waren eindeutig ihre Probleme und – ab jetzt – nicht mehr meine. Ich habe nie mit meinen Eltern oder Vorgesetzten darüber gesprochen. Aber wann immer in den nächsten Wochen und Monaten meine Eltern oder meine Chefin versuchten, mich auf die eine oder andere Weise in ihre Streitigkeiten hineinzuziehen, schrillte in mir eine Alarmglokke, und ich sagte mir innerlich: Das ist nicht mein Problem, damit habe ich nichts zu tun. Ich halte mich da raus. Erstaunlicherweise versuchen sie immer seltener, mich in ihre Probleme hineinzuziehen.“

☞ *Erklärung der Aufstellung*

1. Anliegen und Auswahl relevanter Stellvertreter

Max' Arbeitssituation war gekennzeichnet von anhaltender Arbeitsbelastung und dem bedrückenden Gefühl, seine Chefin in ihrem Konflikt mit dem Vorstand unterstützen zu müssen. Diese Unterstützung erwartete er eigentlich vom Leiter der Personalabteilung. Seine Frage an die Aufstellung lautete: „Was kann ich tun, um meine Arbeitssituation zu verbessern?"

Dem Anliegen entsprechend wurden daraufhin die an der Situation direkt beteiligten Personen ausgewählt:

- Der Vorstand,
- der Personalchef, zuständig für Max und seine Chefin,
- die Chefin von Max
- Max selbst.

Später:

- Sein Vater und
- seine Mutter.

2. Bildsprache und vermutete Störungen

Das erste Aufstellungsbild zeigte, wie Max die Situation empfand:

- Der Vorstand hatte zwar alle Mitarbeiter im Blick, die aber standen mit dem Rücken zu ihm und schauten aus der Aufstellung hinaus. Alle drei fühlten sich zudem unruhig oder unsicher, weil sie nicht sehen konnten, was „hinter ihrem Rücken" vorging. Die Vermutung war, daß in der Beziehung etwas vorging, das aber nicht offen ausgesprochen wurde.
- Max stand im ersten Aufstellungsbild sehr nah bei seiner Chefin. Ei-

nerseits fühlte er sich zu ihr hingezogen, andererseits war es ihm doch zu nah. „Außer meiner Chefin sehe ich gar nichts", sagte er und beschrieb damit eine Beziehung, die eindeutig über ein reines Arbeitsverhältnis hinausgeht. Hier galt es, etwas genauer hinzuschauen.

Die weitere Aufstellung bestätigte die ersten Vermutungen:

- Der Vorstand war offensichtlich ein zweites Mal dabei, einen Mitarbeiter der Chefin abzuziehen. Max hatte bereits einen besonderen Auftrag von ihm erhalten, der zwar in sein Aufgabengebiet fiel, aber nicht mit dem Einverständnis von Max' Chefin zustande gekommen war. Die Absicht des Vorstands wurde klar, als er sagte: „Deren Problem interessiert mich überhaupt nicht. Sie ist für mich eine schwache Frau. Meine Aufmerksamkeit gilt eher dem Mitarbeiter als seiner Chefin. Da ist viel Potential, das ich nutzen kann." Damit stand Max zwischen den Fronten und wurde in einen Konflikt hineingezogen, mit dem er eigentlich gar nichts zu tun hatte.
- Seine Reaktion auf diesen Loyalitätskonflikt überstieg aber das normale Maß. Als seine Chefin sagte: „Also, ich fühle mich jetzt von allen verraten und verlassen", überreagierte Max: „Jetzt hab' ich ein äußerst schlechtes Gewissen meiner Chefin gegenüber. Ich würde ihr so gerne helfen, aber ich weiß nicht wie. Ich fühle mich so hilflos, und mein Hals ist wie zugeschnürt." Diese Reaktion ist einem Arbeitsverhältnis zwischen Chefin und Mitarbeiter nicht angemessen. Nicht einmal dann, wenn Max sich vom Vorstand abwerben ließe und die Abteilung seiner Chefin verlassen würde. Es ist also die Frage, ob sich Max wirklich seiner Chefin gegenüber so hilflos fühlt oder einer anderen Person gegenüber.

3. Lösung

- Wenn untergebene Mitarbeiter in den Konflikt ihrer Vorgesetzten hineingezogen werden, genügt meist eine klare Abgrenzung durch bewußt ausgesprochene Sätze wie: „Mit dieser Entscheidung (Problem, Streit, etc.) habe ich nichts zu tun. Ich halte mich da raus." Der erste Versuch, Max aus dem Konflikt zwischen Vorstand und Chefin herauszuziehen scheiterte. Obwohl er auf der bewußten Ebene wußte, daß er mit der Abwerbung seines Vorgängers durch den Vorstand nichts zu tun hatte, und obwohl er erkannte, daß er in gewisser Weise benutzt wurde, nahm er innerlich weiter Partei für seine Chefin.
- Diese Gefühle hatte Max eigentlich einer anderen Person gegenüber – seiner Mutter. In kindlicher Liebe hatte Max versucht, in die ehelichen Schwierigkeiten seiner Eltern einzugreifen. Indem er seiner Mutter einen Teil ihres Leidens abnahm, hoffte er, sie zu unterstützen und zu stärken. Sobald er bei seiner Chefin eine ähnlich hilflose Reaktion auf einen Konflikt spürte, fiel er in die kindliche Rolle zurück und versuchte auch, ihr etwas abzunehmen. Die Lösung für Max bestand darin, seiner Mutter zurückzugeben, was er von ihr übernommen hatte: „Mama, aus Liebe zu dir habe ich versucht, es dir leichter zu machen, und einen Teil deiner Last übernommen. Aber es ist nicht meine, sondern deine. Ich geb' dir zurück, was deines ist." So konnte er sich endgültig und ohne schlechtes Gewissen aus der Auseinandersetzung seiner Eltern heraushalten.
- Auf diese Weise wurde einerseits die Doppelbelichtung von Chefin und Mutter aufgelöst, und andererseits das Verhaltensmuster unterbrochen, sofort einzuspringen, wenn jemand Hilfe braucht. Damit konnte die Abgrenzung gegenüber Vorstand und Chefin gelingen: „Ich sehe, daß du in der Firma einen schweren Stand hast. Aber das

ist dein Problem, nicht meins. Ich kann da gar nichts machen und halte mich ab jetzt ganz raus."

Ich soll den Laden umkrempeln, aber ...

Führung von hinten

Viele gut ausgebildete und hochmotivierte Mitarbeiter übernehmen neue (Führungs-)Aufgaben mit dem erklärten Ziel, frischen Wind und modernere Strategien in Unternehmen, Abteilungen oder Projekte einzubringen. Zu ihrer Überraschung greifen ihre Kollegen und Mitarbeiter ihre innovativen Ideen nur selten begeistert auf. Viel öfter sehen sich die „Erneuerer" gegen eine unsichtbare Wand rennen, die sie sich weder erklären und noch weniger abbauen können.

Aufstellungen bringen hier, neben den systemischen Gesetzmäßigkeiten, viele nützliche Informationen ans Licht und offenbaren typische Störquellen, die gelöst werden müssen, damit Altes und Neues sich nicht bekämpfen, sondern sich gegenseitig ergänzen und voranbringen.

Beispiel

Auch Karin aus dem folgenden Aufstellungsbeispiel ist hochqualifiziert. Bereits während ihres Studiums hat sie im In- und Ausland Erfahrungen gesammelt und danach einige Jahre in Amerika gearbeitet. Vor neun Monaten hat sie die Stelle als Abteilungsleiterin für Produktentwicklung in einem deutschen Unternehmen angetreten. Nach ihrem Verständnis sollte sie mehr Internationalität und frischen Wind ins Unternehmen bringen. Trotz ihrer Bemühungen, ihrer Erfahrung und all der guten Ideen ist es ihr bisher nicht gelungen, ihren direkten Vorgesetzten, den größten Teil der sechs Abteilungsleiter-Kollegen und ihre

---

Um besser unterscheiden zu können, wann der Auftraggeber spricht oder gemeint ist und wann der Stellvertreter redet, wird der Name des STELLVERTRETERS immer kursiv gedruckt (z.B. *Klaus*), während der AUFTRAGGEBER dem normalen Schriftbild folgt (Klaus).

vierzig Mitarbeiter für sich zu gewinnen und tatsächlich Fortschritte auf dem Weg zu mehr Internationalität zu erzielen. Nur eine kleine Gruppe von Mitarbeitern und ein Abteilungsleiter unterstützen ihre Arbeit, die anderen verhalten sich entweder gleichgültig oder beziehen eindeutig Position dagegen.

Leistungsdruck und die zunehmenden Spannungen zwischen ihr, ihrem Vorgesetzten, den Widersachern und Mitarbeitern belasten Karin enorm. Durch die Aufstellung hofft sie, die Ursache ihrer Schwierigkeiten besser verstehen zu können und nach Möglichkeit eine Lösung zu finden.

„Was kann ich tun, um zu meinem Chef, meinen Kollegen und Mitarbeitern ein produktives Verhältnis herzustellen?" formuliert sie ihr Anliegen.

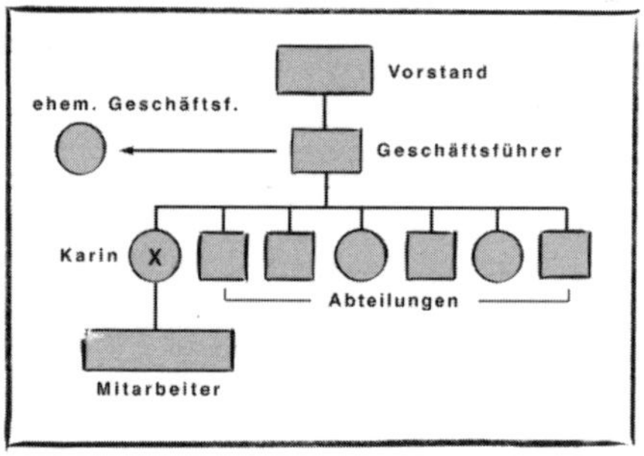

Nachdem das obenstehende Organigramm einen ersten Überblick verschafft hat, soll Karin je einen Stellvertreter/in für den Geschäftsführer, sich selbst, die Pro- und Contra-Fraktionen ihrer Abteilungsleiter-Kollegen und ihrer Mitarbeiter aussuchen und aufstellen.

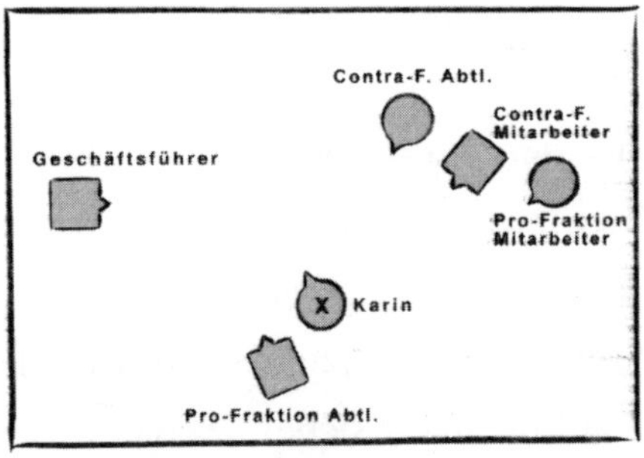

In der ersten Befragungsrunde zeigt sich, daß Karins Chef, der Geschäftsführer, seine Mitarbeiter nur am Rande wahrnimmt und großen Wert auf Abstand legt. „Solange sie nicht persönlich werden oder zu nahe kommen und mich nicht mit ihren Problemen behelligen, laß' ich sie in Ruhe", sagt er zu Beginn der Aufstellung. Später droht er: „Solange die ihre Arbeit gut machen und ich mich raushalten kann, bin ich friedlich. Aber wenn ich mich da einmischen muß, entsteht ein ungeheures Gefühl von Macht. Die ist scharf und nicht gerade wohlwollend."

Karin spürt eine schwere Last auf ihren Schultern. „Ich stehe hier wie gefesselt, dabei zieht es mich eigentlich in die Richtung, irgendwo da raus." Sie zeigt mit einem sehnsüchtigen, leicht verschleierten Blick vor sich in den offenen Raum und seufzt leise. Alle im Raum brechen daraufhin in Lachen aus. Als es wieder still geworden ist, weist *Karin* hinter sich und fährt fort. „Den hinter mir nehme ich kaum wahr, und die Contra-Fraktion macht mich unruhig und unsicher. Und mein Chef", sie schaut kurz zu ihm hinüber, „macht mir Angst. Ich bin sehr nervös und stehe unter einer enormen Spannung."

Die Stellvertreterin der Abteilungsleiter-Contra-Fraktion zeigt sich sehr besorgt. „Ich befürchte, wenn sich hier nicht bald etwas tut, dann geht das, was sie macht", sie zeigt auf *Karin*, „in die falsche Richtung. Der Geschäftsführer kriegt doch gar nicht mit, was hier schiefläuft.

Wenn wir das weiterlaufen lassen, habe ich große Bedenken, wie das hier gut weitergehen soll."

Der Stellvertreter der Mitarbeiter-Contra-Fraktion an ihrer Seite stimmt ihr zu; auch er macht sich Sorgen um die Effizienz ihrer Arbeit. Auf *Karin* zeigend fügt er hinzu: „Die hat doch gar keinen Kontakt zu uns und will nur ihre Sache durchziehen. Von ihr geht ein ungeheurer Druck aus, und ich bin mir nicht sicher, ob das wirklich was mit der Arbeit hier zu tun hat. Auf mich wirkt das eher so, als ob das etwas Persönliches ist. Wir arbeiten hier schon viel länger und sind immer erfolgreich gewesen, und es hat gut funktioniert. Jedenfalls viel besser als jetzt", fügt er mit einer wegwerfenden Handbewegung hinzu.

Seine Kollegin, die die Pro-Fraktion der Mitarbeiter vertritt, fühlt sich viel zu nahe bei den beiden stehend, empfindet sie aber gleichzeitig als Sicherheit. „Ich fühle mich nicht wohl, ich bin hin- und hergerissen. Aber hier bin ich auf der sicheren Seite, und das ist mir wichtiger als sie dort drüben", sie weist mit einer Kopfbewegung zu *Karin* hinüber. „Ich mag sie gern, aber was ihre Absicht ist, interessiert mich eigentlich nicht, und wenn ich mich entscheiden müßte, dann würde ich auf jeden Fall hierbleiben."

Der Abteilungsleiter der Pro-Fraktion hinter *Karin* kämpft mit gemischten Gefühlen. Einerseits tut Karin ihm leid, und er möchte sie gern unterstützen, andererseits beschleicht ihn ein mulmiges Gefühl. „Ich bin unruhig und denke die ganze Zeit, hoffentlich macht sie nichts Falsches. Uns geht´s hier doch ganz gut. Wir haben einen ruhigen Job, und alles geht gut eingespielt seinen Gang. Ich will eigentlich keine Veränderung, und sie muß aufpassen, daß sie hier nicht noch mehr Unruhe stiftet."

„Hast du eine Idee, warum du eine solche Unruhe da reinbringst? Sind deine Inhalte so brisant? Einerseits haben sie dich ja ins Unternehmen geholt. Gleichzeitig scheinst du große Unruhe auszulösen." Karin, die die Aufstellung von außerhalb aufmerksam beobachtet hat, nickt. „Die wollen alle keine Veränderung. Ursprünglich bin ich geholt worden, um mehr Internationalität ins Unternehmen zu bringen, neue Dinge anzuschieben und den Laden umzukrempeln. Die Aufgabe hat mich gereizt, und deshalb habe ich zugesagt Aber einige Monate nach meiner Einstellung ist die damalige Geschäftsführerin, die mich dafür eingestellt hat, in eine ausländische Niederlassung gegangen. Ich fühle mich dieser Idee von Internationalität einfach verpflichtet. Aber die anderen schütten jede Menge Sand ins Getriebe, und meine ganzen Bemühungen verpuffen wirkungslos." Karin zuckt hilflos mit den Schultern.

Aufgrund dieser zusätzlichen Information soll Karin eine Stellvertreterin für die ehemalige Geschäftsführerin aussuchen. Karin stellt sie seitlich neben den Geschäftsführer. Ihre Stellvertreterin steht der ehemaligen Chefin jetzt direkt gegenüber.

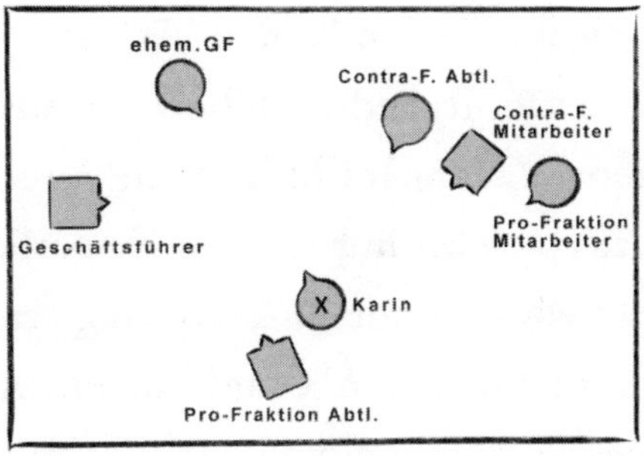

„Ich gehöre hier nicht mehr dazu", beschreibt die ehemalige Geschäftsführerin ihre Wahrnehmung an diesem Platz, „ich stehe jetzt über den Dingen. Gleichzeitig habe ich über sie", sie zeigt auf *Karin*, „immer noch Einfluß. Es ist, als ob ein Teil meines Engagements, frischen Wind in die Firma zu bringen, durch sie weiterwirkt. Mir gefällt das gut." Sie schaut kurz in die Runde und lächelt Karin dann verschwörerisch an. Wir zwei gegen den Rest, scheint ihr Lächeln zu sagen.

Der jetzige Geschäftsführer hebt abwehrend die Hände. „Das ist genau der Punkt. Mit den Altlasten meiner Vorgängerin will ich nichts zu tun haben, das ist wie ein rotes Tuch für mich. Wenn sie das weiter verfolgt, hat sie hier keine Chance."

Als *Karin* aufgefordert wird, zu der ehemaligen Chefin hinüberzugehen, überwindet sie die Entfernung mit großen, eiligen Schritten und bleibt dann abwartend vor ihr stehen. Nach einer Weile stellt sie fest: „Ich dachte sie würde mir den Rücken stärken, aber hier, so direkt vor ihr, merke ich, das stimmt überhaupt nicht. Das ist keine Unterstützung. Das ist die Last und Fessel, die ich am Anfang gespürt habe. Ich fühle mich nicht gut, und je länger ich vor ihr stehe, desto zittriger werden meine Beine, und ich krieg' kaum noch Luft."

Karin wird ein Aktenkoffer als Symbol für die Last und Fessel in die Arme gelegt. Eine Weile schaut sie nachdenklich auf ihn hinunter, dann auf die Chefin und wieder auf den Koffer. „Ja", sagt sie schließlich, „das hier hat was mit ihr zu tun. Irgendwie gehört das nicht zu mir."

Während sie ihrer ehemaligen Chefin in die Augen schaut, bringt sie die vorgesagten Sätze zunächst nur leise und zögerlich über die Lippen: „Du hast mich eingestellt und mir einen Auftrag erteilt. Dieser Auftrag hat mir inhaltlich sehr zugesagt. Aber mit diesem Auftrag habe ich etwas Persönliches von dir übernommen; das hat mir meine Arbeit hier sehr schwergemacht. Dein Wunsch nach mehr frischem, internationalem Wind war dein persönlicher Wunsch, nicht der Wunsch des Unternehmens. Das war mir damals nicht klar. Aber weil dein Auftrag meiner Vorstellung entsprach, habe ich deinen Wunsch energetisch übernommen und ihn weitergetragen." Sie schweigt einen Moment und schaut wieder nachdenklich zwischen Chefin und Aktenkoffer hin und her, dabei wiegt sie den Koffer in ihren Händen, als wolle sie sein Gewicht prüfen. „Den Teil, den ich für dich getragen habe, gebe ich an dich zurück. Das ist nicht meins, sondern deins." Den letzten Satz sagt sie mit klarer, lauter Stimme; sie übergibt den Koffer und geht danach einen Schritt zurück.

„Puhhh", sie schüttelt sich, als ob sie auch noch die letzten Fesseln abwerfen wolle. „Das tut gut. Jetzt krieg' ich wieder Luft und steh' wieder auf festen Füßen."

Als Karin selbst in die Aufstellung kommt, um den Vorgang zu wiederholen, bleibt sie steif und feindselig vor ihrer früheren Chefin stehen. „Ich bin ihr gegenüber ungeheuer aggressiv. Am liebsten würde ich ihr den Koffer vor die Füße knallen. Damals habe ich dringend eine Stelle gebraucht, und unter diesem Druck habe ich mich auf etwas eingelassen, das ich unter entspannteren Umständen vielleicht nicht angenommen hätte." Karins Stimme bebt vor mühsam unterdrückter Wut und Anklage.

Die Geschäftsführerin nickt. „Du hast recht", sagt sie ernst, aber sehr gelassen, „ich habe dir den Auftrag erteilt, meine Vorstellung zu realisieren. Aber daß du meine Vorstellung einfach übernommen hast und daran festhältst, obwohl sie dir eine Last ist und ich schon lange weg bin, das liegt in deiner Verantwortung, nicht in meiner. Meinen Teil der Verantwortung übernehme ich, aber deinen Anteil mußt du selbst tragen."

Karin ist nach diesen Worten weniger aggressiv, sondern eher nachdenklich. „Das stimmt", sagt sie nach einem längeren Schweigen, „ich fand das schon gut und wollte mich damit gegen das Alte abgrenzen und eigene Lorbeeren verdienen."

„Das Deine geb ich dir zurück, das Meine bleibt bei mir. Und für das Meine trage ich die Verantwortung", wiederholt sie einige Male, bevor sie den Aktenkoffer mit einer entschlossenen Bewegung ihrem Gegenüber in die Arme drückt.

Ohne ihre frühere Chefin aus den Augen zu lassen, geht sie danach langsam rückwärts. An ihrem alten Platz bleibt sie stehen. Sie fühlt sich jetzt sehr viel besser und tatsächlich wie von einer Last befreit. „Ich habe das Gefühl, die anderen jetzt erst wirklich wahrzunehmen. Es ist, als ob ein Schleier weggezogen worden wäre. Sehr angenehm." Aufmerksam schaut sie von einem Stellvertreter zum anderen.

Für die Contra-Fraktion der Abteilungsleiter hat sie jetzt an Gewicht und Persönlichkeit gewonnen. „Ich frage mich, was wir jetzt von ihr zu erwarten haben. Bisher war sie ja im Auftrag der ehemaligen Chefin hier. Wenn sie jetzt den Auftrag zurückgegeben hat, muß sie ihre Position ganz neu definieren. Ich habe ja nichts gegen sie persönlich, nur die strategische Ausrichtung geht mir gegen den Strich. Sie ist ein Gegner in der Sache, nicht als Person", sagt die Stellvertreterin. Sie macht eine Pause und lächelt zu Karin hinüber. „Schade finde ich nur, daß es hier kein gemeinsames Arbeiten mehr gibt, obwohl wir doch alle zusammengehören und unsere Arbeit viel streßfreier laufen könnte, wenn die einzelnen Abteilungen gut zusammenarbeiten würden. Um der Sache willen bin ich zu einem neuen Dialog und einer gemeinsamen Ausrichtung durchaus bereit." Die anderen Vertreter der Pro- und Contra-Fraktionen stimmen mit ihr überein. Auch sie sehen eine Chance, gemeinsam neue Ziele zu bestimmen und eine Arbeitsbasis zu finden.

Der Geschäftsführer bleibt skeptischer. „Was ich sehen will, ist mehr Kraft, mehr Verantwortung für das, was die Geschäftsleitung will. Bisher war sie im Auftrag meiner Vorgängerin hier, jetzt sehe ich sie zwar als eigenständige Mitarbeiterin, ich habe aber nicht den Eindruck, daß sie diese Position wirklich ausfüllt. Für sie ist wichtig zu wissen, daß ich Mitarbeiter brauche, die Verantwortung übernehmen. Mein Vertrauen muß sie sich erst verdienen. Und wenn nicht, dann muß sie halt gehen; ich fackel da nicht lange."

Obwohl seine Worte Karin Angst einflößen, empfindet sie sie als ehrlich und klar und durchaus positiv. „Das ist eine klar ausgesprochene Herausforderung. Entweder schaff' ich das, oder ich schaff' es nicht. Und wenn nicht, dann gehe ich freiwillig." Karin steht aufrecht da und wirkt jetzt sehr viel selbstbewußter.

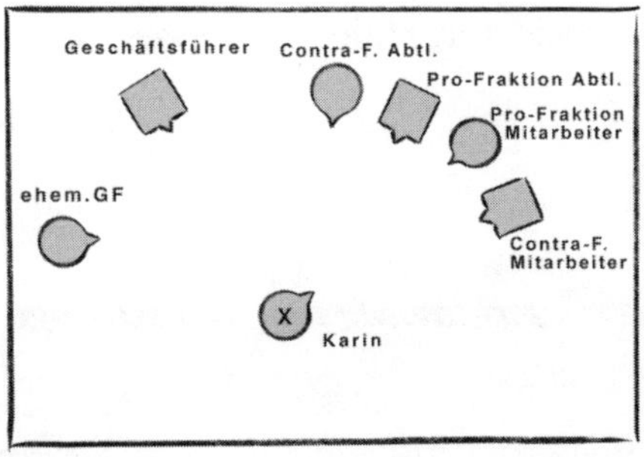

Nachdem die übrigen Stellvertreter entsprechend ihrer hierarchischen Position umgruppiert worden sind und Karin jetzt gegenüberstehen, wiederholt Karin, mit langen Pausen zwischen den vorgesprochenen Sätzen: „Ich bin zeitlich die Jüngste hier, und ich weiß, in diesem traditionsreichen Unternehmen ist das so gut wie keine Zeit. Für euch gehöre ich noch nicht wirklich dazu. Bisher war ich mit dem alten Auftrag meiner ehemaligen Chefin und meinen eigenen Ideen so beschäftigt, daß ich euch gar nicht wirklich wahrgenommen habe. Jetzt weiß ich, daß ich eure Erfahrung und euer Wissen über diese Branche brauche. Ich achte eure Kompetenz und euren Einsatz, und wenn ich sie bisher nicht gewürdigt habe, dann tut mir das leid. Es war nicht richtig." Während Karin die Sätze nachspricht, schweifen ihre Augen langsam von einem Gesicht zum anderen und für alle im Raum ist deutlich zu spüren, wie bewegt sie ist und wie ehrlich sie es meint.

„Ich sehe jetzt gute Chancen, einen gemeinsamen Konsens zu finden. Und wenn mehr Internationalität ein gemeinsames Ziel ist, dann läßt sich das auch erreichen", faßt ein Stellvertreter die Stimmung von Chef, Kollegen und Mitarbeitern zusammen.

Die Aufstellung endet in einer wohlwollenden Stimmung und in gegenseitiger Achtung. Karin hat durch die Rückgabe alten Ballast abgeworfen und genug Informationen gewonnen, um neue Wege einzuschlagen und aus einer veränderten Haltung heraus zu handeln.

☞ *Erklärung der Aufstellung*

1. Anliegen und Auswahl relevanter Stellvertreter

Schon Karins Frage wies auf die erforderlichen Stellvertreter hin: Sie wollte ein produktiveres Verhältnis zu ihrem Chef, zu ihren Abteilungsleiter-Kollegen und ihren Mitarbeitern herstellen. Im Vorgespräch hatte sie bereits geschildert, daß einige Kollegen für, die meisten aber gegen sie eingestellt waren. Die Pro- und Contra-Fraktionen der Abteilungsleiter-Kollegen und Mitarbeiter wurden in je einem Stellvertreter zusammengefaßt, um die Anzahl der aufgestellten Personen so gering wie möglich zu halten. Ob Karin für die Stellvertreter der jeweiligen Pro- und Contra-Vertreter einen Mann oder eine Frau auswählen wollte, blieb ihr überlassen. Aufgestellt wurden zunächst:

– Ihr Chef, der Geschäftsführer,
– ein Stellvertreter für die Pro-Fraktion der Abteilungsleiter,
– eine Stellvertreterin für die Contra-Fraktion der Abteilungsleiter,

- eine Vertreterin für die Pro-Fraktion der Mitarbeiter,
- ein Vertreter für die Contra-Fraktion der Mitarbeiter und
- eine Stellvertreterin für Karin.

Später:

- Die ehemalige Geschäftsführerin, die Karin eingestellt hatte.

2. Bildsprache und vermutete Störungen

Im ersten Bild stand Karin mit der Pro-Fraktion im Rücken zwischen ihrem Chef, ihren Kollegen und Mitarbeitern. Ihr Blick war auf etwas ausgerichtet, das zunächst nicht sichtbar war. Genau dorthin stellte sie später ihre frühere Chefin.

- Wie sich herausstellte, fühlte sie sich deren Wunsch nach mehr Internationalität und Veränderung verpflichtet. Dieser Auftrag entsprach zwar ihren eigenen Ideen und Fähigkeiten, aber da sie vor ihrer Anstellung arbeitslos war und den Job dringend brauchte, übernahm sie ihn ohne objektiven Abstand. Ihre ehemalige Chefin hatte ihr mit der Anstellung aus einer Notlage geholfen, und sie fühlte sich ihr noch immer verpflichtet. Als Folge davon, zog es sie in eine bestimmte Richtung, die allerdings in keiner Verbindung mit der Ausrichtung der anderen stand. „Ich fühle mich wie gefesselt und spüre eine schwere Last auf meinen Schultern", beschrieb sie am Anfang ihre Empfindungen. Obwohl die Pro-Fraktion dicht hinter ihr stand, fühlte Karin sie kaum. Ihren Chef und die ihr kritisch gegenüberstehenden Stellvertreter nahm sie dagegen als enormen Druck wahr.
- Karin war angetreten, um „mehr Internationalität ins Unternehmen zu bringen, neue Dinge anzuschieben und den Laden umzukrempeln. Die Aufgabe hat mich gereizt, und deshalb habe ich zu-

gesagt." So schilderte sie ihre Vorstellung von ihrer Arbeit im Unternehmen.

Den Unmut darüber, daß Karin mißachtete, was vor ihrer Zeit geleistet worden war und im Unternehmen eine lange Tradition hat, faßte der Stellvertreter der Contra-Fraktion so zusammen: „Die hat doch gar keinen Kontakt zu uns und will nur ihre Sache durchziehen. Dabei ist das, was wir vorher gemacht haben, doch auch erfolgreich gewesen und hat gut funktioniert. Jedenfalls viel besser als jetzt."

3. Lösung

Karin hatte nie hinterfragt, welche Vorstellungen das Unternehmen mit ihrer Anstellung verfolgte. Bei ihrer Einstellung hatte sie den Auftrag der Geschäftsführerin blind übernommen und auch dann noch weiterverfolgt, als diese Geschäftsführerin ins Ausland wechselte und ein neuer Geschäftsführer ihr Vorgesetzter wurde. Dieser Auftrag hinderte sie daran zu erkennen, welche Richtung ihr Chef, ihre Kollegen und Mitarbeiter verfolgten.

- Die Lösung lag für Karin darin, den fremden Auftrag und damit den Einfluß, den er noch auf Karin ausübte, an ihre frühere Chefin zurückzugeben. „Du hast mich eingestellt und mir einen Auftrag erteilt, der mir inhaltlich sehr zugesagt hat. Aber mit deinem Auftrag habe ich etwas sehr Persönliches von dir übernommen, das mir meine Arbeit hier erschwert. Dein Wunsch nach mehr frischem, internationalem Wind war dein persönlicher Wunsch, nicht der Wunsch des Unternehmens. Das war mir nicht klar. Aber weil dein Auftrag meiner Vorstellung entsprach, habe ich deinen Wunsch energetisch übernommen. Den Teil, den ich für dich getragen habe, gebe ich jetzt an dich zurück."
- Karins Aggressivität, die zutage trat, als sie selbst in der Aufstellung

ihrer ehemaligen Chefin gegenüberstand, legte sich erst, als sie ihren Teil der Verantwortung anerkannte und annahm. Ihren persönlichen Wunsch auf Karin übertragen zu haben, fällt in den Verantwortungsbereich der Geschäftsführerin und muß dorthin zurückfließen. Aber den fremden Auftrag angenommen und blind weitergeführt zu haben, dafür war Karin verantwortlich, und sie mußte die sich daraus ergebenden Folgen selbst tragen; auch wenn die Übernahme außerhalb ihrer bewußten Wahrnehmung gelegen hatte.

- Wenn man von außen in ein Unternehmen kommt und Vorgesetzte/r von Mitarbeitern wird, die vielleicht schon viel länger im Unternehmen arbeiten, dann ist es oft schwierig, einen angemessenen Platz zu finden. Bringt der oder die Neue dann noch den Anspruch mit, andere Ideen verwirklichen zu wollen, ohne das Alte und Bisherige zu würdigen und darauf aufzubauen, sind zwischenmenschliche Störungen fast unausweichlich.
  Auch in Karins Beispiel lösten sich die verhärteten Fronten erst, nachdem sie ihren Kollegen und Mitarbeitern glaubhaft versichert hatte: „Bisher war ich mit dem Auftrag meiner ehemaligen Chefin und meinen eigenen Ideen so beschäftigt, daß ich euch und eure Leistungen gar nicht wahrgenommen habe. Jetzt sehe ich, daß ich eure Erfahrung und euer Wissen über diese Branche brauche. Ich achte eure Kompetenz und euren Einsatz, und wenn ich sie bisher nicht gewürdigt habe, dann tut mir das leid. Es war nicht richtig."

Indem Karin ehrlichen Herzens das Wissen und die langjährige Erfahrung ihrer Kollegen und Mitarbeiter anerkannte und die Kompetenz der anderen würdigte, fädelte sie sich vorsichtig in das bereits Bestehende ein und wurde Teil des Systems. So gewinnt man Herzen, Zustimmung und Loyalität für ein zukünftiges, gemeinsames Ziel.

Meine Karriere gleicht einer stetigen Berg- und Talfahrt

Ein Erfolgsverhinderungs-Programm

Karrieren verlaufen nach ganz unterschiedlichen Mustern. Manche Erfolgskurven steigen steil nach oben, andere verlaufen stufenweise, brauchen etwas länger und erreichen dann ihr Ziel. Viele Karrieren kommen nie richtig in Gang, während andere einer stetigen Berg- und Talfahrt gleichen.

Unterhält man sich mit Männern und Frauen, deren Karriere einer Berg- und Talfahrt gleicht, entsteht der Eindruck, daß sie dieses Problem eigentlich nicht haben müßten. Fast alle sind hochqualifiziert und haben schon mehrfach bewiesen, daß sie erfolgreich sein können. Allerdings nicht auf Dauer und nicht über einen bestimmten Punkt hinaus. Bei den einen kommt es fast zwanghaft immer wieder zu Streit mit Vorgesetzten, wenn der nächste, entscheidende Karriereschritt „droht". Die anderen, beispielsweise Selbständige, schaffen sich ihr Untergangsszenario, indem sie Kunden verprellen, sich mit Partnern überwerfen oder den Markt plötzlich völlig fehleinschätzen. Der Erfindungsreichtum dieser Menschen, sich in den (Fast-)Ruin zu treiben oder die Karriereleiter wieder einige Sprossen nach unten zu fallen, ist unglaublich groß und für Außenstehende meist völlig unverständlich.

Ein weiteres auffallendes Merkmal bei Menschen mit einer Sinus-Erfolgskurve – wie eine solche Berg-und-Tal-Karriere genannt wird – ist, daß sie meist erstaunlich schnell wieder nach oben steigen und erfolgreich sind – bis zu dem Punkt, wo das alte Muster sie wieder nach unten schleudert.

Bewährte Coaching-Methoden wie Strategiearbeit, Zieldefinition oder Persönlichkeitstraining bewirken bei diesen Menschen wenig. Sie wissen ja, wie man Karriere macht und erfolgreich ist, sie haben es schon mehrfach bewiesen, nur ist der Erfolg eben nicht dauerhaft, sondern muß immer wieder neu verdient werden.

Beispiel

Thomas ist diese wellenartige Erfolgskurve seit Jahrzehnten vertraut, sie ist zu einem festen Bestandteil seines Berufslebens geworden. Als Besitzer von drei Firmen schwimmt er mal ganz oben und ist sehr erfolgreich, dann wieder sinkt der Umsatz einer oder aller Firmen ins Bodenlose, und er steht kurz vor der Pleite. „Mit viel Kampf und Einsatz bringe ich die Firma immer wieder hoch, aber allmählich erschöpft mich dieses immer gleiche Spiel. Ich möchte meine Kraft sinnvoller einsetzen“, schildert er sein Problem.

„Nehmen wir einmal an, die Aufstellung ist erfolgreich und Sie haben dieses Problem morgen nicht mehr, was wäre dann anders?“ fragt die Aufstellungsleiterin. Thomas überlegt eine ganze Weile. „Ich müßte nicht mehr um Anerkennung kämpfen.“

„Heißt das, für Sie ist erfolgreich sein gleichbedeutend mit anerkannt werden?“ Thomas nickt und wirkt plötzlich sehr nachdenklich. „Das scheint so zu sein.“ Er lächelt verwirrt.

„O.k., nehmen wir jetzt an, ab morgen wissen Sie: Anerkannt werde ich auf jeden Fall, auch wenn ich keinen Erfolg habe. Welche Konsequenzen hätte das für Ihr weiteres Leben?“ „Ich wäre entspannter und gelassener, alles würde viel leichter funktionieren, und es gäbe nicht diesen ständigen, zermürbenden Kampf.“ Thomas schüttelt den Kopf.

Um besser unterscheiden zu können, wann der Auftraggeber spricht oder gemeint ist und wann der Stellvertreter redet, wird der Name des STELLVERTRETERS immer kursiv gedruckt (z.B. *Klaus*), während der AUFTRAGGEBER dem normalen Schriftbild folgt (Klaus).

„Das ist eine nette Vorstellung, ein schöner Traum. Aber das ist nicht die reale Welt, jedenfalls nicht meine. Ich glaube nicht, daß das für mich je Wirklichkeit werden wird."

„Einmal angenommen, es wäre kein Traum. Dürfte ein Leben ohne ständigen, zermürbenden Kampf für Sie Wirklichkeit werden?" Wieder überlegt Thomas lange. Schließlich erwidert er: „Mein Verstand sagt ja, aber irgendwie fühle ich mich bei dem Gedanken nicht wirklich gut." Thomas schüttelt verwirrt den Kopf und rutscht unruhig auf seinem Stuhl herum.

„Mit wem würden Sie die Solidarität brechen, wenn Sie dadurch leichter und gelassener durch´s Leben gehen könnten?" Thomas starrt nachdenklich auf den Boden. „Mit Menschen, die mir nahestanden", antwortet er nach einer Weile und fügt dann hinzu: „Vom Verstand her ist das völliger Unsinn. Aber irgendwie ..., irgendwie macht es auch Sinn."

„Wie war die Ehe Ihrer Eltern? Gab es einschneidende Erlebnisse in Ihrer Kindheit?" „Woher wissen Sie das?" fragt Thomas verblüfft. „Meine Eltern haben sich scheiden lassen, als ich drei Jahre alt war. Mein Vater ist mit einer anderen Frau abgehauen, und ich habe ihn nie wieder gesehen. Ich bin bei meiner Mutter, ihrer unverheirateten Schwester und meinen Großeltern aufgewachsen."

„Und was war mit dem Vater?" „Na ja, ich habe meinen Vater nie kennengelernt, dabei hat er gar nicht weit weg gewohnt, aber ich durfte ihn nicht sehen. Alle waren sauer auf ihn und haben ihn immer als ganz schlimmen Mann hingestellt. Ich habe immer nur gehört, daß er ein Versager ist und sie sich für ihn schämen. Und daß ich froh sein kann, mit ihm nichts zu tun zu haben. Ein paarmal ist er gekommen, um mich zu besuchen, und ich mußte mich jedesmal verstecken. Als Jugendlicher bin ich einmal hingefahren, nur um zu sehen, ob er wirklich so ein übler

Typ ist, aber er war nicht da. Als meine Mutter das rausgekriegt hat, mußte ich ihr versprechen, das nie wieder zu tun und jeden Kontakt mit ihm zu meiden. Von allen habe ich immer nur gehört, daß ich bloß nicht wie mein Vater werden soll. Meine Mutter hat mich manchmal so kritisch angeguckt, und ich hatte immer Angst, daß ich ihm vielleicht ähnlich sehe oder doch was von ihm habe." Thomas scheint weit weg in der Vergangenheit zu sein und noch einmal die ganze Situation zu erleben.

Thomas wird aufgefordert, Stellvertreter für seinen Vater, seine Mutter und sich selbst auszusuchen und seinem inneren Gefühl entsprechend in den Raum zu stellen.

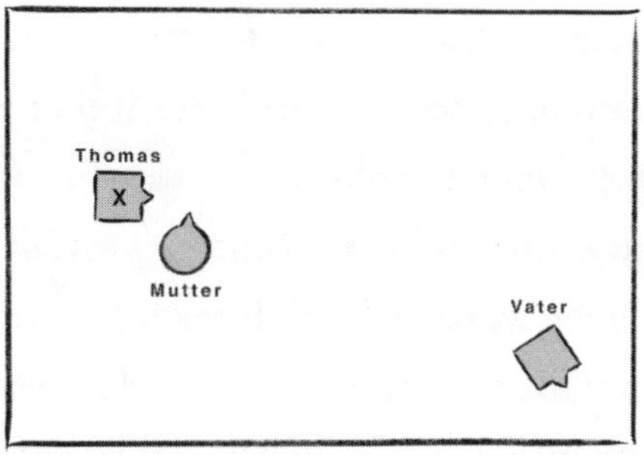

Dem Vater geht es in dieser ersten Anordnung nicht gut, er fühlt sich „wie ausgestoßen und weggejagt. Dabei möchte ich meinen Sohn gerne sehen können." Und nachdem er umgedreht wurde und seinen Sohn sieht: „Ein bißchen besser. Aber seine Mutter steht wie ein Keil zwischen uns und verhindert jeden Kontakt."

Die Mutter fühlt einen unbändigen Haß auf den Vater. „Mir läuft es eiskalt den Rücken runter, und ich habe eine riesige Wut auf ihn in mir." Sie ballt die Fäuste und schaut kurz zum Vater hinüber. Schnell wendet sie sich wieder ihrem Sohn zu. „Zu meinem Sohn besteht ein ganz herzliches Verhältnis, und er steht mir sehr nahe. Ich habe das Gefühl, als würde ich etwas Besonderes von ihm verlangen, sozusagen als Ausgleich für das, was sein Vater mir angetan hat. Ich passe sehr genau auf, daß er gar nicht erst in Versuchung gerät, Kontakt zum Vater aufzunehmen."

Thomas fühlt sich dagegen viel zu nahe bei der Mutter stehen und will lieber einige Schritte zur Seite gehen. Von dort aus kann er sowohl seinen Vater als auch seine Mutter sehen. „Das ist schon viel besser, aber noch nicht gut." Seine Augen irren unsicher zwischen Vater und Mutter hin und her. „Mich zieht es zu meinem Vater, der ist noch viel zu weit weg", stellt er fest, „und meiner Mutter gegenüber habe ich deshalb ein schlechtes Gewissen. Ich habe das Gefühl, als dürfte ich sie nicht auch noch enttäuschen."

Die Mutter nickt dazu. „Ja, mir ist schon sehr wichtig, daß er anders wird und 'was aus seinem Leben macht." Sie schaut zum Vater hinüber und wieder ihren Sohn an: „So wie sein Vater soll er jedenfalls nicht werden, das wäre für mich unerträglich."

Thomas wird daraufhin vor seine Mutter gestellt und soll zu ihr sagen: „Mama, dir zuliebe werde ich erfolgreich sein und 'was aus meinem Leben machen." Seine Mutter strahlt ihn an: „Ich weiß, daß ich mich auf dich verlassen kann, und ich bin richtig stolz auf dich." Mutter und Sohn nicken einander einvernehmlich zu. „Ich möchte ihn gern umarmen", sagt die Mutter, und als die Aufstellungsleiterin zustimmt, nimmt sie ihren Sohn in die Arme und drückt ihn herzlich an sich. *Thomas* ist gerührt, will aber nach der Umarmung wieder etwas mehr Abstand zu seiner Mutter haben und geht an den Platz zurück, von dem aus er sowohl seine Mutter als auch seinen Vater sehen kann.

Der Stellvertreter von Thomas kann sich wieder in die Runde setzen, und Thomas selbst stellt sich neben seinen Vater:

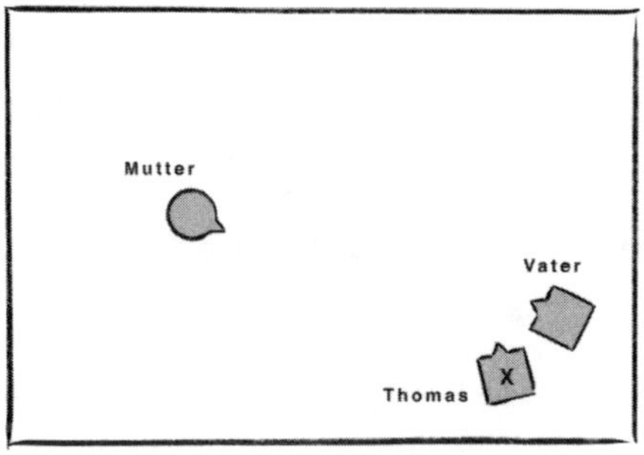

Beide sehen sich ernst und schweigend an, der Vater den Sohn, der Sohn den Vater. Und langsam, anfangs noch zaghaft und vorsichtig, beginnen ihre Augen zu leuchten, und ein breites Lachen überzieht ihre Gesichter. Sie nicken einander kumpelhaft zu und boxen sich dann spielerisch in die Rippen, bevor beide wieder ernst werden.

Thomas schluckt mehrmals krampfhaft, bevor er den Satz: „Papa, ich habe dich so vermißt", aussprechen kann. Sein Vater nickt. „Ich dich auch. Schade, daß ich dich nicht habe aufwachsen sehen. Aber was auch war, es ändert nichts daran, daß ich dein Vater bin. Für mich warst und bist du immer mein Sohn." Thomas strahlt, und als sein Vater ihn herzlich umarmt, stößt er einen tiefen Seufzer der Erleichterung aus.

Als Thomas zu seinem Vater sagen soll: „Lieber Papa, wenn ich dich schon nicht haben durfte, dann zeige ich dir meine Liebe und werde wie du. Dann fühle ich mich dir nahe", schießen ihm die Tränen in die Augen, und er bringt die Sätze nur stockend über die Lippen. Lange starrt er danach seinen Vater an, während er abwechselnd nickt und den Kopf schüttelt.

„Was ist?" fragt die Leiterin. „Mein Verstand sagt: Das ist doch Schmarrn, aber ..." Thomas schaut seinen Vater an, „es fühlt sich richtig an. Ein Teil von mir hat´s genau so gemacht." Als könne er es nicht fassen, schüttelt er immer wieder seinen Kopf.

Sein Vater geht lachend einen Schritt auf ihn zu und legt ihm den Arm um die Schultern. „Was immer sie dir erzählt haben, ich habe mich nie als Versager gefühlt. Für mich brauchst du das nicht zu machen." Er schaut kurz zu seiner ehemaligen Frau hinüber, „von mir aus kannst du erfolgreich sein und dein Leben aus vollem Herzen genießen. Meinen Segen hast du, wenn du es dir gut gehen läßt."

Als die Mutter gefragt wird, wie es ihr geht, zuckt sie hilflos die Schultern. „Sehr gemischt. Auf den Vater bin ich immer noch böse, er hat mich einfach zu tief verletzt, und das nagt. Aber wenn ich einfach nur Vater und Sohn sehe, dann tut es mir schon leid, daß ich ihm den Kontakt verboten habe. Ich hatte ja keine Ahnung, wie sehr er ihn gebraucht hätte. Aber ich hatte auch Angst, meinen Sohn an ihn zu verlieren, und das wollte ich um keinen Preis."

An der Seite seines Vaters stehend, soll Thomas sich nun seiner Mutter zuwenden. Er sagt zu ihr: „Was immer zwischen euch vorgefallen ist, ich habe damit nichts zu tun. Ich halte mich da ganz raus. Du bist meine Mutter, und ich bin dein Sohn, und das wird immer so bleiben. Und ab jetzt nehme ich auch von meinem Vater. Und ich lasse es mir damit gutgehen."

Als die Mutter daraufhin sagen soll: „Von mir aus darfst du so werden wie dein Vater", erwidert sie: „Na ja, gern sage ich das nicht. Mir wär´s schon lieber, er würde nicht so werden wie sein Vater." Sie wirft einen prüfenden Blick auf ihren Sohn und muß über sich selbst lachen. Als sie es dann doch sagt, scheint Thomas um Zentimeter zu wachsen. „Das tut gut. Es kommt mir so vor, als würde ich jetzt endlich auf zwei Beinen stehen, anstatt auf einem."

„Genau. Für Sie ist es wichtig, sich innerlich an die Seite Ihres Vaters zu stellen und zu wissen: Ich darf auch von ihm nehmen, und ich darf so werden wie er – auf meine Art. Ich darf Vater und Mutter nehmen und lieben. Das ist Ihr gutes Recht", sagt die Aufstellungsleiterin zu Thomas. Der schaut zwischen Vater und Mutter hin und her, als würde er ein unsichtbares Band weben.

„Lebt Ihr Vater noch?" Thomas schüttelt den Kopf. „Er ist letztes Jahr gestorben. Ich war nicht mal auf seiner Beerdigung." Er schaut den Stellvertreter seines Vaters an und fügt hinzu „Jetzt tut mir das leid." „Dann sollten Sie demnächst einmal sein Grab besuchen. Es ist nie zu spät, jemandem Ehre zu erweisen." „Ja", erwidert Thomas, „ich glaube, das werde ich tun."

☞ *Erklärung der Aufstellung*

1. Anliegen und Auswahl relevanter Stellvertreter

Thomas' berufliche Karriere folgte seit langem einem immer gleichen Muster. Mit viel Arbeitseinsatz und Können baute er seine drei Firmen auf, doch sobald er eine bestimmte Erfolgsstufe erreicht hatte, ging es scheinbar unaufhaltsam wieder bergab. „Allmählich erschöpft mich dieses Spiel. Ich möchte meine Kraft sinnvoller einsetzen," lautete sein Anliegen. Wie schon das Vorgespräch gezeigt hatte, brauchte Thomas keine neuen Techniken und Methoden, um erfolgreich zu sein, sein Problem lag auch nicht auf der Mitarbeiterebene, sondern er fürchtete, die Verbundenheit mit „Menschen, die mir nahestanden", zu verspielen. Der Ursprung einer solchen Befürchtung liegt immer in der Kindheit verborgen und muß auch dort aufgelöst werden. In Thomas' Fall hätte es auch sein können, daß Tante und Großeltern, mit denen er zusammen in einem Haushalt aufwuchs, und die seinen Vater ebenfalls abgewertet hatten, eine Rolle spielen. Sie wären dann später dazugestellt worden. Doch das Problem ließ sich ohne sie lösen.

Obwohl Thomas eine Lösung für ein berufliches Problem suchte, sollte er Stellvertreter aussuchen und aufstellen für:

– Seinen Vater,
– seine Mutter
– sich selbst.

2. Bildsprache und vermutete Störungen

Das erste Aufstellungsbild spiegelte die Situation so wider, wie Thomas sie in seiner Kindheit erlebt hatte.

- Thomas stellte den Vater weit weg von Mutter und Sohn. Er kehrte den beiden den Rücken zu, und sein Blick ging aus der Aufstellung hinaus, so daß er keine Verbindung zu seinem Sohn aufnehmen konnte.
- Thomas stand nahe bei seiner Mutter, die ihm den Blick auf den Vater verwehrte, indem sie sich wie ein Keil zwischen Thomas und seinen Vater schob. Erst als Thomas einige Schritte zur Seite ging und auch seinen Vater sehen konnte, fühlte er sich etwas besser.

Im Vorgespräch war deutlich geworden:

- Thomas' Vater wurde von Mutter, Tante und Großeltern aus der Familie ausgeschlossen, nachdem er sie verlassen hatte. Sie alle entwerteten den Vater und vermittelten Thomas das Bild eines verdorbenen und erfolglosen Mannes. „Was vom Vater kommt, ist schlecht. So wie er darfst du nie werden", lautete ihre Botschaft an Thomas.

  Damit er sich von der Mutter und der restlichen Familie geliebt und ihr zugehörig fühlen konnte, mußte das Kind sich ihrer Meinung anschließen und sich mit ihnen offiziell gegen den Vater verbünden. Unbewußt stellte sich das Kind jedoch neben den ausgeschlossenen und verleugneten Elternteil und sagte sich innerlich: „Papa, ich mach´s genau wie du. Dann bin ich dir doch nahe."

Bei Karrieren, die einer Sinus-Kurve gleichen, wirken immer zwei gegenläufige Sätze, die abwechselnd verwirklicht werden.

Der erste Satz: „Werde bloß nicht wie dein Vater", bewirkte, daß Thomas, im Gegensatz zu seinem Vater, erfolgreich seine Karriere aufbaute und damit den Auftrag seiner Mutter erfüllte. „Erfolgreich sein bedeutet „anerkannt werden", hatte er im Vorgespräch gesagt.

Der zweite, unbewußte Satz: „Papa, ich mach´s genau wie du", sorgte dafür, daß der Erfolg nicht lange anhielt. Indem er sich immer wieder selbst zum Versager machte und erfolglos wurde, stellte er sich mit seinem Vater auf eine Stufe und konnte sich mit ihm verbunden fühlen.

3. Lösung

Thomas war ängstlich darauf bedacht, nicht wie sein Vater zu werden, um die Mutter nicht zu verärgern und nicht ihre Liebe zu verlieren. Doch ein Familiensystem duldet keine „Leerstelle", und so sorgte sein Unbewußtes dafür, daß er im Verborgenen seinem Vater die Treue hielt und sich ihm nahe fühlte, indem er sich immer wieder zu einem erfolglosen Mann machte, so wie ihm der Vater von der Mutter geschildert worden war.

Die Lösung für Thomas lag darin, sich an die Seite seines Vaters zu stellen und einige Dinge zu klären.

- Zunächst war es für Thomas wichtig, sich von dem abzugrenzen, was zwischen seinem Vater und seiner Mutter passiert war. „Was auch immer zwischen euch vorgefallen ist, ich habe damit nichts zu tun. Ich halte mich da raus."

- Zusätzlich hatte die Mutter ihm das Versprechen abgenommen, keine Verbindung zu seinem Vater aufzunehmen. Ein solches Versprechen ist wie ein Auftrag und muß an den Auftraggeber zurückgegeben werden. Bei Thomas reichte es aber, sich neben seinen Vater zu stellen, um sich davon zu befreien. Manchmal muß ein Versprechen, ein Auftrag oder ein übernommenes Gefühl, wie beispielsweise der Haß oder die Wut der Mutter auf den Vater, in symbolischer Form tatsächlich an den Elternteil zurückgegeben werden, von dem der Auftrag übernommen wurde.
- Um endlich beide Elternteile annehmen und damit das unbewußte Bündnis mit dem Vater auflösen zu können, versicherte er zunächst seiner Mutter: „Du bist meine Mutter, und ich bin dein Sohn, und das wird immer so bleiben" und fügte dann hinzu: „Und ab jetzt nehme ich auch von meinem Vater. Und ich lasse es mir damit gutgehen."

Nicht immer ist es wie bei Thomas möglich, von der Mutter die Erlaubnis zu bekommen: „Von mir aus darfst du werden wie dein Vater.", dann reicht es, sich innerlich neben den entwerteten Elternteil zu stellen und beiden einen guten Platz im Herzen zu geben.

Wie kann die geschäftliche Partnerschaft gelingen?

Aus systemischer Sicht gibt es eine Reihe von Bedingungen, die für ein gutes Gelingen von Partnerschaften notwendig sind. Bleiben diese Bedingungen unbeachtet, werden Partnerschaften schnell zur Bürde, und auch ursprünglich gute Beziehungen und Pläne enden in Frustration und Streit. Wenn Sie zum Beispiel mit einem oder mehreren Partnern eine neue Firma gründen wollen, können Aufstellungen schon im Vorfeld mögliche Störfaktoren sichtbar machen und damit später auftretende Reibungspunkte vermeiden helfen.

In der anfänglichen Begeisterung über eine neue Geschäftsidee, die gemeinsam verwirklicht werden soll, werden oft grundlegende Voraussetzungen einer systemischen Ordnung außer acht gelassen. Bei gleichberechtigten Partnern wird beispielsweise oft nicht klar abgesprochen, wer welchem Bereich vorsteht und welche Aufgaben übernimmt und abdeckt. Unter den Partnern führen solche Unklarheiten über Rangfolge und Zuständigkeitsbereiche früher oder später zu Unzufriedenheit und nachfolgenden Konflikten. Bei den Mitarbeitern und/oder Kunden rufen sie Verwirrung hervor, die Erfolg und Leistungsfähigkeit des Unternehmens erheblich stören.

Bei Störungen in bereits bestehenden Partnerschaften zeigen Aufstellungen schnell und deutlich auf, wo die Ursache von Schwierigkeiten liegt. Vielleicht stimmt der Ausgleich von Geben und Nehmen nicht, weil der eine mehr Leistung, Einsatz oder Kompetenz einbringt als der andere, und dafür nicht entsprechend entlohnt oder gewürdigt wird. Oder das anfängliche Ziel, das beide vereint hat, ist erreicht, und die Partner brauchen einander nicht mehr, weil keine neue, gemeinsame Ausrichtung die Partnerschaft zusammenhält.

In diesem Fall zeigen Aufstellungen, ob ein anderes gemeinsames Ziel gefunden werden kann, oder ob diese Partnerschaft zu ihrem natürlichen Ende gefunden hat, und wie für alle Beteiligten eine gute Auflösung in die Wege geleitet werden kann.

Beispiel

In der folgenden Aufstellung will Julia, eine junge Trainerin für Outdoor-Aktivitäten* im Bereich Teambildung, klären, welche Chancen eine geplante Partnerschaft mit zwei seit längerem bestehenden Firmen für sie bietet. Mit einer neuen, vielversprechenden Idee für Outdoor-Teambildungs-Seminare war sie an die beiden Firmen herangetreten, um zusammen mit ihnen diese Idee zu verwirklichen. Die eine Firma bietet erfolgreich Seminarorganisationen an, die andere ist im Outdoor-Bereich tätig. Beide Firmen sind an Julias Idee interessiert. Die Seminarorganisation, weil sie ihr Angebotsspektrum auf Outdoor-Aktivitäten ausdehnen will, der Outdoor-Anbieter, weil er in Zukunft mehr Teambildungs-Trainings durchführen möchte. Die im Vorfeld (für eine mögliche Partnerschaft) geführten Gespräche mit den Geschäftsführern der beiden Firmen haben Julia eher verwirrt als daß sie zur Klärung beigetragen hätten. Um den beiden Firmen als ebenbürtige Partnerin gegenübertreten zu können, hat sie vor kurzem eine eigene Firma gegründet und eine Freundin als Partnerin dazugenommen.

„Ich bin mir nicht im klaren, wer für was zuständig sein soll, und welche Rolle ich übernehmen soll. Und ein weiteres Problem besteht darin, daß meine Freundin, die ich als Partnerin in meine eigene, neue

---

Um besser unterscheiden zu können, wann der Auftraggeber spricht oder gemeint ist und wann der Stellvertreter redet, wird der Name des STELLVERTRETERS immer kursiv gedruckt (z.B. *Klaus*), während der AUFTRAGGEBER dem normalen Schriftbild folgt (Klaus).

*(Seminare wie Überlebenstraining, Teambildungsmaßnahmen etc., die im Freien stattfinden.)

Firma mit dazugenommen habe, sich nicht an Absprachen hält", faßt sie ihr Problem zusammen.

Julia wird aufgefordert, die beiden Geschäftsführer der Firmen, sich selbst und ihre Partnerin/Freundin aufzustellen.

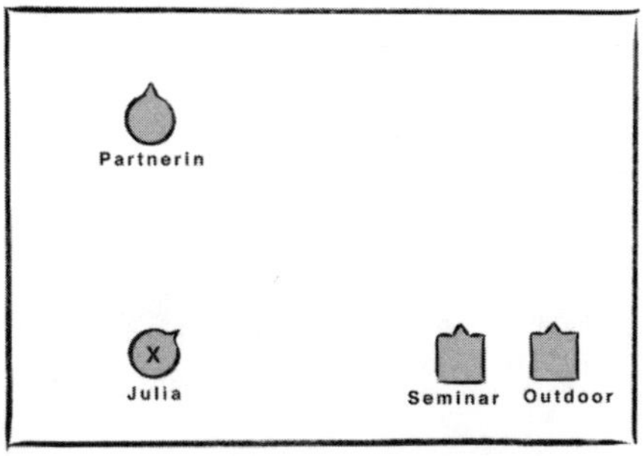

In der ersten Befragungsrunde fühlen sich die beiden möglichen Partner unbeteiligt und ohne Verbindung zu *Julia*, keiner von ihnen wirft auch nur einen Blick in ihre Richtung.

Julia selbst steht mit hängenden Schultern auf ihrem Platz und läßt ihre Augen unruhig zwischen den anderen Personen hin- und herschweifen. „Ich fühle mich bockig und werde langsam pampig", schildert sie ihre Gefühle. „Keiner beachtet mich oder guckt auch nur zu mir her, dabei hab ich doch so eine gute und erfolgversprechende Idee. Ich verstehe überhaupt nicht, warum die nicht zu mir kommen." Mir jedem Wort klingt ihre Stimme etwas beleidigter und wehleidiger.

Die Stellvertreter der Firmen zucken gleichgültig mit den Schultern, auch *Julias* Partnerin zeigt keine Reaktion. „Ich stehe hier einfach gemütlich rum und warte, daß 'was passiert", sagt sie. „Ich habe keine Ahnung, warum ich hier stehe und was meine Aufgabe sein soll."

Als Julia einen weiteren Stellvertreter für mögliche Kunden in die Aufstellung stellt, faßt der seinen ersten Eindruck so zusammen: „Ich fühle mich wie eine Fata Morgana. Irgendwie nicht wirklich präsent. Ich schaue ins Leere", er zeigt mit beiden Händen in den leeren Raum zwischen den Firmen und *Julia*, „und ich habe weder eine Ahnung, um was es hier geht, noch irgendeine Verbindung zu den Leuten hier. Ich sehe weder ein Angebot noch einen Nutzen für mich. Das Ganze ist für mich völlig uninteressant."

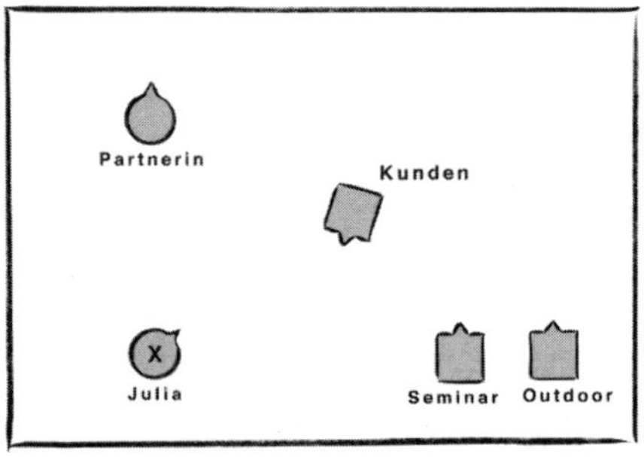

Auf den Stellvertreter der Seminarfirma wirken die Kunden dagegen sehr anziehend. Während er sich ihnen zuwendet, lächelt er gewinnend. „Wenn ich mich auf die Kunden konzentriere, dann weiß ich, das kann ich auch alleine machen. Um die Kunden zu gewinnen, brauche ich keinen Partner." Er wirft einen schnellen Blick auf den anderen Firmenvertreter, verzieht etwas abfällig seinen Mund und wendet sich dann wieder den Kunden zu.

Der Vertreter des Outdoor-Anbieters nickt: „Das empfinde ich auch so. Und er", er zeigt auf die Seminarfirma neben sich, „stört mich. Mit den Kunden vor Augen wird er zur Konkurrenz. Ich mach das auch lieber allein. Die beiden anderen", er zeigt zu *Julia* und ihrer Partnerin hinüber, „sind jetzt völlig außerhalb meiner Wahrnehmung. Die spielen jetzt überhaupt keine Rolle mehr."

Auf *Julia* wirken die Kunden äußerst belebend. Seit sie in den Blick gekommen sind, verändert sich ihre ganze Haltung zusehends. Sie richtet sich gerade auf, und ihre Mimik wird lebhafter. „Endlich habe ich etwas vor Augen. Jetzt weiß ich, wo ich hin will. Bisher hatte ich einfach nur eine tolle Idee, und die stand irgendwie im leeren Raum“, sie wedelt unbestimmt mit ihren Händen in der Luft herum. „Mit den Kunden vor mir kriegt die Idee plötzlich Konturen und ein Ziel.“ Die Begeisterung, in die sie sich mit jedem Wort hineingesteigert hat, schlägt mit einemmal wieder um. „Aber ich hab keine Ahnung, wie ich an die Kunden ‘rankommen soll. Das sollen ja die beiden machen.“ Sie zeigt zu den beiden möglichen Partnern hinüber und klingt jetzt wieder bockig.

Seit die Kunden in der Aufstellung stehen, ist *Julias* Partnerin unruhig geworden. „Ich wache langsam aus meiner Lethargie auf und möchte mich endlich umdrehen.“ Nachdem sie sich den anderen zugewendet hat, schaut sie eine Weile prüfend von einem zum anderen. „Die beiden Firmen möchte ich am liebsten wegjagen, ich bin denen gegenüber äußerst mißtrauisch. Julia muß endlich selbst ‘was unternehmen und sich um die Kunden kümmern. Ich würde sie ja gerne unterstützen, aber von hier aus kann ich gar nichts machen.“

Als sie neben *Julia* gestellt wird, schüttelt sie allerdings den Kopf, an diesem Platz fühlt sie sich auch nicht richtig. Julia selbst fühlt sich mit der Freundin an ihrer Seite zwar stärker, gleichzeitig wird ihr aber klar, daß sie gehofft hatte, die neu eingestellte Partnerin würde die Verbindung zu den Kunden herstellen und das, was ihr selbst fehlt, ausgleichen. Ihre Partnerin wehrt ab. „Auf mich kannst du dabei nicht bauen, ich trau’ mir das genausowenig zu wie du. Ich würde gern einen Schritt hinter dich treten. Schließlich ist das deine Idee, du hast das Ganze angeleiert und nicht ich. Ich kann dich unterstützen, aber du mußt deine Idee nach außen vertreten, nicht ich.“ Als sie einen Schritt hinter *Julia* zurücktritt, empfinden beide diese Stellung als angenehmer und nehmen ihre jeweilige Funktion und die Rollenaufteilung sehr viel klarer wahr.

Nachdem die internen Zuständigkeiten und Mißverständnisse zwischen *Julia* und ihrer Partnerin geklärt sind, wendet sich die Aufmerksamkeit wieder den Kunden zu. „Was die beiden miteinander haben, ist für mich nicht so wichtig. Ich stehe trotzdem noch zu vielen Leuten gegenüber und bin immer noch verwirrt darüber, wer hier eigentlich mein Ansprechpartner sein soll. Ich will einen einzigen Ansprechpartner haben, der mir ein klares Angebot macht, der mir einen Gesamtnutzen bietet, das Ganze koordiniert und mein Problem löst. So ist das nicht möglich." Die Kunden schauen zweifelnd zwischen den einzelnen Stellvertretern hin und her. „Wer bietet hier was an? Mir ist das einfach nicht klar. Und solange das nicht klar ist, habe ich kein Interesse."

Julia hat die ganze Zeit aufmerksam zugehört und nachdenklich genickt. „Allmählich wird mir klar, was die ganze Zeit schiefgelaufen ist. Das ist mein Baby, meine Idee, und ich bin diejenige, die auf den Kunden zugehen muß. Niemand kann die Idee besser 'rüberbringen als ich. Meine Begeisterung ist der zündende Funke, der auf die Kunden überspringen muß, und das kann ich nur selbst machen. Auf andere kann ich mich dabei nicht verlassen."

Während *Julia* redet, wenden sich die Kunden ihr immer mehr zu und schauen sie interessiert an: „Genau diese Begeisterung macht mich neugierig. Wenn sie jetzt noch auf mich zukommt und mir ein vernünftiges Angebot macht, dann ist die Sache rund. Jetzt ist da Kraft und Energie drin, und ich habe einen eindeutigen Ansprechpartner. Wenn sie so auftritt, dann bin ich sehr interessiert."

Julia stellt sich nun selbst an ihren Platz in der Aufstellung. „Den Kunden gegenüber zu stehen, fühlt sich eigentlich ganz gut an", sagt sie und fügt dann unsicher hinzu, „aber ich bin so unerfahren und weiß wirklich nicht, wie ich an die Kunden 'rankommen soll, und worauf ich alles achten muß. Dafür brauche ich ja die beiden als Partner."

Die Stellvertreter der Seminarfirma und des Outdoor-Anbieters schütteln den Kopf, beide stimmen darin überein, daß eine Partnerschaft für sie nicht in Frage kommt – weder miteinander noch mit Julias kleiner Firma. „Du kannst mit unserer Unterstützung rechnen, wenn du deine Aufgabe wahrnimmst und deine Idee auch nach außen vertrittst. Wir können gern kooperieren, aber mehr ist nicht drin."

Julia schaut eine Weile nachdenklich auf die Kunden, dann nickt sie. „Das ist o.k. Ich muß das eben lernen. Ich würde mich allerdings sicherer fühlen, wenn die beiden Firmen etwas näher bei mir stünden, im Hintergrund, sozusagen als Stütze und stille Ressource."

Im Schlußbild steht Julia den Kunden gegenüber, rechts, einen Schritt hinter ihr und mit etwas Abstand stehen die Kooperations-Partner. Auf der anderen Seite, ebenfalls mit etwas Abstand und leicht versetzt hinter Julia ihre Partnerin. Julia steht sehr gerade und mit hocherhobenem Kopf da und schaut den Kunden mit einem offenen Lächeln ins Gesicht. Die finden sie und ihr Angebot offensichtlich sehr anziehend.

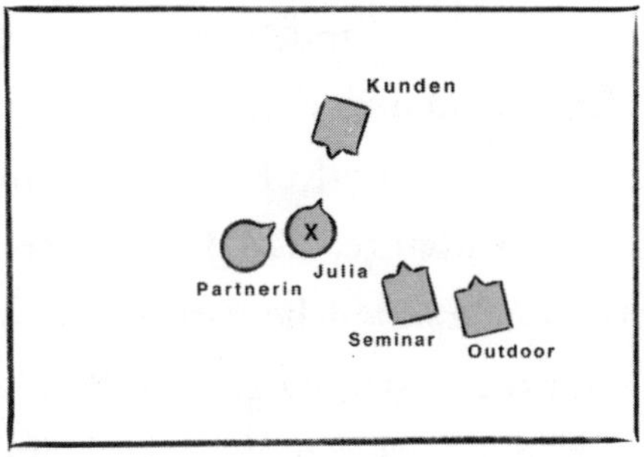

☞ *Erklärung der Aufstellung*

1. Anliegen und Auswahl relevanter Stellvertreter

Julias Anliegen bestand aus zwei Fragen, die, da sie sich auf dasselbe Thema bezogen, in eine Aufstellung einfließen konnten. Die erste Frage bezog sich auf die unklaren Zuständigkeiten und ihre Rolle innerhalb der geplanten Partnerschaft. Die zweite auf ihre Freundin und Partnerin, die sich nicht an Absprachen hielt. Als sie aufgefordert wurde, ihr Anliegen in einem möglichst kurzen Satz zusammenzufassen, sagte sie: „Was kann ich tun, damit meine Idee Wirklichkeit wird."

Julia sollte daraufhin je einen Stellvertreter aussuchen für:
– Die Seminarfirma,
– den Outdoor-Anbieter,
– sich selbst,
– ihre Freundin und Partnerin.
Später:
– Mögliche Kunden.

2. Bildsprache und vermutete Störungen

- Im ersten Bild der Aufstellung schauten die beiden Firmen und Julias Partnerin in die gleiche Richtung. Während die beiden Vertreter der Firmen nebeneinander standen, stand Julias Partnerin ausgegrenzt und mit dem Rücken zu den anderen weit ab. Alle drei fühlten sich unbeteiligt, ziellos und ohne Verbindung zueinander, was ein Zeichen dafür sein konnte, daß Julias Idee kein ausreichendes Verbindungsglied für eine mögliche Partnerschaft war.
- Julia selbst hatte nur die beiden möglichen Partner im Blick, zu ihrer Partnerin bestand weder Blickkontakt noch Nähe, eine erste Bestätigung für ihr gestörtes Verhältnis zueinander.

- Als die möglichen Kunden dazugestellt wurden, sammelte sich die Aufmerksamkeit aller Stellvertreter bei ihnen als dem gemeinsamen Ziel. Die Kunden schauten allerdings in den leeren Raum und fanden keinen für sie erstrebenswerten Nutzen.

Durch die Aussagen der Stellvertreter wurde schnell deutlich, daß Julia sich nicht zutraute, ihre Idee erfolgreich an den Kunden zu bringen.

- Um diesen Mangel auszugleichen, suchte sie die Partnerschaft mit den beiden bereits erfolgreich am Markt eingeführten Firmen im Outdoor- und Seminarbereich. Die zeigten allerdings wenig Interesse an Julia als Partnerin. „Um die Kunden zu gewinnen, brauche ich keinen Partner", sagten beide übereinstimmend. Auch untereinander bestand kein Bedürfnis nach Partnerschaft. Nur Julia brauchte die Partner, um ihre eigene Schwäche in der Kundenansprache auszugleichen. Unter diesen Umständen ist eine gleichwertige Partnerschaft aber nicht möglich. Denn eine gute, ebenbürtige Partnerschaft gedeiht nur, wenn einer den anderen braucht; auf die beiden Firmen traf das nicht zu.
- Mit ihrer Freundin als Partnerin wiederholte Julia den Versuch, ihren eigenen Mangel durch einen Partner auszugleichen. Diese Erwartung konnte die Partnerin nicht erfüllen. „Ich kann dich unterstützen, aber du mußt deine Idee nach außen vertreten, nicht ich", stellte sie fest. Auch in dieser Partnerschaft bestand keine wirkliche Gleichwertigkeit.
- Die Beziehungslosigkeit der möglichen Partner und der Mangel eines begeisterten Ideenträgers wirkten sich direkt auf die Kunden aus. Zunächst waren sie nur uninteressiert, später verwirrt. „Ich will einen einzigen Ansprechpartner haben, der mir ein klares Angebot

macht, der mir einen Gesamtnutzen bietet, das Ganze koordiniert und mein Problem löst. Hier ist das nicht möglich."

3. Lösung

Im Laufe der Aufstellung und durch die Rückmeldungen der Stellvertreter erkannte Julia, daß sie für die Umsetzung ihrer Idee selbst aktiv werden muß.

Die Lösung ihres Problems lag nicht, wie Julia vermutete, in der Partnerschaft mit ihrer Freundin und den beiden Firmen, sondern darin, selbst die Führung und Verantwortung zu übernehmen und ihr Projekt auch nach außen zu vertreten.

- „Das ist mein Baby, meine Idee und eigentlich muß ich auf die Kunden zugehen. Niemand kann meine Idee besser 'rüberbringen als ich. Ich mache das am besten selbst und verlaß mich nicht auf andere", stellte sie fest und ging danach einige Schritte auf die Kunden zu. Der Stellvertreter für die Kunden reagierte sofort: „Jetzt ist da Kraft und Energie drin, und ich habe einen eindeutigen Ansprechpartner. Jetzt bin ich sehr interessiert."
- Auch innerhalb ihrer eigenen Firma muß Julia die Führung übernehmen. Sie ist die Ideengeberin und hat die Firma gegründet. Ihre Freundin fühlte sich daher als Gleichberechtigte neben ihr nicht an ihrem richtigen Platz und war von Julias Erwartung an sie überfordert. Die Position seitlich hinter Julia entsprach den tatsächlichen Gegebenheiten und wies darauf hin, daß sie sich in der Position einer engen Mitarbeiterin wohler fühlte. Im Hinblick auf eine störungsfreie Zusammenarbeit sollte Julia diesen Aspekt dringend mit ihrer Freundin besprechen und klären.
- Die Aufstellung deutete darauf hin, daß statt der ursprünglich ge-

planten Partnerschaft eine lockere Zusammenarbeit zwischen Julia und den beiden Firmen die erfolgversprechendere Möglichkeit darstellte.

Wie soll ich mich bloß entscheiden?

Jeder von uns trifft ständig unzählige Entscheidungen. Wenn es dabei um so alltägliche Fragen geht wie, was ziehe ich heute an, was esse ich oder was sehe ich mir im Fernsehen an, entscheiden wir meist schnell und aus dem Gefühl heraus. Denn für diese alltäglichen Situationen haben wir fast alle im Laufe unseres Lebens eine sinnvolle Strategie entwikkelt, die es uns ermöglicht, schnell und ohne viel nachzudenken zu entscheiden, was gerade angemessen und richtig ist.

Ganz anders sieht es aus, wenn eine größere Investition, eine berufliche Neuorientierung oder eine wichtige private Entscheidung ansteht. Nehmen wir einmal an, Sie bekommen einen neuen Job angeboten, der genau Ihren Karrierevorstellungen entspricht. Allerdings müßten Sie dafür die Firma wechseln, in eine andere Stadt ziehen und auf geregelte Arbeitszeiten verzichten. Vielleicht zweifeln Sie auch daran, ob Sie der neuen Verantwortung wirklich gewachsen sind oder ob Ihre Karriere den Verlust der vertrauten Umgebung und der alten Freunde aufwiegt.

Wenn Sie zu den Menschen mit klarer Zielsetzung und eindeutigen Schwerpunkten im privaten und/oder beruflichen Leben gehören, können Sie meist recht schnell entscheiden. Das Abwägen der Vor- und Nachteile beschränkt sich dann auf die einfache Frage: „Hilft es mir, mein Ziel zu erreichen?“ Leider ist diese Art zielbewußter Menschen eher selten. Die meisten quälen sich mit scheinbar gleichrangigen Vor- und Nachteilen herum, schalten Freunde und Bekannte in ihren Entscheidungsprozeß ein, werfen eine Münze und verbringen schlaflose Nächte, ohne dadurch einer Entscheidung näherzukommen.

Ganz gleich, welcher Lebensbereich von uns eine Entscheidung erfordert, immer eröffnet uns diese Entscheidung neue Möglichkeiten und schließt gleichzeitig andere aus. Jede Entscheidung für etwas ist immer auch eine Entscheidung gegen etwas anderes. Wir können zwar die Vor- und Nachteile abwägen, aber da niemand von uns in die Zukunft sehen kann, können wir die möglichen Konsequenzen für unser Leben kaum abschätzen. Letztlich entscheiden wir also immer auf der Basis unvollständiger Informationen.

Dabei ist uns gar nicht klar, daß wir unbewußt über weit mehr Informationen verfügen als wir glauben; diese sind uns aber auf der bewußten Ebene nicht zugänglich. Möglicherweise haben wir gefühlsmäßig schon eine Entscheidung getroffen, trauen uns aber nicht, sie umzusetzen. Wenn wir unbedingt einen großen Karriereschritt machen wollen, überhören wir lieber die leise Stimme unserer Intuition, die uns schon bei der ersten Begegnung sagt, daß sich der neue Chef als Ekelpaket entpuppen könnte. Wenn sich unsere Eltern krummgelegt haben, um uns ein Studium zu ermöglichen, verdrängen wir aus falsch verstandener Dankbarkeit lieber unser Wissen, daß wir als Handwerker vielleicht glücklicher wären. Wir treffen dann Entscheidungen, die nicht unseren wirklichen Wünschen entsprechen und die im schlimmsten Fall unumkehrbar sind.

Wann immer Sie also eine Entscheidung mit weitreichenden Konsequenzen für Ihr Leben treffen müssen, kann eine Aufstellung ein nützliches Werkzeug sein, um Hintergründe und Motive zu erhellen und unbewußte Informationen sichtbar zu machen. In diesem Sinne eignet sich eine Aufstellung für alle wichtigen Entscheidungen, vor denen Sie vielleicht stehen, ob Sie ein Haus kaufen, einen neuen Job annehmen, sich selbständig machen, eine eigene Firma gründen oder einen neuen Partner in ihre Firma aufnehmen wollen. Zu diesem Themenbereich gehört auch die folgende Aufstellung.

Beispiel

Anita, 37 Jahre, und Abteilungsleiterin in einem mittelständischen Unternehmen, steht vor einer solch wichtigen Entscheidung. Ihre Firma hat ihr unerwartet die Stelle einer Geschäftsführerin in einer Zweigstelle angeboten. Einerseits ist sie stolz, daß ihre Leistung endlich anerkannt wird, und die neue Herausforderung und das höhere Gehalt reizen sie sehr. Andererseits träumt sie seit Jahren davon, sich selbständig zu machen und zusammen mit einer Freundin ihr geerbtes Elternhaus in ein romantisches Ausflugslokal umzubauen. Obwohl die finanzielle Seite dieses Traumes schon länger geklärt ist, hat sie bisher das Risiko gescheut, selbständige Unternehmerin zu werden.

Nun steht sie vor der Wahl, sich entweder für eine Karriere in der Firma zu entscheiden und damit ihren großen Traum aufzugeben, oder dem Drängen ihrer Freundin nachzugeben und den Sprung in die Selbständigkeit zu wagen.

„Seit Wochen wäge ich die Vor- und Nachteile gegeneinander ab, aber ich komme einfach zu keinem Ergebnis. Ende des Monats muß ich mich entschieden haben, und allein der Gedanke daran versetzt mich in Panik. Alles beim Alten zu lassen und weiterhin Abteilungsleiterin zu bleiben, ist aber auch keine Alternative, der Job füllt mich überhaupt nicht mehr aus", schildert sie ihre augenblickliche Lage. Ihr Anliegen faßt sie schließlich in dem Satz zusammen: „Ist es für mich besser, Geschäftsführerin zu werden oder mich selbständig zu machen?"

Daraufhin soll Anita je eine Stellvertreterin für sich selbst und ihre

---

Um besser unterscheiden zu können, wann der Auftraggeber spricht oder gemeint ist und wann der Stellvertreter redet, wird der Name des STELLVERTRETERS immer kursiv gedruckt (z.B. *Klaus*), während der AUFTRAGGEBER dem normalen Schriftbild folgt (Klaus).

Freundin/Partnerin aufstellen, sowie drei Stellvertreterınnen für die beruflichen Optionen: Die gegenwärtige Abteilungsleiterin, die zukünftige Geschäftsführerin und die selbständige Unternehmerin.

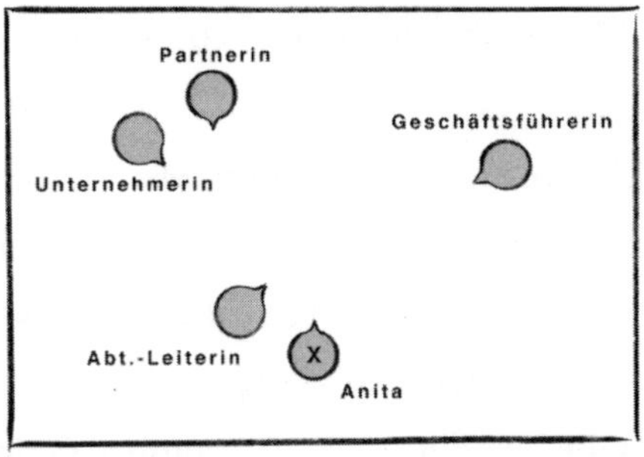

Schon in der ersten Befragungsrunde zeigt sich, daß *Anita* weder die Geschäftsführerin, noch die Unternehmerin, noch ihre Partnerin klar sehen kann. Nur die Abteilungsleiterin nimmt sie als vertraute Sicherheit wahr. Gleichzeitig versperrt diese *Anita* aber den Blick auf die Selbständigkeit, und das macht *Anita* ärgerlich.

Die Abteilungsleiterin fühlt sich zur Geschäftsführerin hingezogen, in Richtung Unternehmerin zeigend stellt sie aber fest: „Das fühlt sich nicht gut an. Ich empfinde ihr gegenüber Konkurrenz und denke die ganze Zeit: entweder sie oder ich."

Die Geschäftsführerin fühlt sich an ihrem Platz sicher und stark. „Ich interessiere mich nur für Anita und die Abteilungsleiterin, zu den beiden da drüben spüre ich keine Verbindung. Wenn ich hinschaue, werde ich allerdings ein bißchen neidisch. Die zwei strahlen und scheinen viel Spaß miteinander zu haben, den habe ich hier nicht", sagt sie.

Die Unternehmerin nickt. „Stimmt", lacht sie, „ich fühle mich hier sehr wohl und habe das Gefühl, endlich das Richtige gefunden zu haben. Mit meiner Partnerin verstehe ich mich bestens. Wir zwei sind ein gutes Team. Ich find's nur schade, daß die Abteilungsleiterin so weit weg steht. Mit ihren Fähigkeiten und ihrem Organisationstalent würde ich mich viel sicherer fühlen."

Anitas Partnerin hegt keinerlei Zweifel, daß ihre Pläne erfolgreich umgesetzt werden können. „Ich warte nur darauf, daß es endlich losgeht", sagt sie.

Unmittelbar nach der ersten Befragungsrunde wird Anita selbst aufgefordert, sich nacheinander auf die Positionen der Geschäftsführerin und der Unternehmerin zu stellen. Auf dem Platz der Geschäftsführerin bleibt sie mit gesenktem Kopf still stehen, als ob sie in sich hineinhören würde. „Es ist merkwürdig", sagt sie nach einer Weile, „einerseits bin ich stolz, daß ich diese Position erreicht habe und man mir diesen Job zutraut. Es ist eine neue Herausforderung und der verdiente Lohn für meine Arbeit und all die Jahre im Betrieb. Ich fühl' mich hier sicher und kann mich auf meine Erfahrungen und mein Wissen verlassen. Andererseits fehlt hier etwas." Ihre Augen schweifen zögernd zur Unternehmerin und der Partnerin hinüber.

„Wenn ich mich für den Job als Geschäftsführerin entscheide, muß ich meinen Traum endgültig aufgeben, und ich glaube, mit dieser Entscheidung werde ich den Rest meines Lebens hadern. Diese Position bietet Sicherheit, aber mit der Erfüllung meiner Träume und dem Spaß, den die beiden dort drüben offensichtlich haben, hat sie nicht viel zu tun." Sie versinkt für eine Weile in Schweigen. „Ich glaube, hier werde ich nicht glücklich werden", fügt sie dann hinzu.

Kaum hat sie sich an den Platz der selbständigen Unternehmerin gestellt, hellt sich Anitas Gesicht auf. Ihre Partnerin und sie strahlen sich an und rücken noch etwas näher zusammen. „Mein ganzer Körper kribbelt vor Erregung. Obwohl ich hier längst nicht auf so sicheren Beinen stehe wie als Geschäftsführerin, fühle ich mich neben meiner Partnerin wohl."

„Mir paßt das nicht!“ Die Abteilungsleiterin schüttelt heftig den Kopf. „Ich komme mir verraten vor. Als wären all die Jahre und meine ganze Arbeit nichts wert gewesen. Mich ärgert es, wenn sie an dieser Position steht und mich einfach fallenläßt.“

Die Abteilungsleiterin wird jetzt der Unternehmerin Anita gegenübergestellt. Während die Abteilungsleiterin die Unternehmerin Anita wütend anstarrt, bekommt diese ein schlechtes Gewissen; es fällt ihr schwer den Blickkontakt auszuhalten. Die Situation zwischen beiden entspannt sich erst, nachdem Anita der Abteilungsleiterin glaubhaft versichert: „Ich danke dir für das, was du in all den Jahren geleistet hast. Ohne deinen Einsatz und ohne deinen Verdienst könnte ich hier gar nicht stehen. Für mich wäre es eine Erleichterung, wenn du mir zur Seite stehen würdest.“ „Das tut gut! Genau das wollte ich hören,“ erwidert die Abteilungsleiterin. „Ich bin richtig gerührt. Und ich freue mich, wenn ich dich unterstützen kann.“ Als sie neben Anita gestellt wird, nickt die Partnerin zustimmend: „Das gibt dem Ganzen mehr Gewicht und Standfestigkeit. Von mir aus können wir jetzt endlich loslegen. Ich kann kaum noch ruhig stehen.“ Sie knufft Anita in die Seite und weist mit einer einladenden Kopfbewegung nach vorne.

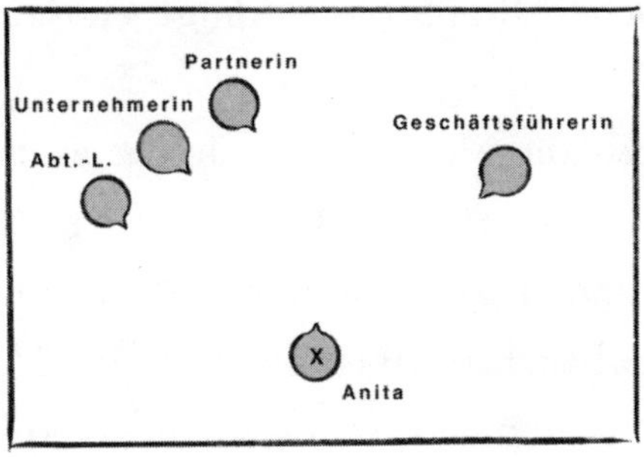

Anita zögert. „Mit den beiden an meiner Seite fühle ich mich zwar gut, aber irgendetwas stimmt noch nicht. Wenn ich zur Geschäftsführerin rübergucke, dann ist dort etwas, was es hier nicht gibt, und das beunruhigt mich. Ich weiß, daß das hier der richtige Platz für mich ist und trotzdem ...", sie schweigt und starrt auf den Boden, „irgendwie kommt es mir so vor, als dürfte ich hier nicht stehen", fährt sie stockend fort.

„Was hat die Geschäftsführerin, was die Selbständigkeit nicht hat?" fragt die Aufstellungsleiterin. Anita überlegt einen Moment. „Sicherheit", antwortet sie. „Sie bietet Sicherheit", wiederholt sie mit plötzlich tränenerstickter Stimme. „Und für wen in deiner Familie war Sicherheit wichtig?" „Für meine Eltern. Für meine Eltern war Sicherheit ein ganz hoher Wert. Sie haben im Krieg alles verloren und sind aus ihrer Heimat vertrieben worden. Später haben sie ihre ganze Energie darauf gerichtet, für uns Kinder eine neue Heimat zu schaffen und uns eine sichere Existenz zu ermöglichen. Wenn ich das da aufgebe", sie deutet zur Geschäftsführerin hinüber, „komme ich mir undankbar vor. Meine Eltern würden das nie verstehen."

Als hinter Anita ein Mann und eine Frau als Stellvertreter ihrer Eltern gestellt werden, sie sich zu ihnen umgedreht und ein paarmal von einem zum anderen geschaut hat, sagt sie: „Ich fühle mich auf einmal wieder wie ein kleines Kind und habe ein schlechtes Gewissen, weil ich ihnen Kummer mache." Ihre Stimme klingt jetzt auch so, wie die eines kleinen Mädchens.

Die Aufstellungsleiterin legt ihr eine Tasche in die Arme und spricht Anita die Sätze vor, die sie zu ihren Eltern sagen soll: „Lieber Papa, liebe Mama. Für euch war Sicherheit ein hoher Wert, und aus Liebe zu euch habe ich euer Sicherheitsbedürfnis übernommen. Aber euer Bedürfnis nach Sicherheit ist nicht meins, sondern eures. Ich bin jetzt erwachsen und habe eigene Träume und Vorstellungen, die ich verwirklichen will. Was ich von euch übernommen habe, gebe ich an euch zurück, ich brauche es nicht, und ich will es auch nicht." Vorsichtig legt Anita die Tasche in die ausgestreckten Hände ihrer Eltern und tritt dann einen Schritt zurück.

„Ja, das gehört zu unserem Leben“, antwortet ihr Vater. „Für uns war Sicherheit sehr wichtig. Wenn wir dich damit belastet haben, dann tut mir das leid. Von mir aus darfst du dein eigenes Leben leben, so wie es deinen Vorstellungen entspricht. Meinen Segen hast du.“ Er lächelt Anita liebevoll an. „Ich stimme deinem Vater zu.“ Auch Anitas Mutter lächelt ihre Tochter an und fügt dann hinzu: „Du bist frei, dein eigenes Leben so zu gestalten, wie es deinen Wünschen entspricht. Meine guten Wünsche begleiten dich.“

Die drei fassen sich an den Händen und stehen so eine Weile dicht beieinander. Auch von außen kann man deutlich spüren, wie gerne sie sich mögen.

Im letzten Bild der Aufstellung stehen die Eltern hinter der Unternehmerin und stärken ihr den Rücken. Rechts wird Anita von der Abteilungsleiterin mit ihrer Kompetenz und links von ihrer Partnerin flankiert.

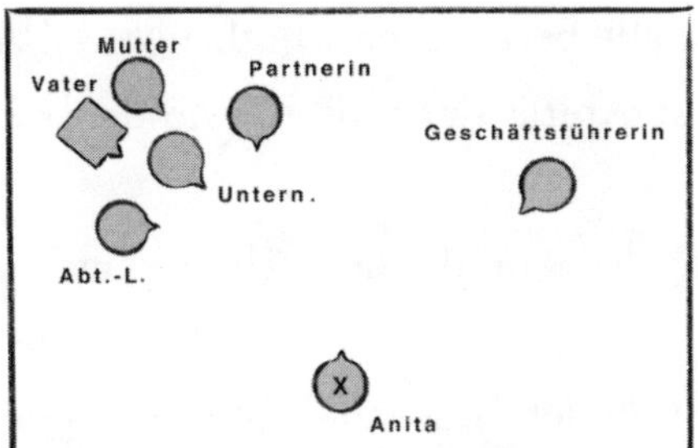

„Ich habe damals ganz deutlich gespürt, daß es genau das war, was ich wollte und endlich auch ohne schlechtes Gewissen tun durfte“, erzählte Anita eineinhalb Jahre später, als wir in ihrem Lokal zu Abend aßen. „An dieses Gefühl und das Schlußbild habe ich mich später oft erinnert, und jedesmal hat es mir geholfen, all die kleinen und großen Probleme durchzustehen, bis wir endlich umgebaut hatten und das Lokal eröffnen konnten. Inzwischen läuft das Lokal besser, als wir gehofft haben. Ich glaube, die Gäste merken, wieviel Spaß und Freude wir bei unserer Arbeit haben, obwohl es manchmal wirklich stressig ist. Demnächst wollen wir das leerstehende Nachbarhaus kaufen und in eine kleine Pension umbauen. Mal sehen, was daraus wird."

☞ *Erklärung der Aufstellung*

1. Anliegen und Auswahl relevanter Stellvertreter

Anitas Anliegen war sehr klar formuliert. Sie war zum Zeitpunkt der Aufstellung noch Abteilungsleiterin und bekam von ihrer Firma das Angebot, zur Geschäftsführerin aufzusteigen. Ihr Traum war es aber, eine Partnerschaft mit einer Freundin einzugehen und mit ihr zusammen als selbständige Unternehmerinnen ein Ausflugslokal zu eröffnen. Aufgestellt wurden also alle beruflichen Möglichkeiten Anitas, die in gewisser Weise innere Teile Anitas darstellten, und die beiden beteiligten Personen:

- Die Abteilungsleiterin, die sie noch war und auch hätte bleiben können,
- die neue Position der Geschäftsführerin,
- die Position als selbständige Unternehmerin,
- ihre Partnerin, mit der zusammen sie sich selbständig machen wollte,
- Anita selbst.

2. Bildsprache und vermutete Störungen

Mit dem ersten Aufstellen dieser Personen drückte Anita bereits ihr unbewußtes inneres Erleben der Situation deutlich aus:

- Anitas Blick auf die Selbständigkeit wurde von der Abteilungsleiterin verstellt, hier gab es offensichtlich etwas „aus dem Weg zu räumen".
- Die Partnerschaft mit ihrer Freundin wirkte vielversprechend. Ihr bisheriges Zögern, den Schritt in die Selbständigkeit zu machen schien mit der Partnerin nichts zu tun zu haben und wies auf andere Ursachen hin.
- Die Geschäftsführerin stand zwar weit außerhalb der Achse Anita – Abteilungsleiterin – Selbständigkeit, aber auf gleicher Höhe mit der Selbständigkeit. Damit stellte sie bildhaft ein Gegengewicht zur Selbständigkeit.

Durch die Befragung der Stellvertreter verdichteten sich im weiteren Verlauf der Aufstellung die aus dem Ursprungsbild abgeleiteten Vermutungen:

- Die Abteilungsleiterin, die ja Anitas bisherige berufliche Tätigkeit darstellte, hatte sich viele Jahre mit großem Engagement und offensichtlichem Erfolg eingesetzt. Den Wechsel in die Selbständigkeit empfand sie wie einen Verrat: „Als wären die jahrelangen Bemühungen und meine ganze Arbeit nichts wert gewesen. Das wird jetzt einfach fallengelassen und für vertane Zeit erklärt."
- Die Geschäftsführerin verkörperte die Sicherheit, die die selbständige Unternehmerin natürlich nicht haben kann. Das war Anita vom Verstand her auch bewußt, und ein Teil von ihr war durchaus bereit, auf diese Sicherheit zu verzichten, sonst hätte sie ihren Traum gar nicht gehabt. Trotzdem gab es in ihr einen Impuls, der sie sagen ließ: „Es

fühlt sich so an, als dürfte ich das hier (Selbständigkeit) nicht machen." Doch wer oder was verbietet es ihr?

3. Lösung

Beide Situationen sind in der Aufstellungsarbeit häufig zu beobachten und drücken typische Konflikte aus. Aber erst ihr tieferes Verständnis führt unmittelbar zu einer guten Lösung:

- Anita (bzw. der Teil, der die Abteilungsleiterin darstellte) befürchtete, daß mit dem Schritt in die Selbständigkeit ein wichtiger Teil ihres vergangenen Lebens einfach „ausgelöscht" wird. Intuitiv aber wußte sie, daß das nicht richtig ist. Trotzdem geschieht das leider allzu oft: Wir schlagen voller Elan einen neuen Lebensweg ein oder trennen uns innerlich von einer vielleicht unangenehmen Vergangenheit und versuchen zu vergessen, was war. Damit verleugnen wir nicht nur einen wichtigen Teil unserer selbst – unser krampfhafter Versuch zu vergessen bindet uns im Gegenteil noch stärker an unsere Vergangenheit. Frei werden kann nur, wer anerkennt, was war. Die Lösung für Anita lag eben darin, ihre bisherige Tätigkeit als Abteilungsleiterin angemessen zu würdigen: „Ich achte deinen Einsatz und danke dir für das, was du in all den Jahren geleistet hast."
- Das starke Bedürfnis nach Sicherheit gehörte nicht zu Anita, sondern zu ihren Eltern. Aufgrund ihres persönlichen Schicksals als Heimatvertriebene ist es leicht verständlich und nachvollziehbar. Ihr starkes, persönliches Bedürfnis nach Sicherheit haben die Eltern, sicher in guter Absicht, wie einen Auftrag an Anita weitergegeben. Das war Anita aber weder bewußt, noch konnte sie sich aus kindlicher Loyalität zu ihren Eltern einfach darüber hinwegsetzen. Die gute Lösung für Anita bestand darin, den Konflikt bewußtzumachen und das Bedürfnis nach

Sicherheit innerlich dorthin zurückzugeben, wo es hergekommen war – an die Eltern: „Für Euch war Sicherheit ein hoher Wert, den habe ich von euch übernommen. Aber Euer Bedürfnis nach Sicherheit ist nicht meins, ich bin jetzt erwachsen und habe eigene Träume und Vorstellungen, die ich verwirklichen will. Ich brauche es nicht, und ich will es nicht. Ich gebe es Euch zurück."

- Mit der Rückgabe des Bedürfnisses nach Sicherheit konnte sich Anita für den Schritt in die Selbständigkeit freimachen, auf den sie bis dahin aus unbewußter Loyalität zu ihren Eltern verzichtet hatte. Und indem die Eltern bereit waren, ihrer Tochter ihren Segen zu geben, entließen sie sie ihrerseits aus der Verpflichtung und gaben ihr die Erlaubnis für ein gutes Gelingen ihres Vorhabens.

Dieser letzte Schritt, den Segen und die Erlaubnis zu erhalten, das eigene Leben frei zu gestalten, tut der kindlichen Seele besonders gut. Aber nicht alle Eltern sind dazu bereit, oder aus mancherlei Gründen nicht dazu in der Lage. Hier genügt es, den Auftrag, übernommene Gefühle oder Lasten symbolisch an sie zurückzugeben und sich innerlich davon zurückzuziehen.

Zu viel auf einmal

Eine Symbol-Aufstellung

Es gibt immer wieder Situationen, in denen Menschen das Gefühl haben, nicht mehr ganz sie selbst, nicht mehr handlungsfähig zu sein. Berufliche oder private Probleme stürzen auf sie ein, bestimmen ihr gesamtes Denken und Fühlen und überschatten das ganze Leben. Das kann ein altes Problem sein, das durch einen äußeren Anlaß plötzlich wieder hochaktuell wird, oder ein völlig neues Problem. Es kann sich um eine finanzielle oder familiäre Krise handeln oder schlicht um einen Lebensabschnitt, in dem eben alles so richtig schön schiefläuft. Manchmal lassen wir uns dann von einem Problem packen, statt es anzupakken. Wir wissen dann zwar, daß wir uns aus den ewig kreisenden Gedanken befreien sollten, wissen aber nicht wie.

Bewundernswert sind Menschen, denen es in solchen Phasen gelingt, „innerlich Abstand" von den eigenen Problemen zu nehmen. Vielen gelingt das nicht. Nun ist es aber so, daß verschiedene Menschen sich durchaus von ganz unterschiedlichen Problemen packen lassen. Für den einen bedeutet ein kleiner finanzieller Engpaß eine Lebenskrise, während eine scheinbar unübersichtliche Menge von beruflichen und privaten Anforderungen mit Leichtigkeit nach Schwerpunkten sortiert und abgearbeitet werden kann. Der andere dagegen kommt in bestimmten Situationen mit dem alltäglichen Kleinkram überhaupt nicht zurecht, geht dafür aber die finanziellen Schwierigkeiten gelassen und planvoll an.

Wie wir persönlich auf Probleme reagieren, hängt einerseits damit zusammen, welche Werte wir haben, und andererseits damit, wo wir Probleme innerlich verorten. Angenommen, für Sie ist finanzielle Sicherheit ein hoher Wert, und Sie können nur ruhig schlafen, wenn Sie ein dickes Plus auf dem Konto haben. Gibt dann Ihr Auto, das Sie aus beruflichen Gründen dringend brauchen, endgültig den Geist auf, bleibt Ihnen vielleicht nichts anderes übrig, als ein neues zu kaufen und das schöne dicke Plus auf Ihrem Konto in ein sattes Minus umzuwandeln. Wenn Sie dann auch noch zu jenen Menschen gehören, die nicht gerne Schulden machen, haben Sie für längere Zeit, nämlich bis Sie Ihr Konto wieder aufgefüllt haben, ein äußerst unangenehmes Problem. Ihr Nachbar dagegen nimmt zur gleichen Zeit einen größeren Kredit für sein neues Auto auf und kann trotzdem ruhig schlafen. Im Gegensatz zu Ihnen steht er sogar auf dem Standpunkt, wer keine Schulden macht, ist selbst schuld.

Solange Sie nicht wegen Ihres überzogenen Kontos körperlich oder seelisch krank werden, besteht keine Notwendigkeit für Sie, an Ihrer Haltung oder an Ihren Werten etwas zu verändern. Ganz anders sieht es aber aus, wenn Sie tatsächlich in eine Situation kommen, in der Sie Ihre Fähigkeit zu handeln weitgehend einbüßen und von der Sie wissen, daß z.B. Ihr Nachbar blendend damit zurechtkäme. Dann ist Ihr wirkliches Problem vielleicht die innere Zuordnung ihres Problems. Wir alle machen uns innere Bilder von unserer Vergangenheit oder unserer Zukunft, von unserer gegenwärtigen Situation oder unseren Problemen. Und alle diese Bilder haben in unserer Vorstellung einen ganz bestimmten Platz. Je näher uns diese Bilder auf den Pelz rücken, um so bedeutsamer werden sie in unserem inneren Erleben. Wenn wir frisch verliebt sind, ist das nahe Bild unseres Partners angenehm. Haben wir aber ein Problem, das wir nicht mehr mit Abstand betrachten, geschweige denn lösen können, kann es sehr hilfreich sein, diesem inneren Bild einen neuen und angemesseneren Platz zu geben.

Über eine einfache Symbol-Aufstellung können Sie sich die Position, die ein oder mehrere Problem/e in Ihrem inneren Erleben einnehmen, bildlich vorstellen und ihnen dann einen besseren Platz zuordnen. So gewinnen Sie unter Umständen schnell Ihre Handlungsfähigkeit zurück. Nachfolgend ein Beispiel für diese Vorgehensweise.

Beispiel

Evelyn (37 Jahre), von Beruf Puppenspielerin, strahlt sinnliche Lebensfreude aus, wirkt energisch und geht mit großer Herzlichkeit auf ihre Mitmenschen zu. Jetzt sitzt sie neben mir und schildert mit belegter Stimme, daß sie in einem Wust von Forderungen, Pflichten und Ansprüchen unterzugehen droht. „Es ist einfach zu viel auf einmal", sagt sie, „inzwischen fühle ich mich wie gelähmt, außerstande, irgendwo anzufangen und ein bißchen Ordnung in mein Leben zu bringen."

Allmählich kristallisiert sich heraus: Evelyn lebt seit einem Jahr von ihrem Mann getrennt, und die Scheidung steht kurz bevor und macht ihr Angst. Die gemeinsame Tochter, die sie allein erzieht, ist seit der Trennung bockig und unzugänglich. Der Vater zahlt keinen Unterhalt und kümmert sich nur unregelmäßig um das Kind. Ihr eigenes Einkommen sinkt, seit die Aufträge für ihr Puppentheater zurückgehen, denn seit der Trennung von ihrem Mann hat sie keine neuen Stücke mehr einstudiert, und außerdem spult sie ihr Programm inzwischen mehr oder weniger lustlos ab.

„Ich bin halt bemüht lustig und nicht mit dem Herzen dabei. Kinder merken das sofort." Ihre Stimme klingt entmutigt, als sie hinzusetzt: „Ich müßte mal wieder eine Weiterbildung machen, mich mit Leuten unterhalten und neue Anregungen bekommen. Aber wohin mit der Kleinen? Ich habe niemanden, der sie mir mal abnehmen könnte." Auch um ihre Gesundheit müßte Evelyn sich kümmern, ihr Arzt drängt sie, etwas gegen ihr erhebliches Übergewicht zu tun. Und ein gemütliches Zuhause hat sie für sich und ihre Tochter in der neuen Wohnung immer noch nicht geschaffen: „Die Wohnung ist mit altem Plunder aus einem anderen Leben vollgestopft, nichts zum Wohlfühlen. Aber mir fehlt einfach die Kraft, das zu ändern."

Nachdem Evelyn ihre Schwierigkeiten geschildert hat, soll sie je ein Symbol für sich selbst und für jedes Problem, das sie bedrängt, aussuchen und auf den leeren Tisch stellen. Sie wählt für sich eine runde Schachtel und stellt sie in die Mitte des Tisches. Dann sucht sie Symbole für all das, was sie bedrückt: Scheidung, alleinerziehende Mutter, Kind, Finanzen, Beruf, Weiterbildung, Wohnung, Abnehmen und ordnet sie in einem engen Kreis rund um die Schachtel an.

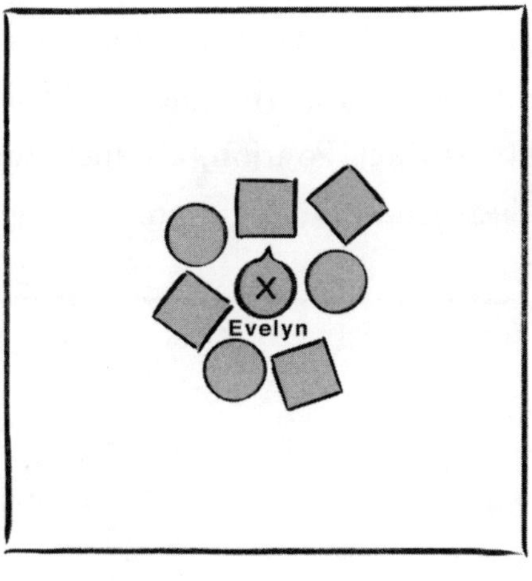

Als alle Symbole aufgestellt sind, soll sie einen Schritt zurücktreten und das Bild auf sich wirken lassen. Nach einem kurzen Moment sagt sie: „Kein Wunder, daß ich manchmal keine Luft kriege. Die schnüren mir die Luft ab. Wohin ich auch gucke, überall steht 'was und bedrängt mich. Bedrückend und bedrohlich ist das."

„O.k., Evelyn, so erlebst du die Situation im Moment. Was müßte an dem Bild verändert werden, damit du dich besser fühlst?" Evelyn schaut nachdenklich auf die Symbole. „Ich müßte alles sehen können, aber viel mehr Abstand haben.“ Sie rückt die Symbole ein Stück von der Schachtel weg und stellt sie in einem Halbkreis der Schachtel gegenüber auf.

„Und jetzt tu so, als ob du für eine Weile in jedes Symbol hineinschlüpfen und wahrnehmen könntest, wie es sich von dort aus anfühlt.“ Nacheinander taucht Evelyn in die verschiedenen Symbole ein, kommt aber zu keinem besseren Ergebnis.

„Ich muß Prioritäten setzen, alles auf einmal geht einfach nicht“, sagt sie plötzlich und tippt sich an die Stirn, als wäre ihr gerade eine Erleuchtung gekommen. Sie beginnt, die Symbole nach ihrer Wichtigkeit zu ordnen. Nach vielem Schieben und Umstellen findet Evelyn eine Reihenfolge, die ihr einen Überblick über die Dringlichkeit ihrer Schwierigkeiten verschafft und gleichzeitig ermöglicht, daß sie alle Probleme gut sehen kann. Sowohl aus ihrer Position, als auch aus der der einzelnen Symbole fühlt sich diese Anordnung gut an.

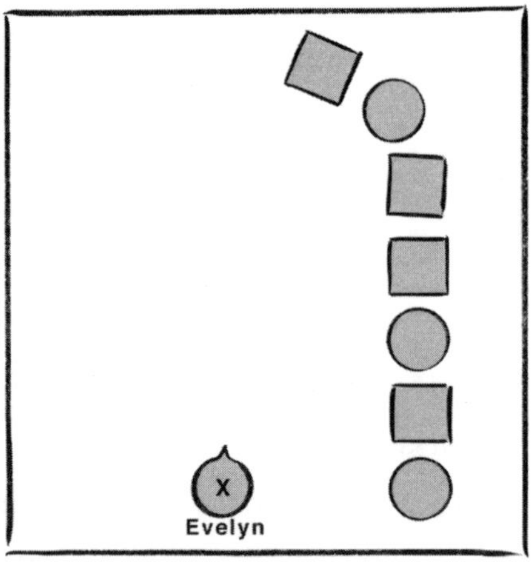

„Jetzt suche ein Symbol für deine Lebensfreude, deinen Tatendrang aus.“ Evelyn nimmt ein silbernes Milchkännchen und stellt es neben die

Schachtel. Sie lacht. „Die habe ich ganz aus den Augen verloren.“ Dann zeigt sie auf die anderen Symbole: „Dabei ist sie meine beste Verbündete gegen all das. Eigentlich müßte die Lebensfreude auf der Schachtel thronen, mich ganz einhüllen.“ Sie stellt das Milchkännchen auf die Schachtel und nickt zufrieden: „Genau so.“

Ein halbes Jahr später war Evelyn zwar noch immer damit beschäftigt, die Scheidung durchzustehen, ihre Finanzen zu ordnen, mit ihrer Tochter zurechtzukommen, abzunehmen und ums Überleben zu kämpfen, aber in einem Gespräch sagte sie: „Durch diese Aufstellung ist mir klar geworden, daß die Probleme und ich nicht identisch sind. Als ich sie symbolisch herumgeschoben habe, ist mir aufgegangen, daß ich Einfluß auf sie nehmen kann. Ich bestimme, wie nah ich sie an mich heranlasse und wann ich mich ihnen zuwende.“

Teil 3
Die Praxis

Aufstellen – hinschauen – Lösungen erkennen

Was Sie selbst tun können

Im ersten Teil dieses Buches konnten Sie lesen, wie und nach welchen Gesetzmäßigkeiten Unternehmenssysteme funktionieren und welche systemischen Störungen auftreten können, wenn die Bedingungen von Zugehörigkeit, Ordnung und dem Ausgleich von Geben und Nehmen verletzt werden. Im zweiten Teil haben wir an Beispielen aus der Praxis gezeigt, wie diese Störungen in einer Organisations-Aufstellung aufgedeckt und gelöst werden können.

Vielleicht haben Sie beim Lesen ein berufliches Problem wiedererkannt, das sie so oder ähnlich schon einmal hatten oder sogar gegenwärtig haben. Überraschend wäre das nicht, denn systemische Störungen sind sozusagen „normal" und gehören zu unserem Alltag. Die bestmögliche Form, um diese Störungen zu beheben, ist ganz sicher eine Aufstellung mit Menschen als Stellvertretern. Aber schon eine kleine Aufstellung mit einfachen Symbolen kann, wie in den beiden vorgestellten Fallbeispielen, interessante neue Erkenntnisse zu einer Problemsituation zutage fördern. Und auch sie gewährt einen ersten Einblick in die Aussagekraft und Wirkungsweise von Aufstellungen. Da unser Denken, Handeln und Fühlen maßgeblich von unbewußten inneren Bildern bestimmt wird, hat allein das Sichtbarmachen unserer inneren Bilder im Äußeren bereits eine große Wirkung. Ob wir dafür auf Stellvertreter zurückgreifen oder uns mit Gegenständen des täglichen Gebrauchs begnügen, spielt hierbei keine so große Rolle. So wie die Raumbilder einer großen Aufstellung viele wichtige, uns nicht bewußte Informationen offenbaren, können auch Symbol-Aufstellungen einen Teil dieser unbewußten Informationen zugänglich machen.

Wie leicht es uns fällt, alltägliche Symbole als Stellvertreter für Menschen oder Dinge zu nehmen, sie dem Gefühl nach und den Kern des Problems offenbarend aufzustellen, soll noch ein weiteres Beispiel verdeutlichen:

Ein Beispiel: *Monika, eine gute Freundin, quälte sich schon seit Monaten mit einem Problem. Es war ein häufig wiederkehrendes Gesprächsthema, das trotz ihrer engagierten Bemühungen um eine Lösung scheinbar unverändert blieb. Bei einem Essen erzählte Monika erneut von ihrem Problem. Daraufhin drückten wir ihr die auf dem Tisch stehenden Salz- (Monika) und Pfefferstreuer (das Problem) in die Hand und forderten sie auf, sich selbst und ihr Problem aufzustellen. Monika nahm jedes Teil in eine Hand, zögerte nur einen kurzen Augenblick und stellte dann den Pfefferstreuer (das Problem) auf den Tisch und den Salzstreuer (Monika) direkt oben drauf. Monikas inneres Bild sprach eine klare Sprache: Sie saß auf ihrem Problem. Die Vermutung liegt nahe, daß das Problem, das sie so gerne lösen wollte, zugleich einen Gewinn für sie versprach, wenn es bestehenblieb. Für wen oder für was sie dieses Problem festhielt, war in diesem Rahmen nicht zu klären. Dennoch erhielt Monika erstmals einen veränderten Blick auf ihr Problem. Ihr inneres Bild veränderte sich, und der starke Leidensdruck war weg.*

Dieses Beispiel zeigt erneut: Ein (inneres) Bild sagt mehr als tausend Worte. Es kann daher nur hilfreich sein, unsere inneren Bilder einer Problemsituation sichtbar zu machen. Die folgenden Kapitel zeigen, wie Sie das mit den vergleichsweise einfachen Mitteln einer Symbol-Aufstellung selbst tun können.

Aber bitte bedenken Sie beim Ausprobieren, daß das Leben weit vielfältiger und komplizierter ist, als es in einem Buch dargestellt werden kann. Menschliche Beziehungsgeflechte zeigen manchmal schwer zu entwirrende Muster, und befriedigende Lösungen können auf vielfältige Weise zustande kommen. Wie die ausgewählten Fallbeispiele sichtbar gemacht haben, erfordert sowohl die Aufdeckung von systemischen Störungen wie auch deren Lösung eine Reihe von Eingriffen, die erst dann eine nachhaltige Wirkung entfalten, wenn sie vollständig und folgerichtig durchgeführt werden. Die Voraussetzungen dafür sind Erfahrung, eine fundierte Kenntnis systemischer Störungen und deren vielfältige Erscheinungsformen sowie die Beherrschung der notwendigen Interventionsschritte. Ohne fachliche Anleitung werden Sie vielleicht wichtige Erkenntnisse gewinnen, aber nicht automatisch auch zu einer Lösung kommen. Aber, wie das kleine Beispiel von Monika zeigt, allein das Einnehmen eines neuen Blickwinkels und die Wahrnehmung neuer Informationen können schon zu neuen Einsichten und Gefühlen führen. Viel Spaß dabei.

Das Anliegen formulieren

Wenn du eine weise Antwort wünschst,
mußt du vernünftig fragen.
J. W. v. Goethe

Ausgangspunkt jeder Aufstellung ist, wie Sie in Teil 2 feststellen konnten, stets ein klares Anliegen. Das Anliegen umreißt das Problem, bestimmt den zu betrachtenden Systemausschnitt und legt fest, welche Personen oder Dinge dazugehören. Formulieren Sie also zunächst Ihr Anliegen bzw. Ihre Frage für die Aufstellung. Sie können dabei nach folgenden Merkmalen vorgehen:

1. **Fassen Sie Ihr Anliegen in einem Satz mit max. 15 Wörtern zusammen**
   Je knapper ein Anliegen formuliert ist, desto klarer wird, um was es dem Frager geht. Gute Beispiele für Anliegen wären z.B:
   - Wofür soll ich mich entscheiden?
   - Wo ist mein Platz in meiner Firma?
   - Soll ich bleiben oder gehen?
   - Warum macht mich mein Beruf unzufrieden?
   - Wie kann ich die Schwierigkeiten mit meinem Chef lösen?
   - Warum sind die Mitarbeiter nicht engagiert?

   Solche Fragen sind eindeutig und haben spürbar Kraft.

Lassen Sie im Gegensatz dazu einmal nachfolgendes Anliegen auf sich wirken: „Irgendwie habe ich manchmal ein bißchen Streß in der Firma, und mit den Kollegen klappt es oft auch nicht so gut. Das würde ich gerne mal aufstellen.“ Hier bleiben viele Fragen offen: Wann, in welchen Situationen hat der Frager Streß? Was bedeutet „ein bißchen Streß"? Mit welchen und mit wieviel Kollegen klappt es nicht? In welchen Situationen klappt es nicht? Und wie oft ist „oft"? Was ist dem Frager wichtiger, der Streß in der Firma oder das Verhältnis zu den Kollegen? Im vorliegenden Fall weiß der Frager noch nicht genau, was er will. Das ist keine besonders gute Voraussetzung für eine Aufstellung. Darum noch einmal: Je klarer das Anliegen ist, desto größer ist auch die Chance, zu einer neuen Erkenntnis oder gar Lösung zu kommen.

Hat das Problem, das Sie mit Ihrer Aufstellung klären möchten, also verschiedene Aspekte, dann trennen Sie es in einzelne Teilfragen, und stellen Sie dann Teilfrage für Teilfrage getrennt auf. Sollte Ihnen unklar sein, welche Personen oder Hierarchieebenen ein Problem betrifft, zeichnen Sie ein Organigramm Ihrer Firma oder Abteilung (siehe S. 202). In vielen Fällen kann das den Themenbereich eingrenzen und zu einem klareren Anliegen führen.

2. **Achten Sie darauf, daß Ihr Anliegen auch in Ihrer Zuständigkeit liegt**
   Erkennen Sie schon bei der Formulierung Ihres Anliegens an, was den Tatsachen entspricht. Machen Sie sich zunächst klar, wieviel Macht und Einfluß Sie von Ihrer Position aus haben. Sie können nur die Dinge verändern, auf die Sie auch direkt Einfluß nehmen können. Auch hierbei kann Ihnen wieder das Aufzeichnen eines Organigramms helfen.
   Haben Sie beispielsweise eine eigene Firma oder sind Sie Geschäftsführer, dürfen Sie völlig zu recht fragen, ob Sie sich von einem bestimmten Mitarbeiter besser trennen sollen. Denn sie sind sowohl für den reibungslosen Ablauf der Geschäfte wie auch für

Personalentscheidungen zuständig. Sind Sie dagegen Mitarbeiter auf einer unteren Hierarchieebene, ist die Frage: „Wie werden wir den Prokuristen los?“ völlig unerheblich, denn Sie treffen nun mal keine Personalentscheidungen. Ob es Ihnen paßt oder nicht, ob der Prokurist bleibt, entscheidet ganz allein der Chef.

Ihr Anliegen sollte also immer Ihren eigenen Einfluß auf eine Situation oder eine Lösung berücksichtigen. Fragen Sie also besser, welchen Anteil Sie selbst an einer Situation oder einem Problem haben und was Sie zu seiner Lösung beitragen können. Denken Sie aber daran, daß die Lösung nicht immer da liegt, wo man sie gerne hätte. Manchmal werden Sie vielleicht feststellen, daß Sie weder mit dem Problem noch mit der Lösung wirklich etwas zu tun haben. Dann sollten Sie sich zurückziehen und Ihre Energien auf sinnvollere Tätigkeiten ausrichten, nämlich auf das, worauf Sie wirklich Einfluß haben. Es könnte sich aber auch herausstellen, daß Ihr eigener Anteil an einem Problem sehr viel größer ist, als Sie wahrhaben möchten. Diese Erkenntnis ist nicht immer leicht.

3. Beobachten Sie Ihre gedankliche Klarheit, sie könnte ein Hinweis auf die Ursache Ihres Problems sein

Es kommt immer wieder vor, daß intelligente Menschen mit der Formulierung eines Anliegens oder der Beantwortung vertiefender Fragen zu diesem Anliegen größte Schwierigkeiten haben. Sie sind nicht in der Lage, auch nur einen klaren Gedanken zu fassen. In der Regel ist das ein deutlicher Hinweis auf familiäre Hintergründe eines Anliegens. Eine Bearbeitung ist dann auch nur auf dieser Ebene sinnvoll und erfordert zudem eine erfahrene Anleitung. Zu diesem

Effekt kommt es, wenn das berufliche Anliegen in direktem Widerspruch zur Loyalität gegenüber der Herkunftsfamilie steht.
Ein Beispiel: *Udo (30 Jahre) ist kaufmännischer Angestellter bei einer großen Versicherung. In den vergangenen Monaten ist ihm klargeworden, daß er bei gleichbleibender Arbeitsleistung noch lange auf eine Beförderung warten kann. Er weiß, daß er mehr leisten könnte, aber irgend etwas hindert ihn daran. In der Aufstellung wird sehr schnell klar, daß Udos Problem einen familiären Hintergrund hat. Udo hat einen Zwillingsbruder, der im Alter von 6 Jahren einen schweren Unfall hatte und seitdem geistig behindert ist. Udo fühlt sich mit seinem Bruder tief verbunden, und vermied bisher aus Treue zu ihm völlig unbewußt aber konsequent intellektuelle Leistungen und versagte sich so lange Zeit den schulischen und beruflichen Erfolg.*

Mechanismen dieser Art gibt es, wie einige der Fallbeispiele zeigen, in vielen Abwandlungen und Schweregraden und viel häufiger, als man denkt. Sollten Sie also bemerken, daß Ihre Denkfähigkeit beim Formulieren Ihres Anliegens oder später, beim Aufstellen der Symbole und der Deutung des Aufstellungsbildes, spürbar nachläßt, schreiben Sie es nicht diesem Buch oder Ihrer Unerfahrenheit zu. Nehmen Sie es als Hinweis darauf, daß Sie den Ursprüngen Ihres Problems wahrscheinlich schon sehr nahegekommen sind.

Wer gehört dazu?

Das Organigramm

Viele Konflikte innerhalb eines Unternehmens, einer Abteilung oder an der Schnittstelle zwischen Abteilungen beruhen entweder auf einer unklaren Abgrenzung von Aufgaben- und Verantwortungsbereichen oder auf einer abweichenden Auffassung darüber. Die offiziellen Organisationsstrukturen eines Unternehmens werden nur selten in die Wirklichkeit umgesetzt. Dies äußert sich in Form von Zuständigkeitsstreitigkeiten, Unsicherheiten über die eigene Position/den eigenen Platz oder auch in einem insgesamt geringen Verantwortungsbewußtsein. Wenn Zuständigkeiten nicht klar sind, fühlen sich entweder alle oder keiner zuständig. Die Folge ist eine Störung des Gesamtsystems bzw. einzelner Systemteile.

Ein Organigramm kann zur Klärung der reinen Tatsachen beitragen. Es verschafft einen Überblick sowohl über die generellen Hierarchieebenen und die funktionalen Strukturen in einer Organisation, wie auch über den eigenen Aufgaben- und Verantwortungsbereich, also den eigenen Platz. Ein Organigramm kann für jede Art von Organisation, unabhängig von ihrer jeweiligen Größe und unabhängig davon, ob es sich um Unternehmen, Ämter, Schulen, Vereine usw. handelt, hilfreich sein. Dabei bestimmt Ihr Anliegen, ob Sie das System als Ganzes oder nur einzelne Bereiche betrachten wollen. Sind Sie z.B. Sekretärin in der Marketingabteilung eines Autoherstellers, und haben Sie Schwierigkeiten mit einer Kollegin, hilft Ihnen das Organigramm des Konzerns nicht viel weiter. Für Ihre Fragestellung genügt vermutlich ein Organigramm Ihrer Abteilung. Sind Sie aber der Marketingleiter und wollen Ihre Position im Unternehmen überprüfen, kann ein Organigramm des Konzerns, je nach Art Ihres Anliegens, durchaus nützlich sein.

Zeichnen Sie sich also, wenn Sie unsicher sind, zunächst ein Organigramm für die Organisation oder den Organisationsbereich, den Sie genauer betrachten wollen. Wir zeigen Ihnen an zwei Beispielen die wichtigsten Zeichen und Merkmale, die dabei zu beachten sind.

Bild 1 gibt in sehr vereinfachter Form einen Überblick über die Geschäfts- und Verantwortungsbereiche und die hierarchische Struktur eines fiktiven Unternehmens. Einzelne Personen spielen dabei keine Rolle, betrachtet wird zunächst nur die Organisationsstruktur.

Bild 1

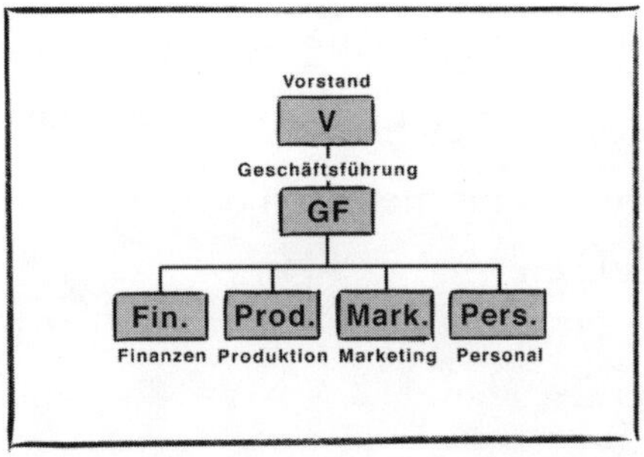

Bild 2 zeigt den Bereich Marketing unseres ausgedachten Unternehmens mit den Verantwortungsbereichen, die bestimmten Personen zugeordnet werden.

Bild 2

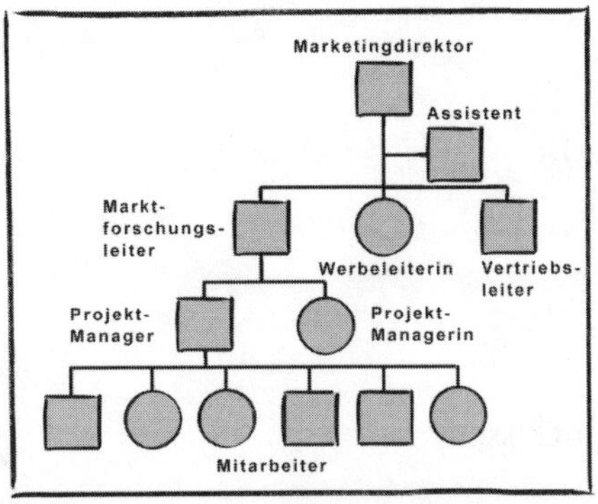

Erklärung der Zeichen

Einzelperson Mann

Einzelperson Frau

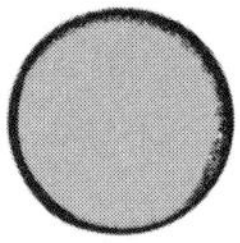

Markierung der eigenen Person

Zusammengefaßte Geschäfts-/Verantwortungsbereiche, die aus mehreren oder vielen Personen bestehen.

A ist vorgesetzt und verantwortlich für B + C

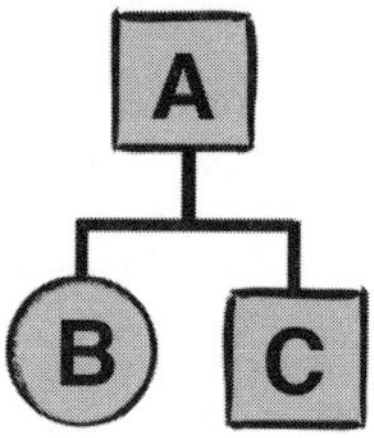

Rangfolge innerhalb einer Hierarchieebene nach zeitlicher Zugehörigkeit

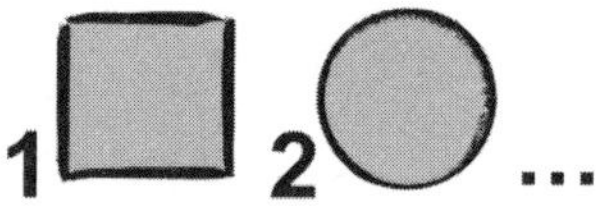

Neu eingestellt

Steigt auf nach...

Gegangen/Entlassen

Systemische Organigramme unterscheiden sich in einem wesentlichen Punkt von den in der Wirtschaft gebräuchlichen Organigrammen: Wie die Erfahrung zeigt, können Verstorbene oder Entlassene auf der systemischen Ebene, trotz körperlicher Abwesenheit weiterhin im System wirken. Wie wir im ersten Teil dieses Buches erläutert haben, scheint das System solche Ereignisse, die als Verstoß gegen die Systemgesetze wahrgenommen werden, in einer Art Systemgedächtnis zu speichern. Besondere Bedeutung bekommen daher Vorgesetzte, Vorgänger oder Kollegen, die entweder zu Unrecht oder auf unschöne Art entlassen und deren Leistungen nicht anerkannt und gewürdigt wurden. Sie hinterlassen im System eine Leerstelle, die von anderen Systemteilen gefüllt wird, um das Gleichgewicht des Systems zu bewahren. Den oder die Nachfolger anzunehmen, wird vom System und seinen Mitgliedern dann wie ein Treuebruch erlebt und darum oft verhindert.

Wenn zu vermuten ist, daß für Ihr Anliegen eine oder mehrere solcher Personen eine Rolle spielen könnten, nehmen Sie sie in das Organigramm und in Ihre Aufstellung auf. Ob diese Personen dann tatsächlich für Ihr Anliegen eine Rolle spielen, merken Sie später in der Symbol-Aufstellung; an dem Platz, den Sie diesen Symbolen zugewiesen haben oder an den Gefühlen, die sie bei Ihnen auslösen. Jemand, der zu Ihnen in keiner Beziehung steht und keinerlei Gefühle hervorruft, spielt meistens auch keine Rolle für Ihr Anliegen.

Wer oder was wird aufgestellt?

Die Entscheidung, welche Personen aufgestellt werden sollen, ist manchmal nicht einfach. Sie richtet sich natürlich zunächst nach Ihrem Anliegen und den daran beteiligten Menschen oder Faktoren. Am besten gehen Sie wie nachfolgend beschrieben vor:

1. **Untersuchen Sie Ihr Anliegen darauf, welche Personen, welche Orte oder welche Begriffe unmittelbar damit zusammenhängen**
   Einige Beispiele, die das veranschaulichen sollen:

- Wenn Sie eine Entscheidung treffen wollen oder müssen, bestimmen Sie Ihre sämtlichen Entscheidungsoptionen, z.B. Gehen, Bleiben, Firma A, Firma B etc.
  Aufstellung: Sie selbst und alle Entscheidungsoptionen
- Wenn Sie einen Konflikt mit anderen Personen haben, legen Sie fest, welche Personen das im einzelnen sind.
  Aufstellung: Sie und die betreffenden Personen
- Wenn Sie Ihr Ziel einfach nicht erreichen können, gibt es auf dem Weg dahin offensichtlich Hindernisse. Haben Sie eine Vermutung, welche das sein könnten, stellen Sie die Hindernisse einzeln auf. Wissen Sie es nicht, stellen Sie ein Symbol für alle Hindernisse auf.
  Aufstellung: Sie, das Ziel und das oder die Hindernisse
- Wenn Sie wissen wollen, wo Ihr Platz ist, bestimmen Sie die Menschen, die im Umfeld dieses Platzes wichtig sind. Dazu können auch Vorgesetzte oder Untergebene gehören.
  Aufstellung: Sie und die ausgewählten Personen
- Wenn Sie schon lange ein bestimmtes Problem haben, das Sie nicht lösen können, ist das Problem vielleicht für etwas gut, oder es verdeckt ein anderes, tieferliegendes Thema.

Aufstellung: Sie, das Problem, der Gewinn und/oder das Thema, um das es eigentlich geht

- Wenn Ihre Firma ein Absatzproblem hat, spielen Ihre Kunden, Ihr Produkt und wahrscheinlich das Unternehmensziel eine Rolle.
  Aufstellung: Sie, die Firma, die Kunden, das Produkt und ggf. das Firmenziel
- Wenn Ihr Absatzproblem z.B. ein Vertriebsproblem ist, prüfen Sie, worin es genau besteht.
  Aufstellung: Die Firma, der Vertrieb, evtl. der Vertriebsleiter, die Kunden, das Produkt

2. Überprüfen Sie anhand Ihres Organigramms, ob und welche Personengruppen Sie ggf. zusammenfassen können

- Personengruppen wie Mitarbeiter, Abteilungen oder Kunden können in aller Regel ohne Schwierigkeiten in einem Symbol zusammengefaßt werden.
- Gibt es innerhalb dieser Personengruppen eindeutige Fraktionen, empfiehlt sich die Aufstellung derselben.
- Wollen Sie ein ganzes Unternehmen betrachten, dann fassen Sie die verschiedenen Hierarchieebenen und Unternehmensbereiche zusammen und prüfen Sie, inwieweit auch das Umfeld, wie z.B. Kunden, Zulieferer, Partner, Tochterunternehmen etc. betroffen sind.

3. Prüfen Sie, ob es sinnvoll ist, höhere oder niedrigere Hierarchieebenen einzubeziehen

- Wenn Sie Abteilungsleiter sind und ein Führungsproblem haben, ist es sinnvoll, neben Ihren Mitarbeitern auch Ihren unmittelbaren Vorgesetzten aufzustellen, der Sie an diesen Platz gebracht hat.

- Sind Sie dagegen Geschäftsführer mit einem Führungsproblem, sollten Sie die Personen aus der Ihnen unterstellten Ebene aufstellen, mit denen Sie unmittelbar in Verbindung stehen, also z.B. die einzelnen Abteilungsleiter. Die übrigen Mitarbeiter können Sie wieder in einem Symbol zusammenfassen.

4. Beschränken Sie sich auf das Notwendige

Für die Aufstellungsarbeit gilt: Weniger ist mehr. Denn bei der Aufstellung verwickelter Beziehungsgeflechte besteht immer die Gefahr, in der Informationsflut zu ertrinken. Mit jedem Symbol wächst das Risiko, Hintergründe eher zu komplizieren als zu erhellen. Ihre Aufstellung soll Ihr inneres Bild von einer ganz bestimmten Situation abbilden. Stellen Sie sich diese Situation vor, und fragen Sie sich, wer oder was wirklich eine Rolle spielt. Fangen Sie lieber mit wenigen Symbolen an, und stellen Sie eher nachträglich weitere dazu, falls sich das als nötig herausstellen sollte. Fassen Sie zusammen, wo es geht, Sie können sich dann später immer noch mit Detailfragen beschäftigen.

Symbole auswählen und aufstellen

In jedem Büro, in jeder Wohnung finden Sie eine Fülle von Gebrauchsgegenständen, die sich als Symbol für eine Aufstellung eignen. Diese Symbole müssen im Grunde nur drei Anforderungen genügen:

1. Sie müssen stehen können.
2. Sie müssen eine Markierung für die Blickrichtung besitzen, um klar erkennen zu können, wohin eine Person/ein Symbol schaut. Als Markierung für die Blickrichtung genügt z.B. die Tülle einer Kaffeekanne, der Henkel eines Bechers oder das Etikett einer Dose bzw. Flasche.
3. Sie müssen in irgendeiner Weise voneinander unterscheidbar sein. Bei fünf identischen Kaffeetassen wird es Ihnen schwerfallen, die Symbole noch auseinanderzuhalten.

Um eine Aufstellung zügig durchführen zu können, hat es sich bewährt, schon vorher geeignete Gegenstände bereitzustellen. Achten Sie auf unterschiedliche Größen und Umfänge der Gegenstände, und sorgen Sie dafür, daß eher mehr als weniger Symbole bereitstehen. Sie haben dann eine größere Auswahl und können konzentriert aufstellen.

Und jetzt können Sie loslegen. Konzentrieren Sie sich ganz auf Ihr Anliegen, aber „planen" Sie nicht, was Sie aufstellen werden. Vom Verstand gelenkte Aufstellungsbilder haben keine Kraft und führen nicht zu einer Lösung. Machen Sie sich frei von „Ähnlichkeiten" zwischen den Personen, die Sie aufstellen wollen und den Symbolen. Nur weil Ihr Chef oder Ihr Kollege sehr groß oder sehr dick ist, sollten Sie nicht ein großes oder dickes Symbol für ihn wählen. Greifen Sie vielmehr gesammelt, aber absichtslos nach den Symbolen und stellen Sie sie als Stellvertreter für die verschiedenen Personen, Ziele, Orte oder Entscheidungen so zueinander in Beziehung, wie es Ihrem inneren Bild in diesem Moment entspricht. Berücksichtigen Sie die Blickrichtung der Symbole, aber überlassen Sie ansonsten diese „Arbeit“ ganz Ihrem Unbewußten. Um so überraschter werden Sie anschließend feststellen, wie eindeutig die Botschaften Ihrer inneren Bilder oft sind.

Sobald alle Symbole aufgestellt sind, stehen Sie am besten auf oder treten ganz bewußt einen Schritt zurück, um innerlich einen gewissen Abstand zu gewinnen. Tun Sie so, als ob Sie von einer höheren Warte auf Ihr Aufstellungsbild schauen würden. Nehmen Sie die unvoreingenommene Haltung eines Forschers ein, der das Verhalten von Mikroben oder Mäusen untersucht. Oder gehen Sie, um Abstand zu gewinnen, sogar einen Moment aus dem Raum.

Schritte auf dem Weg zur Lösung

Die folgenden Kapitel führen Sie in mehreren Schritten durch die Praxis der Aufstellungsarbeit. Sie sind angepaßt an die besonderen Bedingungen von Symbol-Aufstellungen, die in Eigenregie durchgeführt werden können. Sie unterscheiden sich daher teilweise von dem Vorgehen, wie es in großen Aufstellungen üblich ist. Das soll Ihnen ermöglichen, Ihr Aufstellungsbild zu deuten, es für Sie angenehmer bzw. der systemischen Ordnung entsprechend umzustellen, um so ein neues inneres Bild von der Situation zu bekommen. Und vielleicht sogar, eine in Ihrer Aufstellung sichtbar gewordene Störung zu erkennen und zu lösen.

1. **Schritt: Die Sprache der Bilder und Symbole deuten**
   Dieser Schritt gibt erste Anregungen, unter welchem Blickwinkel die ausgewählten Symbole und ihre Positionen betrachtet und bewertet werden können.

2. **Schritt: Die Deutung typischer Aufstellungsbilder**
   Anhand typischer Aufstellungsbilder werden häufig zutreffende Interpretationen und Anzeichen für systemische Störungen vorgestellt. Sie sollen Ihnen Anregungen für Ihre eigene Aufstellung geben.

3. **Schritt: In die einzelnen Positionen einfühlen**
   Durch Einfühlen in die verschiedenen Positionen/Symbole Ihrer Aufstellung können Sie zu einem tieferen Verständnis der Beziehungsmuster und zu einem veränderten Blickwinkel auf die dargestellte Situation kommen.

4. Schritt: Das Umstellen

Dieser Schritt gibt eine Anleitung, wie Sie durch Umstellen Ihrer Aufstellung die systemische Ordnung in dem von Ihnen aufgestellten System sichtbar machen können.

5. Schritt: Die Lösungsmodule

In diesem Kapitel werden die wichtigsten Test- und Lösungsmodule vorgestellt, mit denen systemische Störungen in Aufstellungen aufgedeckt und gelöst werden können.

Auch wenn Sie über dieses Buch hinaus noch keine Bekanntschaft mit der Aufstellungsarbeit gemacht haben, werden Sie die ersten vier Schritte ohne größere Schwierigkeiten durchführen können. Sie werden sicherlich zu wichtigen neuen Erkenntnissen über den Gegenstand Ihrer Frage kommen: Oft genug ist schon ein neues inneres Bild, das durch das Umstellen von Symbolen entsteht, ausreichend für die Lösung eines Problems. Es kann aber passieren, daß es Ihnen trotz eines neuen inneren Bildes nicht gelingt, dieses Bild wirklich anzunehmen. Das ist ein deutlicher Hinweis, daß hier noch etwas anderes zu klären ist. Vielleicht können Ihnen in diesem Fall die im 5. Schritt beschriebenen Test- und Lösungsmodule weiterhelfen. Allerdings werden Sie beim Aufspüren und Lösen Ihres Problems in diesem Abschnitt weitgehend auf Ihr Gespür und auf Vermutungen angewiesen sein. In vielen Fällen wirken mehrere systemische Störungen, die sich gegenseitig überlagern, gleichzeitig. Dann ist es manchmal selbst für einen erfahrenen Aufstellungsleiter nicht sofort offensichtlich, zwischen welchen Personen/Faktoren eine Klärung notwendig ist und worin diese besteht. Gehen Sie also bei der Lösung Ihres Anliegens so weit, wie es Ihnen alleine möglich ist und lassen Sie die neuen Erkenntnisse einfach wirken. Vielleicht brauchen Sie einfach noch Zeit oder fachgerechte Unterstützung.

1. Die Sprache der Bilder und Symbole deuten

Das erste Bild ist im allgemeinen der Ausdruck einer erstarrten, festgefahrenen Situation und zeigt meist ein scheinbar chaotisches Durcheinander der beteiligten Personen. Aus den charakteristischen Merkmalen der ausgewählten Symbole und der Art und Weise, wie sie zueinander stehen, lassen sich aber sehr schnell erstaunlich genaue Schlußfolgerungen über die vorherrschenden Beziehungen ziehen. Durch Umstellen und Verschieben wird später Bewegung in die Situation kommen, doch zunächst sollten Sie sich das Anfangsbild genau und unvoreingenommen anschauen. Gehen Sie bei der Betrachtung von Ihrer eigenen Person aus und von den Beziehungen, die sich zwischen Ihnen und den anderen zeigen.

1. Versuchen Sie, einen Satz zu finden, der Ihr Aufstellungsbild angemessen beschreiben kann. Unsere Sprache ist voller Anspielungen auf stärkende bzw. schwächende Beziehungen oder Lebenssituationen, wie sie in Aufstellungen laufend zutage treten:
   - Etwas/jemand ist in weite Ferne gerückt.
   - Der ganze Laden fliegt auseinander.
   - Etwas erdrückt uns.
   - Eine verschworene Gemeinschaft
   - Etwas/jemand ist uns sehr nah oder zu nah.
   - Etwas/jemand stärkt uns den Rücken.

Möglicherweise vermittelt Ihnen bereits dieser erste beschreibende Satz Ihrer Aufstellung einen ganz neuen Eindruck von der Situation.

2. Betrachten Sie die Symbole, die Sie ausgewählt haben, und machen Sie eine erste Bestandsaufnahme. Was ist auffällig? Haben Sie als Symbol für sich selbst ein kleines Wegwerffeuerzeug ausgesucht, für Ihre Kollegen aber Jumbotassen? Haben Sie Ihren Chef mit einer silbernen Kaffeekanne oder einem Schnapsglas dargestellt? Vielleicht haben Sie für sich selbst das größte und gewichtigste Symbol ausgewählt, gegen das alle anderen Zwerge sind? Überlegen Sie, welchen Wert Sie den einzelnen Symbolen zuschreiben und was ein Symbol stellvertretend über Sie oder einen anderen Menschen, ein Ziel oder einen Ort aussagt.
   Checkliste:
   – Auffällige Größenunterschiede
   – Besondere Formen und Materialien

3. Wenden Sie sich nun der Position und der Blickrichtung der einzelnen Symbole zu. Wie nah oder wie weit entfernt stehen die einzelnen Symbole zueinander? Zwischen welchen Symbolen ist „Augenkontakt" möglich? Dies alles gibt wichtige Hinweise auf die unterschwelligen Beziehungsmuster. Stellen Sie zunächst fest, was Ihnen auffällig und bedeutsam scheint und für welche Menschen/Faktoren die Auffälligkeiten gelten.
   Checkliste:
   – Steht Ihnen/Ihrem Symbol jemand im Weg oder versperrt Ihnen den Blick auf ein anderes Symbol?
   – Stehen Symbole wie ein Hindernis oder eine Barriere zwischen anderen?

- Stehen sich Symbole/Personen konfrontativ gegenüber?
- Welche Symbole stehen besonders nah oder besonders weit weg voneinander?
- Steht ein Symbol direkt hinter oder vor Ihnen? Wer ist das?
- Gibt es Symbole, die völlig allein und isoliert stehen?
- Stehen Symbole am äußersten Rand der Aufstellung?
- Gibt es eine auffällige Häufung von Symbolen an einer Stelle?
- Bilden einzelne oder alle Symbole geometrische Muster wie Kreise, Dreiecke, Vierecke oder Linien?
- Zwischen welchen Symbolen gibt es „Augenkontakt"?
- Gibt es Symbole, die aus der Aufstellung hinausschauen?
- Schauen alle Symbole in eine Richtung, ohne daß es dort etwas zu sehen gäbe?
- Schauen alle Symbole aneinander vorbei?

Gehen Sie die Checklisten durch und überlegen Sie, welche neuen Hinweise Sie dadurch erhalten können. Die einzelnen Aufstellungsbilder sind wie Gleichnisse, in denen sich symbolisch schon das Wesentliche herauskristallisiert. Vielleicht zeigt sich im ersten Bild, daß Sie Ihr Ziel aus den Augen verloren haben. Oder Sie stellen fest, daß Sie keinen Platz haben. Vielleicht ist Ihnen aber auch Ihr Kunde aus dem Blickfeld geraten oder Ihr Blick ist, ohne daß Sie es bisher wußten, schon auf etwas Neues gerichtet. Was auch immer Sie an Informationen gewinnen, nehmen Sie es im Augenblick einfach nur zur Kenntnis.

2. Die Deutung typischer Aufstellungsbilder

Aus der Art und Weise, wie Stellvertreter und Symbole zueinander stehen, leiten erfahrene Aufstellungsleiter erste Vermutungen über systemische Störungen ab. Nicht selten ist nämlich bereits im ersten Aufstellungsbild ein klarer Hinweis auf die zugrundeliegende Störung zu erkennen. Möglich wird das, weil wir Menschen offensichtlich ähnliche Informationen mit nahezu gleichen inneren Bildern ausdrücken. Unser Unbewußtes scheint über eine universelle Symbolsprache zu verfügen, die uns allen gemeinsam ist. So zeigen sich in Aufstellungen immer wieder „klassische" Bilder, die erfahrungsgemäß auf bestimmte Störungen hinweisen.

Die folgende Auswahl typischer Bilder aus Aufstellungen mit Stellvertretern soll Ihnen Anregungen für die Deutung Ihres eigenen Aufstellungsbildes geben. Ob diese Interpretation auch in Ihrem eigenen Fall zutrifft, ob Sie mit Ihren Gefühlen, Vermutungen oder der Situation übereinstimmt, können nur Sie selbst entscheiden. Erkennen Sie eine Übereinstimmung zu Ihrer Aufstellung, dann überprüfen Sie in jedem Fall, ob die von Ihnen gewählten Symbole z.B. auffällige Größenunterschiede aufweisen bzw., ob die Positionen der Symbole ihren Funktionen und dem Umfeld angemessen sind. Eine grundsätzlich „positive" Anordnung kann dadurch aufgehoben werden, daß z.B. ein Untergebener sich Größe anmaßt oder einen Platz einnimmt, der ihm nicht zusteht. Sie finden an dieser Stelle bereits erste Anregungen zum Umstellen der Symbole, mit denen als unangenehm empfundene Situationen entschärft werden können.

Bild 1

Hier stehen zwei unabhängige, gleichwertige Personen nebeneinander. Sie können leicht Blickkontakt und damit eine Beziehung untereinander herstellen. Prüfen Sie, ob diese Position als angenehm, als unangenehm oder als neutral empfunden wird. Wird die Beziehung als zu eng empfunden, sollte der Abstand vergrößert werden.

Dieses Bild kann immer dann auf Störungen hinweisen, wenn die Symbole auffallende Größenunterschiede zeigen; z.B. wenn ein Vorgesetzter durch ein kleines, ein nachgeordneter Mitarbeiter durch ein großes Symbol dargestellt wird.

Es weist ebenso auf Störungen hin, wenn durch zwei unterschiedlich große Symbole zwei Mitarbeiter auf derselben Hierarchieebene dargestellt werden, von denen sich aber in Wirklichkeit keiner durch besondere Fähigkeiten oder besonderen Einsatz für das System hervortut.

Bild 2

Große Nähe zwischen zwei Personen hebt leicht das Gefühl von Unabhängigkeit für die eigene Person, Position und Verantwortung auf. Hier kann sich entweder die Abhängigkeit einer Person von einer anderen (auf Größenverhältnisse achten) oder eine Art Verschmelzung zwischen zwei gleichberechtigten Partnern zeigen. Auch hier ist zunächst zu prüfen, wie die Nähe empfunden wird, als angenehm, unangenehm oder neutral. Ist die Nähe eher unangenehm, genügt es oft, den Abstand zu vergrößern und Blickkontakt herzustellen.

Bild 3

3a 3b 3c

In Bild 3a beziehen sich zwei Menschen zwar aufeinander, verlieren aber trotzdem nicht ihr Umfeld aus den Augen. Kontaktaufnahme untereinander und eine offene Kommunikation nach außen sind so ohne weiteres gleichzeitig möglich.

Je enger aber der Winkel zwischen den beiden ist (3b), desto mehr verliert die Außenwelt an Bedeutung. Im wesentlichen sind diese beiden dann mit sich selbst beschäftigt (frisch verliebte Paare stellen sich typischerweise so auf). Für zwei Menschen, die eine private Partnerschaft eingegangen sind, ist das angemessen, für die Geschäftsführer eines Unternehmens könnte eine solche Stellung bereits bedenklich sein. Bei einer Stellung unter 45° (3c) zeichnet sich oft eine beginnende Auseinandersetzung ab.

Bild 4

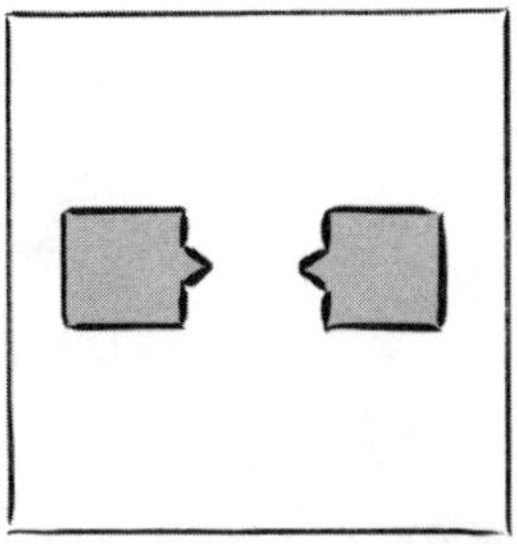

Eine direkte Gegenüberstellung wird selbst über ziemlich große Abstände hinweg oft als Konfrontation erlebt. Allerdings kann diese Anordnung auch einer klaren Trennung von Hierarchieebenen und Verantwortungsbereichen entsprechen. Das wäre der Fall, wenn die beiden Personen unterschiedlichen Hierarchieebenen angehören und der Abstand zwischen ihnen als angemessen empfunden wird.

Bild 5

5a

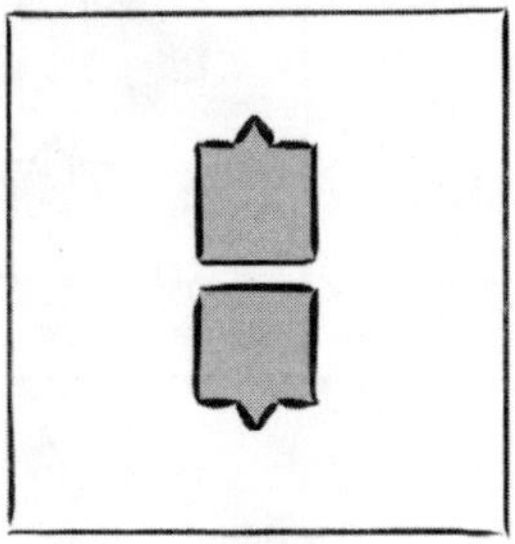

5b

Beide Anordnungen werden meist mehrdeutig erlebt. Einerseits sind sich die beiden Personen sehr nah, andererseits gibt es keinen gemeinsamen Punkt der Aufmerksamkeit, kein Ziel, keinen Blickkontakt. Prüfen Sie, ob die Position angenehm, unangenehm oder neutral ist und ob in Ihrer Aufstellung evtl. eine Ausrichtung fehlt. Ein erster Schritt könnte sein, Blickkontakt herzustellen.

Bild 6

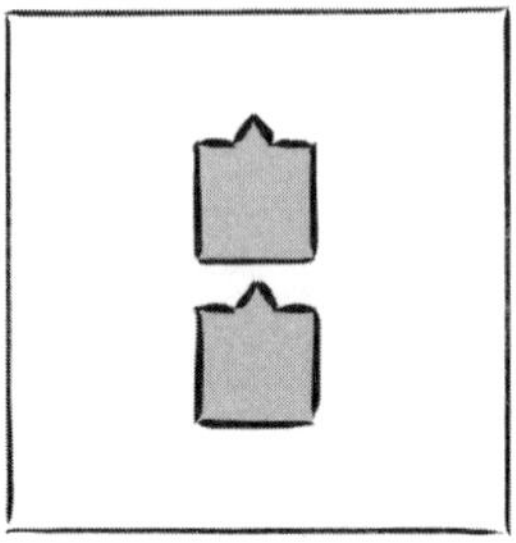

Auch dieses Bild ist mehrdeutig. Die hintere Person kann einerseits als stärkende Kraftquelle erlebt werden, die der vorderen den Rücken freihält und sie unterstützt. Sie kann andererseits aber auch als Bedrohung empfunden werden – etwas oder jemand sitzt einem im Nacken. In zweiten Fall sollte durch Umdrehen des vorderen Symbols zunächst Blickkontakt hergestellt werden.

Bild 7

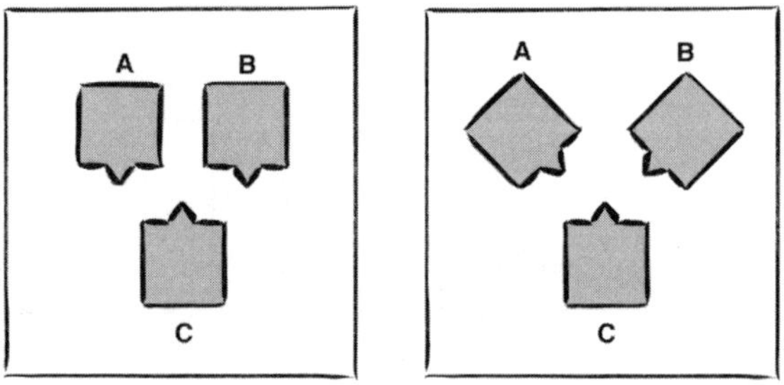

7a 7b

Dreier-Anordnungen wie diese können schwierig sein. Hier beziehen sich drei Menschen sehr stark aufeinander, häufig ohne einen Blick für das Umfeld zu haben (7b). Das drückt meist einen internen Konflikt aus. Daneben kann es aber, je nachdem, welche Hierarchieebenen beteiligt sind, z.B. auch darauf hinweisen, daß zwei Gleichgestellte ihren offenen oder verdeckten Konflikt über einen Untergebenen erweitern, umleiten oder zu entschärfen versuchen (7a). Der Untergebene gerät dann leicht in einen Loyalitätskonflikt zwischen den Vorgesetzten und damit zwischen die Fronten.

Aber: In manchen Fällen kann Bild 7a natürlich auch der hierarchischen Ordnung und der Abgrenzung von Verantwortungsbereichen entsprechen. Das träfe dann zu, wenn A und B Vorgesetzte sind und C ihnen mit angemessenem Abstand gegenübersteht.

Bild 8

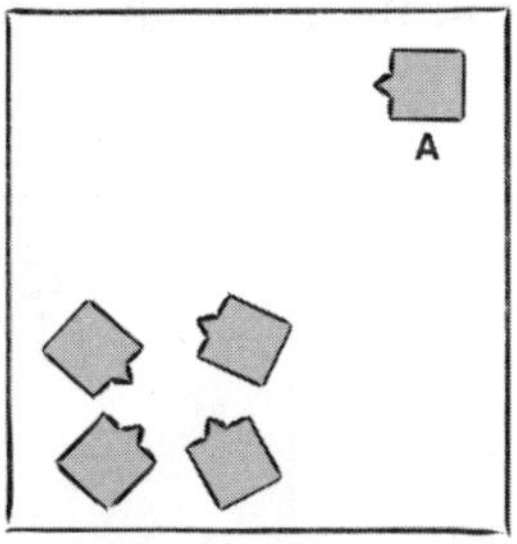

In dieser Anordnung steht eine Person (A) am Rande bzw. außerhalb, und hat im System momentan keinen Platz. Ob ihr dieser Platz von den anderen vorenthalten wird oder ob sie von sich aus das System verläßt, ist dabei offen. Überprüfen Sie, ob diese Position von den Beteiligten als angenehm oder als unangenehm empfunden wird. Um die Situation zu klären oder zu entspannen, sollte zunächst Blickkontakt zwischen allen Beteiligten hergestellt werden. Im Anschluss kann A auch probeweise aus der Aufstellung herausgenommen werden, um zu prüfen, wie diese Möglichkeit von den Beteiligten empfunden wird.

Bild 9

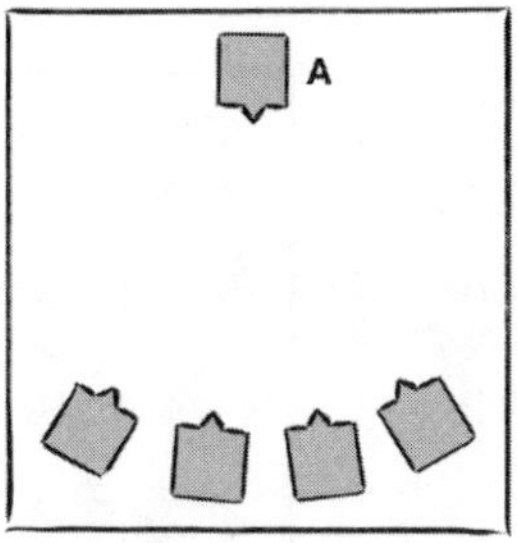

Hier nimmt ein Einzelner (A) eine hervorgehobene Position ein. Solange es sich um einen Vorgesetzten der übrigen handelt, entspricht die Position den Hierarchie- und Zuständigkeitsbereichen. Ist A jedoch ein gleichgestelltes Mitglied eines Teams oder einer Abteilung, deutet die Position auf Auseinandersetzungen hin. Möglicherweise maßt sich A dann eine Rolle an, die ihm eigentlich nicht zusteht.

Bild 10

Blicken alle Personen in einer Aufstellung in dieselbe Richtung, ohne jedoch einen tatsächlichen Fokus oder ein wirkliches Gegenüber zu haben, kann man davon ausgehen, daß in der Aufstellung noch jemand fehlt. In Frage kommen, je nach Fragestellung, entweder Vorgesetzte, Vorgänger und Entlassene, oder aber Kunden, Ziele oder Zweck eines Unternehmens. Manchmal stehen hier auch angstmachende zukünftige Ereignisse wie z.B. Massenentlassungen, Konkurse etc. Fragen Sie sich, wer oder was in Ihrer Aufstellung fehlt, und stellen Sie ein weiteres Symbol als Fokus hinzu.

Bild 11

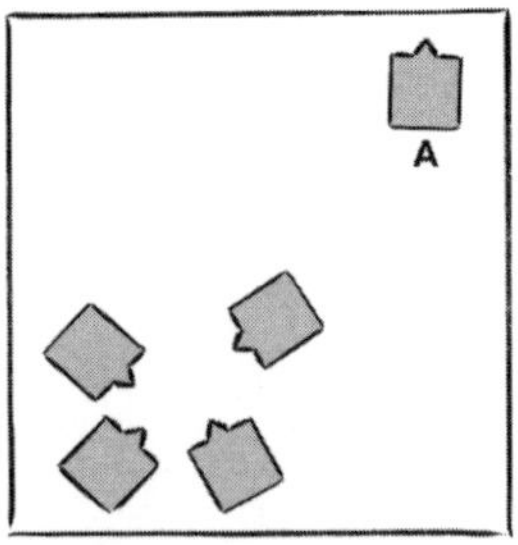

In Bild 11 geht jemand aus dem System. Ob das freiwillig oder gezwungenermaßen geschieht, und ob es sich positiv oder negativ im System auswirkt, kann nur im jeweiligen Zusammenhang beurteilt werden. Nehmen Sie A aus der Aufstellung und prüfen Sie, welche Gefühle das bei den Beteiligten auslöst. Ist es für A und für die Übrigen neutral oder angenehm, hat möglicherweise die Zugehörigkeit von A zum System ein natürliches Ende gefunden.

Aber Achtung: Haben Sie sogar das Gefühl, der Weggang von A führt bei den übrigen Systemmitgliedern zu großer Erleichterung, ist das ein Anzeichen dafür, daß A mit großer Wahrscheinlichkeit z.B. Schuld für die übrigen trägt. Stellen Sie in diesem Fall A mit Blickrichtung zu den anderen zurück in die Aufstellung; denn hier besteht Klärungsbedarf.

Möglicherweise hat A sich aber auch schuldig gemacht und damit das Recht auf Zugehörigkeit zum System verwirkt. Hier gilt das Prinzip: Jedem sind seine Schuld und die sich daraus ergebenden Folgen zuzumuten. Der- oder diejenige muß eventuell gehen.

Bild 12

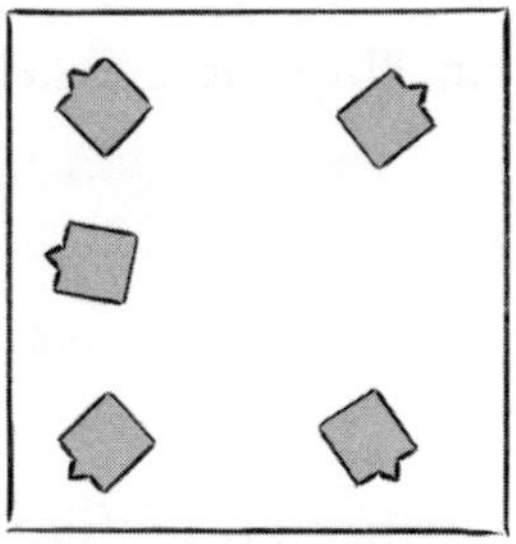

In dieser Anordnung neigen offensichtlich alle Systemmitglieder dazu, aus dem System hinauszugehen. Das weist auf das Fehlen eines gemeinsamen Fokus, einer verbindenden Klammer zwischen ihnen hin. Entweder sind das Ziel bzw. der Zweck aus dem Blick geraten, oder das System hat sich sogar überlebt und ist überflüssig geworden. Dieser Fall tritt häufig bei zweckgebundenen Gruppen wie Initiativen oder Interessengruppen auf, nachdem sie ihren Zweck erfüllt oder ihr Ziel erreicht haben. Haben Sie ein solches Bild aufgestellt, stellen Sie im ersten Schritt den Blickkontakt her, indem Sie alle Systemmitglieder um 180 Grad drehen, und prüfen Sie die Wirkung.

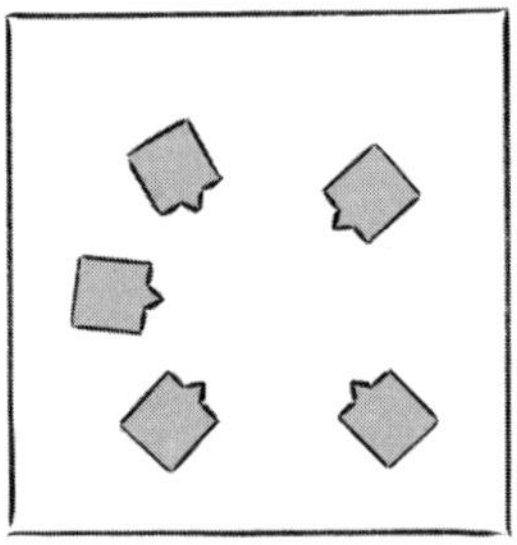

Bild 13

In diesem Aufstellungsbild sammelt sich die Aufmerksamkeit aller Systemmitglieder in einem gemeinsamen, jedoch nicht sichtbaren Mittelpunkt. Die Umwelt ist so gut wie ausgeblendet. Bei dieser Anordnung bietet es sich an, ein weiteres Symbol in den Mittelpunkt zu stellen. Für was dieser Mittelpunkt dann steht, müssen Sie sich selbst fragen. Manchmal gibt es in so dargestellten Systemen ein Geheimnis, wie z.B. jemanden, dem ein Unrecht geschehen ist oder eine gemeinsame Schuld.

3. In die einzelnen Positionen einfühlen

Ein tieferes Verständnis von Ihrem Problem werden Sie bekommen, wenn Sie jetzt versuchen, sich in die einzelnen Personen/Symbole hineinzuversetzen. Beginnen Sie mit dem Symbol, das Sie für sich selbst ausgewählt haben. Treten Sie bzw. setzen Sie sich hinter das Symbol (beachten

Sie die Blickrichtung!) und tun Sie so, als würden Sie in das Symbol eintauchen. Schauen Sie aus dieser Position auf die Aufstellung. Wie geht es Ihnen an dieser Stelle und im Angesicht der anderen Symbole/Personen? Wie fühlt sich die Beziehung zu den anderen an? Wen können Sie gut sehen? Wer scheint Ihnen übermächtig oder viel zu nah zu sein? Auf wen können Sie herunterschauen?

Haben Sie in dieser Position alle wichtigen Informationen aufgenommen, treten Sie einen Schritt zurück, und machen Sie mit dem nächsten Symbol weiter. Gehen Sie auf diese Weise durch alle Symbole/Personen und achten Sie auf wechselnde Körperempfindungen. Indem Sie sich so in andere Menschen/Symbole hineinversetzen und für eine kurze Weile mit ihnen identifizieren, können Sie die Situation und Ihre eigene Person einmal aus einem völlig anderen Blickwinkel wahrnehmen. Der Einblick, den Sie dadurch in die Wahrnehmung und die Gefühle anderer gewinnen, kann wertvoll für die Bewertung der Situation sein.

4. Das Umstellen

Das erste Bild einer Aufstellung ist ein inneres Bild von einer als problematisch erlebten Situation, das im Äußeren sichtbar dargestellt wird – durch Personen oder Symbole. Mit diesem Ursprungsbild wird in der Aufstellung gearbeitet, mit dem Ziel, die zugrundeliegende systemische Störung aufzudecken und zu lösen. Das geschieht durch mehrmaliges Umstellen, das Sprechen von Test- und Lösungssätzen und manchmal durch im Äußeren ausgeführte innere Vollzüge, wie z.B. eine Rückgabe. Im Prozeß einer Aufstellung macht also das Ursprungsbild eine ständige Wandlung durch, bis es schließlich in ein Lösungsbild mündet, das den systemischen Regeln von Ordnung, Bindung und Ausgleich entspricht. Im Ergebnis wird dadurch ein belastendes Ursprungsbild durch ein neues, lösendes inneres Bild ersetzt. Da nun unsere Gefühle in erheblichem Umfang durch innere Bilder bestimmt werden, führt die Veränderung eines inneren Bildes fast zwangsläufig auch zu einer Veränderung des dazugehörenden Gefühls.

Diese Wirkung können Sie auch durch das Umstellen Ihrer Aufstellung erzielen. Mit Ihrem Ursprungsbild haben Sie ein meist belastendes Gefühl äußerlich sichtbar gemacht. Wenn Sie jetzt an diesem Bild äußerlich sichtbare Veränderungen durchführen, werden Sie feststellen, daß sich allein dadurch Ihre Gefühle verändern können. Und damit ist eigentlich auch schon eins der wichtigsten Merkmale für das Umstellen festgelegt: Ihr eigenes Gefühl. Verändern Sie Ihre Aufstellung Schritt für Schritt und so lange, bis Sie für sich eine gute Lösung gefunden haben.

Ein paar Tips zum Vorgehen

- Beginnen Sie die Veränderungen an Ihrer Aufstellung immer mit der Herstellung von Blickkontakt zwischen den beteiligten Symbolen/Personen, und prüfen Sie, wie sich die Situation dadurch verändert.
- Schaffen Sie sich mehr Raum, wenn es um Sie herum zu eng ist, oder rücken Sie Symbole näher, die Ihnen zu weit weg sind.
- Suchen Sie für alle Symbole/Personen den Platz, der Ihnen persönlich das beste Gefühl vermittelt.
- Spüren Sie von Zeit zu Zeit noch einmal in die anderen Symbole/Personen hinein.
- Wenn Sie das Gefühl haben, etwas oder jemand fehlt, stellen Sie ein zusätzliches Symbol in die Aufstellung.
- Wenn Ihr Anliegen damit zu tun hat, ob Sie gehen oder bleiben sollen,

probieren Sie aus, wie es Ihnen geht, wenn Sie Ihr Symbol aus der Aufstellung herausnehmen.

- Aber: Nehmen Sie niemals das Symbol für eine andere Person, die faktisch zum System gehört, aus Ihrer Aufstellung heraus. Selbst wenn Sie sich dadurch besser fühlen, wäre das systemisch gesehen eine falsche Lösung. Mit einem solchen inneren Bild können Sie im schlimmsten Fall neue Probleme auslösen.

Nun gibt es, außer daß es Ihnen in einer gegebenen Situation besser geht, ein weiteres Merkmal für gute systemische Lösungsbilder. Nämlich, daß es allen gut geht. Erfahrungsgemäß ist das dann der Fall, wenn die Rangfolge eingehalten wird und alle zum Unternehmen gehörenden Mitglieder den ihnen gemäßen Platz einnehmen und miteinander in Beziehung stehen. Als gutes Bild für die systemische Ordnung hat sich in der Aufstellungsarbeit der offene Kreis bewährt. Der offene Kreis hat einen Anfang (die Führung) und ein Ende (die unterste Hierarchieebene), in ihm kann jedes Systemmitglied alle anderen sehen, und sich selbst in seinem Verhältnis zu den übrigen an seinem eigenen Platz erleben. Fast immer ist das für alle Beteiligten ein angenehmer Zustand.

Wenn Sie also ein Team, eine Abteilung oder Firma aufgestellt haben, stellen Sie die beteiligten Personen jetzt entsprechend der folgenden Beschreibung um, und machen Sie so die gute Ordnung für das System sichtbar (s. Abb. nächste Seite).

Der offene Kreis läuft im Uhrzeigersinn, und auf dem ersten Platz steht die Führung. Das kann je nach betrachtetem System die Geschäftsführung, der Vorstand oder der Abteilungsleiter sein. Gibt es mehrere Führer, hat der Sprecher oder Vorsitzende den ersten Platz, und die übrigen folgen nach ihrer Zugehörigkeit zum System, also entsprechend dem Dienstalter in der Firma. Mit einem sichtbaren Abstand folgt dann die jeweils nächste Hierarchiestufe. Auch hier steht wieder die Führung am ersten Platz, die übrigen folgen nach dem Dienstalter. Nach diesem Prinzip geht es durch alle Hierarchiestufen.

Sonderfälle bei der Rangfolge in Unternehmen

- Personen, die einer Hierarchieebene zuarbeiten, dieser aber nicht selbst angehören (StellvertreterInnen, AssistentInnen, ChefsekretärInnen) haben meist links von und einen Schritt hinter ihren Vorgesetzten einen guten Platz. Damit wird deutlich, daß zwischen beiden Personen eine enge Arbeitsbeziehung besteht, sie aber nicht zu einer Hierarchieebene gehören.
- Externe Berater eines Unternehmens haben meist im Bereich der Kreisöffnung einen guten Platz. Die räumliche Nähe zur Führung kann im Einzelfall unterschiedlich sein und muß ausgetestet werden.
- Im Bereich der Kreisöffnung haben oft auch die Kunden eines Unternehmens, die Unternehmensziele oder der Unternehmenszweck einen guten Platz, denn so werden sie von allen gesehen. Ob sie im Bereich der Kreislinie oder eher außerhalb stehen, muß von Fall zu Fall ausprobiert werden.
- Neben den Merkmalen Hierarchieebene und Dienstalter (Dauer der Zugehörigkeit) kann manchmal der richtige Platz eines Einzelnen auch aufgrund besonderer Fähigkeiten oder besonderer Leistungen für das System, oder aufgrund des Lebensalters bestimmt sein. Für Ihre Symbol-Aufstellung genügt aber vermutlich der sich aus der Hierarchieebene und dem Dienstalter ergebende Platz.

Die beiden folgenden Beispiele zeigen die gute systemische Ordnung für ein ganzes Unternehmen bzw. einen Teil eines Unternehmens.

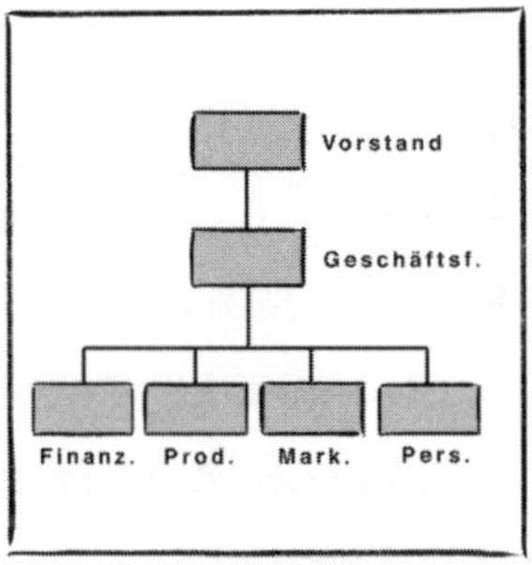

Organigramm

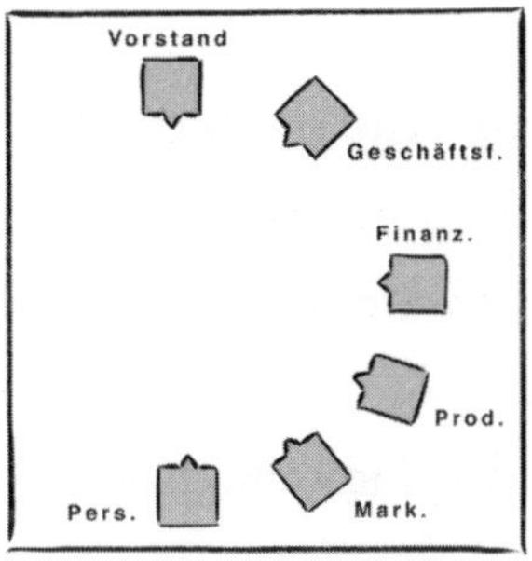

Rangfolge in der Aufstellung

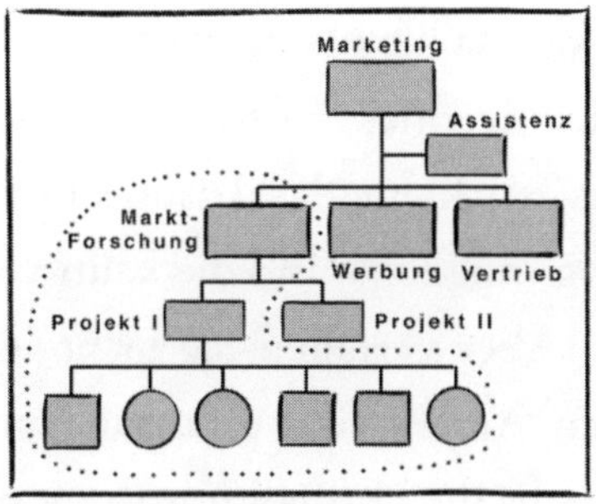

Organigramm
(Ausschnitt Marktforschung)

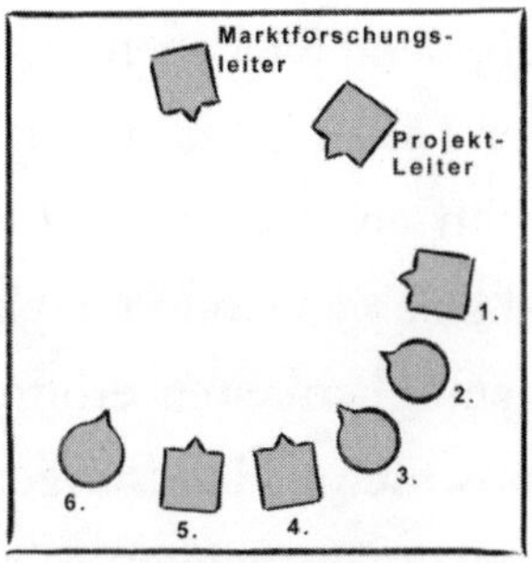

Rangfolge in der Aufstellung

Der Umgang mit lösenden Bildern

Sie haben nun durch das Umstellen Ihrer Aufstellung hoffentlich einen guten Platz für sich gefunden. Je nach Anliegen ist das entweder ein Platz, an dem Sie mit einem Problem oder einer Situation deutlich besser umgehen können, oder es ist innerhalb eines Unternehmens der Platz, auf den Sie tatsächlich gehören. Das Lösungsbild Ihrer Aufstellung, in dem sich dieser Platz zeigt, kann das neue innere Bild zu Ihrem Anliegen sein. Natürlich können Sie sich auch entscheiden, Ihr altes Bild wieder zurückzuholen. Es wird aber wohl niemals die gleiche „Qualität" haben, denn Sie haben die Lösung ja bereits gesehen.

In vielen Fällen ist das für den Erfolg einer Aufstellung völlig ausreichend. Wenn anerkannt wird, was ist, kann das Lösungsbild wirken. Dann wird eine neue innere Haltung möglich. Und die kann völlig neue Handlungsmöglichkeiten eröffnen. Aber verfallen Sie nicht in blinden Aktionismus, denn Handlungen im Außen sind erfahrungsgemäß oft gar nicht nötig. Vermeiden Sie es auch, Ihr Umfeld mit Ihren neuen Erkenntnissen zu bedrängen. Gute Lösungen wirken am besten im Verborgenen.

Lassen Sie also Ihr neues inneres Bild in aller Ruhe wirken. Machen Sie sich klar, wo Ihr Platz ist und welche Verantwortungsbereiche damit verbunden sind. Fragen Sie sich, inwieweit Sie diese bisher ausgefüllt haben, was Sie von Ihrem Platz aus ändern können und worauf Sie keinen Einfluss haben. Vielleicht ist mit dem neuen inneren Bild noch nicht alles gelöst, aber immerhin sind Sie der Lösung schon einen großen Schritt nähergekommen. Möglicherweise können Ihnen auch die im nächsten Kapitel vorgestellten Lösungsmodule bei einer Lösung weiterhelfen.

5. Die Lösungssmodule

In diesem Kapitel geht es um einige der wichtigsten Interventionsschritte der systemischen Aufstellungsarbeit, die Lösungsmodule. Sie werden eingesetzt, um das Vorliegen einer vermuteten systemischen Störung zu überprüfen und um diese Störung durch einfache Sätze und manchmal rituell anmutende Handlungen zu lösen. Wie das geschieht, konnten Sie in den Fallbeispielen von Teil 2 lesen. Die Lösungsmodule können auf vielfältige Weise miteinander verknüpft werden und passen sich so den Bedingungen jedes Systems an. Manchmal genügen ein oder zwei Lösungsschritte, manchmal sind aber auch mehrere Zwischenschritte für eine Lösung erforderlich.

Die in diesem Buch beschriebene Auswahl ist nicht vollständig. Sie wurde beschränkt auf Lösungsmodule, die vergleichsweise unproblematisch auch in Eigenregie und ohne fachkundige Anleitung durchgeführt werden können. – Dieses Buch kann nur einen ersten Eindruck von den Möglichkeiten der systemischen Aufstellungen vermitteln, es kann keine Aufstellung ersetzen. Vielleicht gelingt es Ihnen, eine vorliegende systemische Störung zu lösen, vielleicht müssen Sie sich aber auch erst einmal mit einem neuen inneren Bild als Zwischenlösung zufriedengeben.

Da Sie in Ihrer Symbol-Aufstellung vermutlich nicht auf einen erfahrenen Führer durch den Dschungel menschlicher Beziehungsgeflechte zurückgreifen können, stehen Sie bei der Arbeit mit den Lösungsmodulen vor einer doppelten Herausforderung: Sie müssen die Ihrem Problem zugrundeliegende systemische Störung erkennen, und Sie müssen sie ohne ein tatsächliches Gegenüber in einem inneren Prozeß selbständig lösen. Um Sie dabei so gut wie möglich zu unterstützen, wurden die Lösungmodule nach einem einheitlichen Schema aufgebaut:

1. Die Beschreibung der Störung

Dieser Abschnitt beschreibt in Kurzform die Wirkmechanismen und typischen Kennzeichen einer Störung, und erklärt, ausgehend von welcher Position innerhalb der Hierarchie dieser Lösungsschritt durchgeführt werden kann.

2. Anzeichen für das Vorliegen dieser Störung

Hier finden Sie eine Sammlung typischer Denkhaltungen, Verhaltensweisen und Sätze, die auf das Vorliegen einer Störung hinweisen können. Achten Sie beim Lesen auf Ihr Gefühl und spüren Sie, was eine besondere Wirkung auf Sie hat. Müssen Sie bei einem Satz schmunzeln oder macht Sie ein anderer betroffen, ist das ein sicherer Hinweis, daß es hier etwas zu klären gibt.

3. Der Lösungsweg

Dieser Abschnitt enthält lösende Sätze und Handlungen. Lesen Sie diesen Abschnitt jeweils ganz durch, bevor Sie die für Sie passenden Sätze auswählen. Stören Sie sich nicht an der Du-Form. Wir haben sie gewählt, weil die meisten Menschen in ihrem inneren Dialog das Du benutzen, auch wenn sie in ihrem Alltag miteinander per Sie verkehren. Wählen Sie einfach die Form, die Ihnen entspricht.

Wir empfehlen Ihnen, alle Lösungsschritte wenigstens einmal zu lesen, bevor Sie sie praktisch anwenden. Manche Schritte können leichter gemacht werden, wenn vorab etwas anderes geklärt ist. Bevor z.B. die Rangfolge geklärt werden kann, muß manchmal etwas zurückgegeben oder zurückgenommen werden. Ehe jemand in seiner Position als das, was er ist, gesehen werden kann, muß vielleicht eine Doppelbelichtung aufgelöst werden. Die Querverweise in den Lösungsmodulen geben Ihnen einen Hinweis, welche Schritte zusätzlich hilfreich sein können. Beginnen Sie mit dem Prozeß der Klärung erst dann, wenn Sie die Abfolge der Lösungsschritte verstanden haben.

Machen Sie sich noch einmal klar: Sie können nur das lösen, worauf Sie auch einen Einfluß haben. Wenn Sie sich in einer untergeordneten Position befinden, können Sie nur die Dinge lösen, an denen Sie unmittelbar beteiligt sind. Als Sachbearbeiter können Sie natürlich einige Probleme mit Kollegen und direkten Vorgesetzten klären, auf den Vorstand werden Sie aber bestimmt keinen Einfluß haben. Dagegen haben Sie als Partner oder Geschäftsführer einer Firma natürlich die Macht, Lösungen auf der Führungsebene wie auch für das ganze Unternehmen herbeizuführen.

Von Lösungsprozessen und innerem Vollzug

Die Lösungssätze und Lösungshandlungen in einer Aufstellung richten sich immer an wirkliche Menschen. In Aufstellungen werden diese Personen durch die Stellvertreter verkörpert. Da Ihnen vermutlich ein Gegenüber fehlt, müssen Sie sich die Menschen, mit denen Sie etwas zu klären haben, innerlich vorstellen. Das ist meist weniger schwer, als es im ersten Moment klingt. Danach sprechen Sie die lösenden Sätze aus. Allerdings genügt es nicht, die Sätze nur vor sich hinzuplappern, sie zeigen nur dann eine Wirkung, wenn sie ernsthaft und gesammelt ausgesprochen werden. Kraft und Ernsthaftigkeit erhöhen die Chance auf eine Veränderung – auch in der Wirklichkeit. Die eigentliche Lösung besteht im inneren Vollzug. Ob der gelungen ist, sagt Ihnen fast immer Ihr Körper. So führt z.B. eine wirklich vollzogene Rückgabe zu Erleichterung oder befreitem Aufatmen, eine vollzogene Rücknahme zu einer aufrechteren Haltung, und eine aufgelöste Doppelbelichtung zu einem klareren Blick. Die Wirkung von Sätzen und Handlungen ist oft nicht sofort spürbar, es hilft dann, sie ab und an zu wiederholen, denn manchmal braucht der innere Vollzug seine Zeit.

Die Lösungsmodule

Rangfolge klären

1. Beschreibung der Störung

Systemische Ordnung herrscht dann, wenn jeder Einzelne den seiner hierarchischen Position und seiner zeitlichen Zugehörigkeit (zum Unternehmen) entsprechenden Platz einnimmt. Wird die Rangfolge nicht eingehalten, herrscht große Verwirrung über Zuständigkeiten und Verantwortungsbereiche. Mitarbeiter spielen sich als Chefs auf, und Chefs verlieren den Respekt und das Ansehen ihrer Mitarbeiter. Diese Probleme können auf eine einzelne Abteilung beschränkt bleiben, sie können sich aber auch durch ein ganzes Unternehmen ziehen.

Die Lösung besteht darin, die Rangfolge zu klären und den eigenen Platz wirklich einzunehmen, einschließlich der zugehörigen oder fehlenden Verantwortungsbereiche. Die Klärung der Rangfolge kann jedes Mitglied eines Unternehmens, eines Teams oder einer Abteilung von der eigenen Position aus vornehmen – für den eigenen Platz: Der Untergebene gegenüber dem Vorgesetzten oder der Vorgesetzte gegenüber dem Untergebenen.

2. Anzeichen für das Vorliegen einer Störung

- Es herrscht Unklarheit über Aufgabenstruktur und Zuständigkeiten.
- Sie fühlen sich unsicher und wissen nicht, wie Sie sich in bestimmten Situationen verhalten sollen.
- Es ist nicht klar, welche Aufgabe Sie haben.
- Sie haben keine, oder nur eine ungefähre Vorstellung über Ihren Platz im Unternehmen.

Typische Sätze

- Wo ist hier mein Platz?

- Was ist überhaupt meine Aufgabe?
- Wer ist hier für was zuständig?
- Wer ist hier überhaupt zuständig?

3. Lösungsweg

Falls noch nicht geschehen, stellen Sie die Symbole in Ihrer Aufstellung entsprechend der Rangfolge in einem offenen Kreis auf (s. Kapitel Das Umstellen S. 225). Stellen Sie sich vor, Sie stehen jetzt an Ihrem Platz in diesem Kreis. Stellen Sie sich die Personen Ihrer Abteilung, Ihres Teams oder Betriebes bildlich vor, und spüren Sie, wie es Ihnen an diesem Platz geht. Schauen Sie dann die Personen in der Runde an und sprechen Sie den Satz, der Ihren Platz und die Situation am besten beschreibt:

- Ich auf meinem Platz, Ihr an eurem Platz.
- Du vor mir, ich nach dir.
- Du bist mein Vorgesetzter, ich bin dein Mitarbeiter.
- Du bist der Erste, ich bin der Zweite, der Dritte…
- Ich bin der Vorgesetzte/der Erste, du bist mein Mitarbeiter/der Zweite/ etc..

Der Schritt war erfolgreich, wenn Sie sich an Ihrem Platz wohlfühlen, ihn einnehmen können und spüren, daß Sie auch dorthin gehören.

Querverweis: Damit die Rangfolge innerlich tatsächlich anerkannt werden kann, sind manchmal Zwischenschritte nötig:

- *Lösungsschritt Rückgabe S. 238*: Ein Untergebener muß an seinen unmittelbaren Vorgesetzten die angemaßte Zuständigkeit zurückgeben.
- *Lösungsschritt Rücknahme S. 240*: Ein Vorgesetzter muß von einem Untergebenen seine bisher nicht genommene Verantwortung zurücknehmen.

Rückgabe von Zuständigkeiten oder fremden Aufträgen

1. Beschreibung der Störung

Systeme haben ein Bedürfnis nach Führung. Wird die Führungsrolle aber nicht wirklich ausgefüllt, entsteht eine Leerstelle im System, die von anderen Systemmitgliedern ausgefüllt wird. Untergebene übernehmen dann für Vorgesetzte Verantwortung, Pflichten oder Aufträge, für die sie gar nicht zuständig sind. Das geschieht aus Verbundenheit, um den Vorgesetzten zu entlasten oder zu stützen, oder aus Angst vor dem Verlust des Arbeitsplatzes. Oft genug handelt es sich um ein Programm, das schon in der Herkunftsfamilie gelernt wurde, und das im beruflichen Umfeld automatisch wieder abläuft, sobald ein Führungsvakuum erkannt wird. Die Folgen reichen von völliger Überforderung bis zu anmaßendem Verhalten und dem Gefühl der Überlegenheit. Was wiederum fast zwangsläufig zu Problemen mit Kollegen und Vorgesetzten führt.

Die Lösung ist, das Übernommene dorthin zurückzugeben, wohin es gehört – an den Vorgesetzten. Damit befreit sich der Zurückgebende von der Last, verliert sein anmaßendes Verhalten und kann endlich seinen eigenen Platz einnehmen. Das tut auch dem Vorgesetzten gut, der durch die Rückgabe wieder an Größe und Gewicht gewinnt.

2. Anzeichen für das Vorliegen einer Störung

- Sie fühlen sich ständig überlastet, überfordert oder hilflos.
- Sie erledigen Aufgaben und Pflichten, für die Sie nicht zuständig sind und auch nicht bezahlt werden.
- Sie halten den Kopf für einen anderen hin oder baden etwas für ihn aus.
- Sie sind sich ziemlich sicher, daß Ihre Vorgesetzten Nieten sind.

Typische Sätze

- Mein Chef ist mit seinem Job völlig überfordert.
- Ich muß Entscheidungen treffen, für die ich nicht zuständig bin.

- Ich erledige das schon für dich.
- Ohne mich geht hier gar nichts.

3. Lösungsweg

Um eine Rückgabe durchführen zu können, müssen Sie nicht unbedingt genau wissen, was Sie übernommen haben. Es genügt das Gefühl, etwas für den Vorgesetzten zu tragen. Im übrigen werden Sie beim Zurückgeben spüren, ob es sich wirklich so verhält. Nehmen Sie einen Gegenstand (Buch, Stein etc.) in die Hände, der das verkörpert, was Sie tragen und dem Gewicht der Last entspricht, die Sie tragen. Stellen Sie sich dann den Menschen, von dem Sie etwas übernommen haben, in ca. 1m Entfernung vor, und schauen Sie ihm in die Augen. Sprechen Sie einen der beiden Sätze:

- Ich habe von dir eine Aufgabe/Pflicht/Auftrag (wenn Sie wissen, um was es geht, sagen Sie es genau) übernommen. Das ist nicht meins, sondern deins. Ich gebe es jetzt in deine Zuständigkeit zurück.
- Ich habe etwas für dich getragen. Das gehört zu dir, nicht zu mir. Ich gebe es an dich zurück.

Legen Sie dann den Gegenstand zu Füßen Ihres Gegenübers ab und treten Sie wieder einen Schritt zurück.

Erfolgreich war der Schritt, wenn Sie sich danach erleichtert fühlen und z.B. spontan aufatmen können. Haben Sie die Rückgabe nur halbherzig oder verschämt durchgeführt, wiederholen Sie sie.

Folgeschritt

Wer für einen Vorgesetzten etwas trägt, kann ihn nicht wirklich achten. Daher kann es für die Lösung zusätzlich hilfreich sein, sich nach der Rückgabe noch einmal eins klarzumachen: In Wirklichkeit ist der Chef eben der Chef, und zwar unabhängig davon, wie gut oder wie schlecht er seine Führung Ihrer Meinung nach wahrnimmt. Stellen Sie sich darum Ihren Vorgesetzten vor, von dem Sie etwas übernommen haben, und sagen Sie zu ihm: Ich sehe dich jetzt als meinen Vorgesetzten/Chef.

Querverweis: Abgrenzung von Zuständigkeiten S. 244

Rücknahme von Zuständigkeiten oder Aufträgen

1. Beschreibung der Störung

Ebenso wie die Rückgabe, löst auch die Rücknahme die Folgen, die sich aus einem Führungsvakuum ergeben. Das Führungsvakuum entsteht, weil ein in der Hierarchie Höherstehender seine Führungsverantwortung nicht angemessen ausfüllt. Diese Störung gleicht das System aus, indem Untergebene die unbesetzte Führung übernehmen. Beteiligt sind also zwei Ebenen, die Führung, die etwas nicht tut, und die Untergebenen, die es stattdessen tun. Daher kann diese Störung auch von beiden Seiten aus gelöst werden. So wie der Untergebene Zuständigkeiten an den Vorgesetzten zurückgeben kann, kann auch der Vorgesetzte seine Führungsverantwortung wieder von einem Untergebenen zurückholen.

Die Lösung für den Führenden besteht also darin, seine Führungsrolle mit allen Konsequenzen innerlich neu anzunehmen. Damit entlastet er die unter ihm stehenden Mitarbeiter, und für sich selbst erreicht er neue Stärke und Kraft. Denn das Eigene zu tragen stärkt.

2. Anzeichen für das Vorliegen einer Störung

- Sie fühlen sich Ihrer Führungsrolle nicht so richtig gewachsen.
- Sie werden von Ihren Mitarbeitern als Chef nicht ganz ernstgenommen.
- Sie drücken sich manchmal vor Entscheidungen oder unangenehmen Dingen.
- In Ihrer Gruppe/Abteilung gibt es Schwierigkeiten mit der Disziplin.
- Ihre Mitarbeiter folgen oft nicht Ihren Anweisungen.

Typische Sätze

- Übernehmen Sie das mal, Sie können das besser als ich (Übergabe von Aufgaben, die nicht in den Zuständigkeitsbereich des Mitarbeiters gehören.)
- Hier macht doch sowieso jeder, was er will.

3. Lösungsweg

Wenn Sie ein Führender sind und sich eingestehen müssen, daß Sie einen Teil Ihrer eigenen Verantwortung auf andere abwälzen, dann prüfen Sie, welche Ihrer Mitarbeiter das betrifft. Welche sind z.B. von sich aus besonders bereitwillig darin, Sie zu unterstützen. Oder welchen drücken Sie mehr Verantwortung aufs Auge als anderen? Welche haben meistens Schuld, wenn etwas schiefgegangen ist?

Stellen Sie sich diese Person(en) vor, schauen Sie Ihr in die Augen und sagen Sie einen der folgenden Sätze:

- Ich bin dein Vorgesetzter, und du bist mein Mitarbeiter. Wenn ich dich mit meinen Aufgaben/Pflichten/meiner Verantwortung/Schuld/ (wenn Sie wissen, um was es geht, sagen Sie es genau) belastet habe, dann tut mir das leid. Das war nicht richtig. Ich nehme es wieder zurück.
- Ich bin dafür zuständig, nicht du. Du kannst dafür nicht zuständig sein.
- Das gehört zu mir, nicht zu dir. Ich nehme es mir zurück.

Um die Wirkung zu verstärken, können Sie beim Sprechen auch eine Geste des Zurücknehmens machen. Erfolgreich war der lösende Schritt, wenn Sie spüren, daß energetisch etwas zu Ihnen zurückkommt. Das kann sich körperlich ausdrücken durch ein unwillkürliches Aufrichten oder das Gefühl, sicherer zu stehen.

Folgeschritt

Wer seine Führungsrolle nicht übernimmt und eigene Verantwortung an Untergebene abgibt, erkennt diese nicht als das, was sie sind, einfach Mitarbeiter oder Untergebene. Daher kann es hilfreich für die Lösung sein, sich nach der Rücknahme noch einmal deutlich die Rolle der Mitarbeiter/Untergebenen vor Augen zu führen. Stellen Sie sich den oder diejenigen Mitarbeiter vor, die Ihnen etwas abgenommen haben, und sagen Sie jedem Einzelnen: Ich sehe dich jetzt als meinen Mitarbeiter.

Querverweis: Abgrenzung von Zuständigkeiten S. 244

Doppelbelichtung auflösen

1. Beschreibung der Störung

Unter dem Begriff Doppelbelichtung versteht man, wenn ein Mensch, mit dem wir gegenwärtig zu tun haben, mit einem Menschen aus unserer Vergangenheit gleichgesetzt wird. Wie bei einem doppelt belichteten Foto können beide nicht mehr als getrennte, verschiedene Wesen wahrgenommen werden. Das geschieht häufiger, als man denkt, und betrifft überwiegend Autoritätspersonen wie z.B. Vorgesetzte, die mit Vater und Mutter (manchmal auch mit Onkel, Tante, Opa oder Oma) gleichgesetzt werden. Auf diese Autoritätsperson reagieren wir dann nicht mehr wie Erwachsene, sondern wie kleine Kinder. Umgekehrt kann aber auch ein Vorgesetzter in einem Mitarbeiter das eigene Kind oder Geschwister sehen. Die Doppelbelichtung ist zwar eine persönliche Störung, sie wirkt sich aber in Unternehmenssystemen störend aus, da sie einer beruflichen Beziehung eine unangemessen gefühlsbetonte Färbung gibt.

Die Lösung besteht darin, die Doppelbelichtung aufzulösen. Dann kann eine dem Umfeld angemessene Beziehung aufgebaut werden.

2. Anzeichen für das Vorliegen einer Störung

- Sie verhalten sich einer Person gegenüber nicht so, wie es Ihrer Position und Ihrem Alter entspricht.
- Sie reagieren auf eine Person unangemessen heftig, was aus der Situation heraus aber nicht erklärbar ist.
- Sie denken, ein Vorgesetzter behandelt Sie wie ein kleines Kind.
- Sie empfinden, daß Ihr Chef so ist, wie…
- Sie haben einem Mitarbeiter gegenüber Gefühle, die nicht angemessen sind.

Typische Sätze

- Ich kann mich gegen den/die … überhaupt nicht wehren.
- Der/die… macht mich verrückt.
- Ich gehe in die Luft, wenn ich den/die… sehe.

3. Lösungsweg

Vermuten Sie, daß Sie bei einem Menschen aus Ihrem beruflichen Umfeld eine Doppelbelichtung haben, überprüfen Sie im ersten Schritt, ob Ihre Vermutung wirklich stimmt. Schließen Sie dazu die Augen und stellen Sie sich die Person vor, mit der Sie Schwierigkeiten haben. Merken Sie sich, wo genau Sie dieses innere Bild sehen (z.B. direkt vor sich, etwa 2 m entfernt etc.). Anschließend stellen Sie sich eine gleichgeschlechtliche wichtige Person aus Ihrer Kindheit vor (z.B. Vater, Mutter etc.) und schauen, wo genau Sie diese Person sehen. Sehen Sie beide Personen am selben Ort oder sehr nah beieinander, spricht das für eine Doppelbelichtung.

Zum Auflösen der Doppelbelichtung stellen Sie vor Ihrem inneren Auge die beiden Menschen direkt nebeneinander. Schieben Sie sie dann weit auseinander, so daß Sie den Kopf um mindestens 90 Grad drehen müssen, um vom einen zum anderen zu sehen. Schauen Sie den einen an und sagen Sie: „Du bist mein ...(das Entsprechende)". Drehen Sie dann den Kopf, sehen Sie den anderen an, und sagen Sie: „Du bist mein... . Ihr beide seid zwei ganz verschiedene Personen und habt nichts miteinander zu tun." Wiederholen Sie dies mehrere Male, denn meist dauert es eine Weile, bis man diese Tatsache auch vom Gefühl her versteht.

Diese kleine Übung können Sie auch im Alltag wiederholen, wenn Sie Ihrem Vorgesetzten (bzw. der Person, auf der Sie eine Doppelbelichtung hatten) das nächste Mal begegnen. Schieben Sie die Bilder auseinander, und machen Sie sich bewußt: Sie beide sind zwei Menschen, die miteinander arbeiten, sonst nichts.

Folgeschritt

Auch bei der Doppelbelichtung wird ein Mensch nicht als das gesehen, was er wirklich ist. Darum kann die Lösung verstärkt werden, wenn Sie sich die Person, auf der Sie eine Doppelbelichtung hatten, vorstellen und ihr ganz bewußt sagen: Ich sehe dich jetzt als ... (meinen Vorgesetzten, Kollegen, Mitarbeiter etc.).

Abgrenzung von Zuständigkeiten

1. Beschreibung der Störung

Zur systemischen Ordnung gehört, daß die Grenzen zwischen den Hierarchie- und Verantwortungsbereichen klar getrennt bleiben und nicht überschritten werden. Derartige Übergriffe sind aber leider an der Tagesordnung, sie finden sowohl von oben wie auch von unten statt. Vorgesetzte verwickeln Mitarbeiter in Konflikte, die sie untereinander haben, fordern zur Parteinahme auf oder ziehen sie sogar in ihre Konflikte hinein. Mitarbeiter können sich dagegen kaum wehren. Aber auch von sich aus mischen sie sich, oft aus alter Gewohnheit, in die Angelegenheiten ihrer Vorgesetzten ein und fühlen sich für die Dinge verantwortlich. Im schlimmsten Fall übernehmen sie Aufgaben, Aufträge oder Verantwortung für sie – mit der Folge, daß sie sich einerseits überfordert fühlen und andererseits den Respekt vor der Führung verlieren. Das schwächt beide Seiten: die Untergebenen, weil sie mit etwas belastet werden, für das sie nicht zuständig sind, und die Vorgesetzten, weil sie an Autorität verlieren.

Die Lösung besteht darin, sich gegen diese Übergriffe abzugrenzen. Die Abgrenzung kann sowohl von Vorgesetzten gegenüber Mitarbeitern als auch von Mitarbeitern gegenüber Vorgesetzten stattfinden.

2. Anzeichen für das Vorliegen einer Störung

- Vorgesetzte fordern Mitarbeiter auf, sie in einer Auseinandersetzung z.B. mit der Geschäftsleitung zu unterstützen.
- Mitarbeiter geraten zwischen die Fronten ihnen vorgesetzter Personen.
- Als Mitarbeiter fühlen Sie sich von einem Vorgesetzten für seine Zwecke benutzt.
- Als Mitarbeiter sollen Sie Aufgaben Ihres Chefs übernehmen.
- Als Vorgesetzter fällt es Ihnen schwer, Mitarbeiter in ihre Schranken zu weisen.
- Als Führungskraft fühlen Sie sich nicht sonderlich stark.

3. Lösungsweg

Stellen Sie sich vor, Sie stehen Ihrem Mitarbeiter bzw. dem oder den betreffenden Vorgesetzten gegenüber. Schauen Sie ihn/sie in Gedanken an und sagen Sie einen der nachfolgenden Sätze, der Ihnen zutreffend erscheint. Ziehen Sie anschließend eine unsichtbare Linie zwischen sich und Ihrem Gegenüber, die die Grenze der Zuständigkeiten symbolisiert.

Vorgesetzter gegenüber seinen Mitarbeitern

- Ich bin dein Vorgesetzter, du bist mein Mitarbeiter. Wenn ich Probleme habe, dann bin ich dafür selbst zuständig, nicht du. Wenn ich dich da hineingezogen habe, dann tut es mir leid. Das war nicht richtig.
- Ich bin dein Vorgesetzter, du bist mein Mitarbeiter. Für meine Angelegenheiten bin ich selbst zuständig. Halte dich da raus.
- Ich trage das meine. Du hast damit nichts zu tun, und du darfst dich jetzt raushalten.

Ein Mitarbeiter gegenüber seinen Vorgesetzten

- Du bist/Ihr seid meine Vorgesetzten, ich bin nur dein/euer Mitarbeiter. Wenn du/ihr Probleme habt, bist du/seid ihr dafür zuständig. Damit habe ich nichts zu tun. Ich halte mich da raus.
- Du bist mein Vorgesetzter, ich bin dein Mitarbeiter. Wenn du Probleme hast, tut es mir leid. Aber ich möchte da nicht hineingezogen werden.

Unter Kollegen

Auch auf der Kollegenebene kommt immer mal wieder vor, daß man in Konflikte und Schwierigkeiten eines anderen Kollegen hineingezogen wird. Das muß nicht automatisch ein Konflikt mit einem Vorgesetzten sein, es kann sich auch um sehr persönliche Dinge handeln. Wird es zur Belastung, hilft es, sich auch hier innerlich von den fremden Problemen abzugrenzen.

- Wenn du Probleme hast, tut es mir leid. Ich habe damit nichts zu tun, und ich möchte da nicht hineingezogen werden. Ich halte mich raus.

Querverweis: Rückgabe S. 238; Rücknahme S. 240

Würdigung besonderer Leistungen

1. Beschreibung der Störung

Die Bedingung des Ausgleichs von Geben und Nehmen erfordert, daß außergewöhnliche Leistungen, die jemand für ein Unternehmen erbringt, von der Führung ausgeglichen werden müssen. Nicht jede Leistung muß durch Geld- bzw. geldwerte Leistungen oder durch Beförderungen und Belobigungen ausgeglichen werden. Ein Muß ist aber die anerkennende Würdigung. Sie erfordert keine großen Gesten, sondern sie ist eine innere Haltung, die anerkennt, was über das normale Maß hinaus für den Erfolg und die Weiterentwicklung eines Unternehmens getan wird. Zu würdigende Leistungen gibt es in vielen Spielarten; dazu gehört eine zeitlich befristete Mehrarbeit einzelner oder vieler in Krisensituationen, besondere Fähigkeiten oder Kompetenzen eines Einzelnen, oder auch die Übernahme besonderer Aufgaben im Unternehmen oder einem Team.

Damit Menschen in einem Unternehmen bleiben können, brauchen sie Anerkennung und Förderung für ihren Beitrag. Findet der Ausgleich bzw. die Würdigung nicht statt, entsteht Unzufriedenheit und die Loyalität nimmt ab. Die Menschen werden böse und gehen. Die Lösung liegt in einer angemessenen Würdigung durch die Führung.

Ähnliches gilt für die Partnerschaft zwischen Gleichen. Wer hier für den Fortbestand der Firma sorgt, also z.B. für die Finanzen zuständig ist, wichtige Außenkontakte übernimmt oder Führungsfunktionen ausübt, ohne den übrigen überstellt zu sein, muß von ihnen für diese Leistung besonders gewürdigt werden. In Aufstellungen haben diese Personen häufig einen besonderen Platz.

2. Anzeichen für das Vorliegen dieser Störung

Eine ungenügende oder fehlende Würdigung führt in aller Regel zu unguter Stimmung. Atmosphärische Störungen jeder Art sind immer in ernstzunehmender Hinweis auf unausgeglichene Geben- und Nehmen-Bilanzen.

3. Lösungsweg

Wenn Sie eine Führungsfunktion einnehmen und den Eindruck haben, einem Mitarbeiter etwas schuldig zu sein, stellen Sie sich diesen Mitarbeiter vor Ihrem inneren Auge vor. Schauen Sie ihm in die Augen, und sagen Sie den Satz, der Ihnen angemessen erscheint:

- Ich würdige deinen Einsatz sehr und das, was du zum Erfolg beigetragen hast. Und ich freue mich, weiter mit dir zusammenzuarbeiten.
- Ich würdige deinen Einsatz und achte dich als meinen Mitarbeiter.
- Wenn ich deine Leistung bisher nicht gesehen habe, dann tut mir das leid. Jetzt sehe ich, was du zum Erfolg beigetragen hast und würdige deine Leistung.

Querverweis: Wenn die Würdigung nicht gelingen will, prüfen Sie, ob ein Mitarbeiter evtl. etwas für Sie übernommen hat, das Sie vorher in Ihre Zuständigkeiten zurücknehmen müssen. Führen Sie dafür den Lösungsschritt Rücknahme, siehe S. 240, durch.

Die wichtigsten Schritte auf einen Blick

1. Das Anliegen kurz und klar formulieren.

2. Wer gehört dazu? Wer wird aufgestellt?
   (evtl. ein Organigramm erstellen)

3. Die Symbole auswählen und aus dem Gefühl heraus aufstellen.

4. Die Bilder und Symbole deuten (groß, klein etc.).

5. Die Aufstellungsbilder deuten.

6. In die Symbole/Positionen hineinspüren.

7. Die Rangfolge herstellen bzw. umstellen, bis sich die Situation entspannt;
   - evtl. Ende der Aufstellung und neues inneres Bild wirken lassen,
   - oder Abbruch, wenn die Lösung nicht in der eigenen Macht liegt, bzw. Informationen fehlen.

8. Falls angebracht, die Lösungsschritte einzeln oder in Kombination miteinander durchgehen.

9. Das innere Bild wirken lassen.

Eine Geschichte zum Ausklang

Eines Nachts träumte ein Mann, in seiner Straße sei ein neuer Laden eröffnet worden. Neugierig machte er sich auf den Weg, und kaum hatte er den Laden betreten, erkannte er zu seinem Erstaunen Gott hinter der Ladentheke.

„Was verkaufst du hier?“ fragte er.

„Was immer dein Herz begehrt“, antwortete Gott.

Der Mann konnte sein Glück kaum fassen. Lange überlegte er, wie er diese einmalige Gelegenheit gut nutzen könne. Schließlich gab er seine Bestellung auf.

„Also, zuallererst möchte ich Liebe und Anerkennung für den Rest meines Lebens haben“, sagte er, „und außerdem Glück und Erfolg in meiner Arbeit. Dann möchte ich noch Gesundheit und Mut, damit ich nie wieder unter Ängsten leide. Und dann hätte ich gern noch Weisheit in meinen Entscheidungen und Frieden für meine Seele.“

Wieder dachte er eine Weile nach, um bloß nichts Wichtiges zu vergessen.

„Ach ja“ fügte er nach einer Weile hinzu, „das alles will ich nicht nur für mich alleine haben, sondern am besten gleich für alle Menschen.“

Gott lächelte und sagte: „Ich glaube, du hast mich nicht richtig verstanden. Ich verkaufe hier keine Früchte. Hier gibt es Samen.“

Weitere Informationen zu Organisations- und Konflikt-Aufstellungen, systemischer Beratung, Coaching und Seminarunterlagen erhalten Sie unter:

Internet: www.Organisations-Aufstellungen.com
Adresse: Systemische Beratung & Coaching
Elisabeth Remmert • Marlies Holitzka
Nieder Kirchweg 71
65934 Frankfurt
Telefon: 0171 – 993 72 09 oder über den Verlag

Literaturverzeichnis

Derks, L.: Das Spiel sozialer Beziehungen. Stuttgart, 2000

Hellinger, B. u. Ten Hövel, G.: Anerkennen was ist. München, 1996

Hellinger, B.: Ordnungen der Liebe. Heidelberg, 1995

Grochowiak, K. u. Castella, J.: Systemdynamische Organisationsberatung. Heidelberg, 2000

Grochowiak, K. u. Castella, J.: NLP und systemische Familientherapie. Paderborn, 2000

Maturana, H.: Was ist erkennen. München, 1994

Ulsamer, B.: Ohne Wurzeln keine Flügel. München, 1999

Varga von Kibed, M. u. Sparrer, I.: Ganz im Gegenteil. Heidelberg, 2000

Weber, G. (Hrsg.): Zweierlei Glück. Heidelberg, 1994

Weber, G. (Hrsg.): Praxis des Familien-Stellens. Heidelberg, 1998

Weber, G. (Hrsg.): Praxis der Organisations-Aufstellungen. Heidelberg, 2000

Stein-Holzheim, R.: 95 Thesen für das dritte Jahrtausend. Frankfurt, 2000

Vorankündigung

Im Frühjahr 2001 erscheint:

Marlies Holitzka
Systemische Aufstellungen für die
Eltern-Kind-Beziehung
Unseren Kindern einen guten Weg bereiten
ca. 250 Seiten, Paperback
DM 29,80/öS 218,–/sFr 27,50
ISBN 3-89767-068-2

Im Herbst 2001 erscheint:

Marlies Holitzka
Systemische Aufstellungen für die
Paar-Beziehung
Damit Beziehungen gelingen
ca. 250 Seiten, Paperback
DM 29,80/öS 218,–/sFr 27,50
ISBN 3-89767-067-4

Weitere Bücher im Schirner Verlag:

Meister Hsing Yun
Wahrhaftig Leben
Buddhistische Ethik im Alltag
250 S., Hardcover
DM 32,–/öS 234,–/sFr 29,50
ISBN 3-930944-98-7
Eine in Themen gegliederte Einführung in die buddhistische Lebensweise in eingängiger Sprache und mit Beispielen aus dem Alltag

Paul Ferrini
Dem Glück auf der Spur
Das Glück des Augenblicks
liegt in deiner Hand
160 S., Paperback
DM 19,80/öS 145,–/sFr 19,–
ISBN 3-930944-67-7
Nichts fehlt, nichts ist verbesserungsbedürftig, nichts kaputt. Das Leben ist vollkommen, so wie es ist.

Paul Ferrini
Leben in Hingabe
Wie man sein Herz öffnet
und darin wohnen bleibt
120 S., Paperback
DM 19,80/öS 145, –/sFr 19,–
ISBN 3-930944-92-8
„Wenn ich in diesem Buch über Hingabe spreche, geht es darum, das Ego-Bewußtsein aufzugeben, die Trennung von Herz und Verstand zu überbrücken und eine Bewußtheit zu entwickeln, die größer ist und umfassender.“

Paul Ferrini
Zusammen Wachsen
Schitte zum liebevollen Miteinander
172 S., Paperback
DM 19,80/öS 145, –/sFr 19,–
ISBN 3-930944-82-0
Sieben Regeln für eine faire Partnerschaft sind hier knapp aber tiefgehend formuliert, womit Sie das Werkzeug an die Hand bekommen, Ihre Beziehungen zu überprüfen und, wo nötig, zu korrigieren.

Mark Fisher
Der alte Mann und das Geheimnis der Rose
Wege zu Wohlstand und Weisheit
303 S., Hardcover
DM 29,80/öS 218,–/sFr 27,50
ISBN 3-930944-22-7
Ein Roman über die lebensverändernde Kraft unserer Träume

Mark Fisher/Marc Allen
Das Arbeitsbuch zu „Der alte Mann und das Geheimnis der Rose"
Lernen Sie den Erfolg zu denken
192 S., Paperback
DM 19,80/öS 145,–/sFr 19,–
ISBN 3-930944-39-1
Eine Anleitung in sieben Schritten/ jeweils mit Arbeitsteil

Susanne Haag
NLP-Welten
Das praktische Handbuch für die kleineren und größeren Herausforderungen des Alltags
96 S., DIN A4 quer, Hardcover
DM 29,80/öS 218,–/sFr 27,50
ISBN 3-930944-18-9
Praktische Tips und Übungen zur Lösung alltäglicher Problemsituationen und zur Entfaltung noch schlummernder Fähigkeiten

Isolde Mehringer-Sell
Mama, glaub mir, ich habe schon einmal gelebt
Neue Ansätze in der Kinderpsychologie/ Ein Praxisbuch nicht nur für Eltern
320 S., 151 farbige Abb.
210 x 280 mm, Hardcover
DM 59,80/öS 437,–/sFr 54,–
ISBN 3-930944-30-8
Kinder finden Heilung ihrer körperlichen und seelischen Probleme durch die Auflösung traumatischer Erlebnisse

CD-Programm Themenkreis MEDITATION

Geführte Meditationen mit Musikbegleitung

Atmen
Übungen zur richtigen Atemtechnik
Spielzeit: 62:04 Min.
Konzept: Heike Owusu
DM/sFr 29,80/öS 224,–*
ISBN 3-89767-021-6

Autogenes Training
Klassische Formelsammlung zur Entspannung und Ruhe
Spielzeit: 44:28 Min.
Konzept: Heike Owusu
DM/sFr 29,80/öS 224,–*
ISBN 3-930944-71-5

Chakras: Die Musik
Musik zur Aktivierung der Energiezentren
Spielzeit: 47:39 Min.
Konzept: Heike Owusu
DM/sFr 29,80/öS 224,–*
ISBN 3-89767-023-2

Chakras: Die Übungen
Übungen mit Musik zur Aktivierung der Energiezentren
Spielzeit: 47:28 Min.
Konzept: Heike Owusu
DM/sFr 29,80/öS 224,–*
ISBN 3-89767-022-4

Hatha Yoga
Die wichtigsten Grundpositionen
Spielzeit: 66:32 Min.
Konzept: Heike Owusu
DM/sFr 29,80/öS 224,–*
ISBN 3-930944-74-X

Licht
Geführte Licht-Meditation zur Heilungsunterstützung
Spielzeit: 39:35 Min.
Konzept: Heike Owusu
DM/sFr 29,80/öS 224,–*
ISBN 3-930944-72-3

Progressive Muskelentspannung
Klassische Formelsammlung zur Lösung von Energieblockaden
Spielzeit: 49:54 Min.
Konzept: Heike Owusu
DM/sFr 29,80/öS 224,–*
ISBN 3-930944-70-7

Schutz
Geführte Schutz-Meditation zur Stärkung der Selbstsicherheit und des Energiekörpers
Spielzeit: 42:34 Min.
Konzept: Heike Owusu
DM/sFr 29,80/öS 224,–*
ISBN 3-930944-73-1

*unverbindl. Preisempfehlg.